기로에 선 시민입법

민주주의 총서 02

기로에 선 시민입법: 한국 시민입법운동의 역사·구조·동학

1판1쇄 펴냄 2007년 9월 10일

지은이 | 홍일표

펴낸이 | 정민용
주간 | 박상훈
편집장 | 안중철
책임편집 | 최미정
편집 | 성지희, 박미경, 박후란
디자인 | 서진, 송재희
경영지원 | 김용운
제작·영업 | 김재선, 박경춘

펴낸곳 | 도서출판 후마니타스
등록 | 2002년 2월 19일 제6-0449호
주소 | 서울 종로구 홍파동 42-1 신한빌딩 2층(110-092)
편집 | 02-739-9929 제작·영업 | 02-722-9960 팩스 | 02-733-9910

값 15,000원

ISBN 978-89-90106-44-5 04300
    978-89-90106-39-1(세트)

이 도서의 국립중앙도서관 출판시도서목록(CIP)은 e-CIP홈페이지(http://www.nl.go.kr/cip.php)에서
이용하실 수 있습니다(CIP 제어번호: CIP2007002459).

민주주의 총서 02

기로에 선 시민입법

한국 시민입법운동의 역사·구조·동학

홍 일 표

후마니타스

차례

제5부 결론

표·그림 차례

서문

2007년 1월, 노무현 정부의 마지막 해가 시작되면서 한국에선 '진보 논쟁'이 한동안 진행되었다. '노무현 정부를 포함한 지난 20여 년간의 민주정부의 실패는 한나라당의 집권으로 이어질 수도 있다'는 최장집 교수의 발언이 기화가 되어 조희연, 손호철, 백낙청, 이병천, 정대화 등 한국의 대표적 진보학계의 교수들은 물론 김창호, 조기숙, 김동민 등 현 정부에 참여하거나 이를 지지하는 학자들, 그리고 노무현 대통령 본인까지 '유연한 진보'의 필요성을 강조하며 '진보 논쟁'에 참여했다. 어떤 이들은 이번 논쟁을 과거 '사회구성체 논쟁' 이후 거의 사라지다시피 했던 진보 진영의 논쟁 문화를 되살렸다고 긍정적으로 평가하는 반면에, 다른 이들은 지금 벌어지고 있는 진보 논쟁이 대통령의 갑작스런 개입으로 관심이 증폭되었을 뿐 별다른 이론적·실천적 함의를 갖지 못했다고 혹평했다. 하지만 이 논쟁이 '민주화 이후 20년, 외환위기 이후 10년'의 한국 사회와 진보적 사회운동의 과거와 현재를 되짚어 보고 미래를 전망해 보는 소중한 기회를 제공한 것은 사실이라 할 것이다.

이 논쟁의 초기 단계에서 최장집 교수와 조희연 교수 사이에 '제도정치'와 '운동정치'의 관계 문제에 대한 쟁점이 형성되었다. 하지만 이는 논쟁의 전개 과정에서 별다른 주목을 받지 못한 채 뒤로 물러나 버리게 된다.

최장집 교수는 민주화 이후 한국 민주주의가 질적으로 오히려 나빠졌다고 냉정한 평가를 내리면서 그 중요한 이유 가운데 하나로 '운동정치의 과잉'이 '제도정치의 발전'을 저해했기 때문이라고 했다. '운동에 의한 민주화'가 '정당에 의한 민주주의'로 전환되지 못했고, 이는 1990년대 이후 급속히 성장한 시민운동의 '반反정당'적 담론에서 기인하는 바가 크다고 비판한 것이다.

반면 조희연 교수는 '운동정치의 과잉'이 문제가 아니라 제도정치의 정상화에 대응하는 '대중의 급진화'가 더욱 절실히 요구되며 '운동정치의 활성화'는 여전히 중요하다고 반박했다. 그의 설명에 따르면, 1990년대 이후 시민운동의 담론과 실천은 '정치적 민주화'를 진전시키는 중요한 역할을 수행했으며 이제 '사회적 민주화'를 이끌어 내기 위한 급진적 운동이 필요하다는 것이다. 이제까지 정당이 제대로 된 역할을 수행하지 못하는 상황에서 사회운동 특히 시민운동이 '준準정당/반半정당'적 역할을 했지만, 제도정치가 정상화됨에 따라 그것을 '넘어서는 운동'이 요구된다는 주장이다.

'정당'을 중시하는 '정치'학자 최장집과 '운동'을 강조하는 '사회'학자 조희연 사이에는 분명 차이가 존재한다. 하지만 이들에게서 '제도정치'와 '운동정치'의 관계 문제가 중요한 이유는, 민주화 20년 한국의 민주주의가 심각한 위기 국면을 맞고 있다는 공통의 판단 때문일 것이다. 독재자의 입에서나 내뱉어지는 말인 줄로만 알았던 "민주주의가 밥 먹여 주느냐"라는 지독한 비아냥거림이 2007년 우리 사회에서는 너무나 공공연하게 유포되고 있다. 경찰의 무자비한 폭력이 바로 곁에서 발생해도 "불법 집회하는 놈들은 맞아도 싸다"며 시위대를 비난하는 장면이 이제 결코 낯설지 않다. 우리의 삶은 점점 더 불안정해지고 있고 '공동체'라는 말이 무색할 정도로 격차와 장벽은 크고 높아지고 있다. 이러한 강퍅한 삶의 조건을 변화시켜 줄 것으로 기대했던 민주정부들이 '진전'보다는 '퇴각'으로 변화의 방향을 이끌었다는 비난까지 받고 있다. 무엇보다 현재의 노무현 정부에 대한 기대가 컸기 때문인지는 모르겠지만, 그것의 몇 배만큼의 허망함과 좌절감을 안겨 주고 있다. 다음에 등장할 정부가 어떤 반전을 이끌어 낼지는 모르겠지만 아예 '작은 기대'를 하는 것이 '더 큰 좌절'을 막는 가장 효과적인 예방책일 것이라는 냉소가 그리 어색하지 않은 지경이다.

그렇다면 왜 이러한 상황까지 몰려왔으며 이제 앞으로 어떻게 해야 할 것인가? 이러한 상황을 전환시킬 수 있는 힘은 어디에 있는가? 정당에 있는가 아니면 다시 사회운동인가? 정당과 사회운동의 관계는 어떻게 새롭게 설정되어야 할 것인가? 최장집과 조희연이 던진 고민의 한 부분을 이 책 역시 함께 하고 있는 것이다. 그리고 그것은 제도정치와 운동정치, 정당과 사회운동이 맞부딪히고 소통하는 '입법(운동)'의 영역을 구체적으로 살피는 것을 통해 진행되었다.

필자는 〈참여연대〉에서 1999년 1월부터 시작하여 2004년 10월 박사논문 집필을 이유로 사직할 때까지 꼬박 5년 9개월 동안 시민단체 상근활동가로 일했다. 〈참여연대〉에서의 활동은, 그 이전까지 별다른 관심을 갖지 않고 살아 왔던 세계, 즉 '입법'의 영역으로 필자를 끌어들였다. 〈참여연대〉에서 처음 배치된 부서는 '조세개혁팀'이었는데 말 그대로 각종 세금제도, 국세청, 재정경제부의 문제점을 파헤치고 그것에 대한 제도적 대안들을 마련하는 것이 중요한 운동의 목표였다. 집회와 시위를 조직하고(이 당시 필자가 개발해 낸 시위방식이 요즘 일반화된 '1인 시위'라는 것이다), 언론에 성명서와 논평을 발표하며, 다양한 소송을 법원에 제기했다. 정보공개청구를 활용해서 정부 부처가 숨겨 왔던 자료들을 밝혀냈고, 국회의원들을 면담하고 그들의 발언과 투표를 모니터링했으며 때로는 담당 공무원들과 격한 논쟁도 벌였다.

따라서 최소한 필자가 경험한 시민운동 영역에서 '사회운동과 법률'은 불가분의 관계였고 '사회운동을 통한 법률의 변화'는 가장 중요한 운동 목표이자 성과였다. 구체적인 법안의 형태로 문제를 제기하고 심지어 법제처나 국회 사무처 등에서 해야 하는 관계법령과의 연관성까지 따져 입법청원을 해야 했다. 그것은 운동의 '끝'이 아니라 '시작'에 불과했다. 국민의 대표로 선출된 '의원'들, 그런 의원들을 중심으로 한 '정당'들은 사회운동으로부터 제기된 입법 의제들에 대해, 많은 경우 '무관심'하거나 '적대적'인 경우가 많았다. 아무리 1990년대 시민운동이 '대의를 대행'했다고 하더라도 그것의 한계는 명확하다. 국회에서 의원들의 표결을 거치지 않고 법안이 통과될 수는 없다. 정당 차원의 지지나 의원들의 동의를 구하지 않고서 입법운동이 구체적 성과를 거둘 수는 없는 것이다. 따라서 입법운동은 입법청원 안을 제출하는 것으로 끝나는 것이 아니라, 그것을 가지고 의원들을 만나 설득하고 정당의 정책으로 수용되도록 하는 지난한 과정을 거쳐야 하는 것이었다.

입법운동을 통해 시민들은 자신들의 목소리가 입법과정에서 원천적으로 배제되는 것을 막을 뿐만 아니라 한 걸음 더 나아가 그것이 실현되도록 했다. 몇 년에 한 번씩 자신의 대표를 뽑는 투표만으로 자신의 '시민으로서의 권리'를 제한하는 것이 아니라 '그들'의 대표가 의회에 모여 '무엇'을 '어떻게' 다뤄야 할지에 대해서도 의견을 제시하고 영향력을 행사하는 실천을 꾸준히 해 온 것이다. 이는 '제도(정치)'와 '운동(정치)'의 끊임없는 상호 소통을 필요로 하며 상호 발전을 전제로 한다. 의원과 정당의 역할을 전제하지 않는 입법운동이란 상상할 수 없으며, 운동의 형태로 분출되는 입법적 요구에 민감하지 않은 '대의제 민주주의'란 불가능하기 때문이다. 따라서 이 책은 우선 입법운동이 구체적으로 '어떻게' 전개되었는가의 의문에 대한 해답을 찾아가는 작업임과 더불어, 제도정치와 운동정치의 관계가 역사적으로 어떻게 구성되어 왔으며 앞으로 어떻게 구성되어 가야 할 것인가에 대한 검토와 고민을 담은 것이라 할 수 있다.

이 책은 필자의 박사학위 논문 "민주화 이후 한국 시민입법운동의 구조와 동학, 1988~2005년"(2006년 8월)을 수정·보완한 것이다. 필자는 활동가 출신의 논문이 가질 수 있는 강점(현장의 생생한 경험의 전달)을 포기하고 최대한 실증적인 '자료'와 엄밀한 '방법론'에 입각한 분석에 무게를 두었다. 그렇게 함으로써 앞서 제기했던 여러 의문들을 풀어 보고자 했던 것이다. 그러다 보니 일반 독자들에게는 다소 낯설고 어려울 수 있는 통계분석의 결과와 해석이 본문에 그대로 제시되었다. 수없이 많은 사례들을 관통하는 공통의 조건을 어떻게 분석할 수 있을 것인가에 대한 필자의 고민이 반영된 결과이긴 하지만 이러한 필자의 불친절함에 대한 독자의 양해를 구하고자 한다.

그리고 현재 진행형이라 할 수 있는 노무현 정부에서의 입법운동에 대해선 매우 제한적으로 설명하고 평가를 내렸음을 미리 밝혀 둔다. 스스로를 '참여'정부라고 불렀음에도 불구하고 노무현 정부 시기에 이루어진 수많은 정책결정과 입법들이 '협력적'으로 이루어졌다고 생각하는 사람들은 많지 않을 것이다. 오히려 시위대들을 향해 날리는 무수한 경찰의 방패와 원천봉쇄, 그리고 물대포로 사람들의 눈과 귀와 입을 막으려 한, 그래서 때로는 우리가 쟁취한 '민주정부'가 겨우 이런 것이었나라는 서글픔마저 느끼게 한 정부가 노무현 정부였다. 그러나 본문의 분석에선 그다지 많이 언급하지 않았다. 이 책의 분석이 노무현 정부 전반기라 할 수 있는 2005년 6월까지만 해당하기 때문에 노무현 정부 전체에 대한 평가는 자제했다.

하지만 한국의 민주주의와 사회운동, 특히 입법운동은 노무현 정부를 거치며 스스로 '위기'를 논하지 않으면 안 되는 상황에 처했다는 것이 필자의 기본적인 관점이다. 여전히 '운동에만 호소'하고자 하는 이들에 대한 최장집 교수의 불편하고 걱정스러워하는 시각을 충분히 이해하지만, '변화의 열정'이 제도정치 또는 정당을 통해서 더욱 잘 반영될 것이라는 믿음을 갖기에는 우리의 경험이 너무 강하거나 아니면 매우 부족하다. 더욱이 현재의 상황은 미래를 확신하기에 여전히 불분명하다. 이제 정당이 이끄는 새로운 길로 가야 할지, 여전히 운동이 주도적 역할을 하는 길로 나아갈지, 아니면 어느 한쪽으로 가지 못한 채 우왕좌왕하며 제자리를 맴돌지 확신하기 어려운 처지에 놓여 있다. '시민입법운동' 역시 새로운 전환과 과거로의 회귀라는 '기로에 서 있음'을 이 책의 연구결과는 여실히 보여 주고 있다.

이 책을 쓸 수 있는 기회를 제공해 준 〈고려대학교 아세아문제연구소〉와 후마니타스 출판사에 감사의 마음을 표하고 싶다. 박사학위논문이 갖는 형식적 제약을 벗어나 대중적인 글로 크게 바꾸고 싶었으나 그렇게 하지 못한 점이 못내 아쉽다. 그리고 세상을 바라보는 넓은 시야와 약간의 휴식, 그리고 논문을 책으로 다듬을 수 있는 시간을 갖게 해 준

〈포스코 청암재단〉에도 감사드린다. 1년간의 엔지오 펠로우십 연수기간
이 끝나면 이곳에서 경험하고 관찰한 '미국 싱크탱크와 정책형성'에 관한
연구 성과를 책으로 정리해 볼 계획이다. 어리석은 아들을 늘 따뜻하게
감싸 주시는 어머니와 부족한 남편이자 아빠를 항상 믿어 주고 격려해
주는 아내, 그리고 딸 채록이에게 나의 첫 책을 바친다.

2007년 6월
조지워싱턴대학교 시거센터에서
홍일표

제1부 서론

1장 사회운동과 입법

1. 민주화 이후 한국 사회운동은 입법에 어떻게 영향을 미쳤나

오랜 독재정권의 지배가 종결된 후 한국 사회에서 '법치주의의 실현'은 시급히 도달해야 할 주요한 과제로 부상했다. 독재 권력에 의한 자의적 통치가 아니라 정상적인 절차를 거쳐 법률이 만들어지고(입법) 그렇게 만들어진 법에 대한 집행(행정)과 해석(사법)이 이루어지는 사회의 노래를 소망했던 것이다. 그러나 '민주화'가 곧바로 이러한 정도의 국민적 기대를 한꺼번에 충족시켜 주지는 않았다. '민주화 이후'에도 '비민주적' 입법 과정의 문제는 여전히 쉽게 개선되지 않았고(정종섭 1992; 정재황 1992), '법률을 둘러싼 다툼', 특히 법률의 제·개정과 폐지를 다루는 '입법'의 영역은 민주화 이후 치열한 다툼의 공간으로 본격적으로 전환하기 시작했다.[1]

더욱이 과거 군사정권이 저지른 구악들을 청산하고 민주정부에 걸맞은 법과 제도를 새로이 갖춰야 한다는 시대적 요구로 인해(민주사회를 위한 변호사 모임 1989; 민주주의법학연구회 편 1994), 민주화 이후 본격화된 '입법을 둘러싼 다툼'은 단지 개별 법률의 개폐라는 차원을 넘어 한국 사회의 과거·현재·미래를 어떻게 규정해 갈 것인가라는 매우 정치적 성격의 다툼으로 확장되었다(임정현 1992; 조국 1993). 즉, 특정한 법률의 변화를 저해하거나 추진하려 하는 정치세력들 간의 경쟁과 입법의 절차와 유형을 보다 민주적으로 구성하고자 하는 시도들은, '민주화 이후의 한국 민주주의'를 어떻게 재구성할 것인가를 둘러싼 치열한 경합에 다름 아니다.

실제로 민주화 이후 한국 사회운동세력들의 가장 대표적인 요구 사안들 가운데 하나는 국회의원, 국회의 입법, 대의 기능을 활성화시키고 '이념과 정책'에 기반을 둔 정당체제를 구축하기 위한 '정치개혁'에 관한 것이었음은 주지의 사실이다.[2] 특히 정권의 타도나 체제의 전복과 같은 근본적 수준의 요구가 아니라 구체적 제도나 정책의 변화를 목적으로 삼는 사회운동에 있어서 의원, 의회, 정당 등으로 구성되는 제도정치 영역

---

[1] 최근 들어 '사법'의 영역 또한 감시와 개혁으로부터 자유로울 수 없는 공간으로 변모하고 있지만 그것은 입법이나 행정의 영역과 비교한다면 상대적으로 매우 뒤늦은 출발이라 할 것이다. 더욱이 노무현 정부 출범 이후 헌법재판소와 대법원의 판결이 정치적 의사결정 자체를 뒤엎는 사건이 몇 차례 발생하고 그러한 판결에 대한 민주적 정당성 자체가 논란이 되면서 '사법의 민주화' 혹은 '민주주의'와 '헌정주의'의 충돌에 대한 문제 제기가 본격적으로 이루어지기 시작했다(최장집 2004). 여전히 사법 영역은 사회운동이 가장 개입하기 어려운 '폐쇄적' 공간으로 남아 있는 것이 현실이며 실제로 '사법감시' 또는 '사법개혁'을 내걸고 지속적인 운동을 전개하는 단체는 참여연대가 거의 유일한 실정이다. 그러나 지난 2005년 5월, 사법개혁을 요구하며 전국 51개 단체가 '민주적 사법개혁 실현을 위한 국민연대'라는 연대조직을 발족시켜 운동을 벌이기 시작했다.

[2] 이 두 가지 과제는 '따로 또 같이' 추구되었다고 보는 것이 정확할 것이다. 이른바 '시민운동' 차원에서 이루어졌던 정치개혁운동이 전자의 측면에 초점이 맞춰졌다면 '민중운동' 차원에서 주도적으로 전개된 진보정당운동은 후자에 더 큰 무게중심이 두어졌다. 이 두 운동은 때로는 '협력'하기도 했지만 때로는 '갈등' 또는 '경쟁'의 관계로 표출되기도 했다(김상곤 2006).

의 민주적·합리적인 운영은 필수조건이 아닐 수 없었다. 그러나 민주화 이후 한국의 정치는 '보수 일변의 편협한 이념적 기반' 위에서 '지역' '보스'boss '재벌'과 같은 거대 이익집단들의 사적 이해관계에 크게 좌우되어 왔고 입법운동을 포함한 다양한 사회운동들은 이러한 정치적 조건하에서 전개될 수밖에 없었다(최장집 2002). 그러므로 구미歐美의 사회운동들이 법률 변화를 위해 채택하는 일반적인 방식, 즉 이념과 정책에 따라 구분되는 정당들과 공개적인 '지지-동맹'의 관계를 구축하고 이를 통해 자신들의 입법적 요구를 실현시키는 방식의 입법운동이 한국에서 이루어지기란 쉽지 않다.[3]

여기서 이 책의 첫 번째 질문이 도출된다. "그렇다면 그런 어려운 정치적 제약 조건하에서, 한국의 사회운동은 입법과정에 과연 어떻게 개입해 그 결과에 영향을 미칠 수 있었던 것일까?" 조희연은 한국의 '정치 지체'political lag로 인해, 시민들은 '정당'이 아니라 시민운동, 특히 〈참여연대〉나 〈경제정의실천시민연합〉(이하 경실련)과 같은 '종합적 시민운동'을 지지하게 되었다고 본다. 민주화 이후 정당들이 여전히 '대의'의 기능을 제대로 수행하지 못하는 것에 반발하여, 시민운동이 그것을 보완하거나 대신하게 되는, 이른바 '대의의 대행'proxy representation이 이루어지게 되었다는 것이다(조희연 2001; 조희연·조현연 2002). 즉, '비정상적'인 정치구조

---

[3] 이러한 정치적 조건이 특히 문제가 되는 것은 이른바 '시민운동'이라 불리는 세력들이라 할 것이다. 여전히 한국의 시민운동은 여야 정당들 전체로부터의 '지지'를 이끌어 내거나 반대로 여론의 동원 등을 활용해 정치권 전체를 압박하는 방식으로 입법적 성과를 이끌어 내려 하고 있기 때문이다(김기식 2005). 이런 맥락에서 '제도정당'과 '시민운동'의 관계는 '협력적 비판관계'로 표현되기도 한다(조희연 2004, 314).

가 오히려 시민운동에게는 '기회'가 될 수 있었다는 것이다(조희연 2004).
그러나 '비정상적' 구조가 오히려 '기회'가 될 수 있었던 이유를 보다 명확
히 밝히기 위해서는 구조적 조건과 주체적 대응 사이의 메커니즘에 대한
실증적 분석이 보다 추가되어야 할 것이다. 예컨대 '부패·무능의 제도정
치'에 대한 실망이 대안적 진보정당에 대한 지지나 정치 자체에 대한 전
면적 불신이 아니라, 왜 '비정당적'이지만 강한 정치적 성격을 갖는 시민
운동에 대한 지지로 나타날 수 있었던 것일까? 더욱이 강한 대중 동원력
을 갖지 못한 시민운동조직들이 정치관계법, 부패방지법 등 기존 정치세
력들의 이해관계를 위협하는 법률, 증권 관련 집단소송법, 상가임대차보
호법 등 이익집단들의 이해에 반하는 법률의 변화까지 이끌어 낼 수 있
었던 것은 어떻게 설명 가능한가?[4] 이러한 개별 입법 사례를 관통하는 종
합적인 분석, 즉 '사회운동을 통한 법률의 변화'를 가능하게 하는 구조적
조건과 주체적 대응의 메커니즘을 분석하고자 하는 것이 이 책의 첫 번
째 질문인 것이다.

하지만 이러한 의문을 풀어 나가기 위해서는 민주화 이후 본격화된
'한국 시민입법운동'의 위상과 그것의 의미에 대한 검토가 함께 이루어질
필요가 있다. 민주화 이후 한국 사회는 다양한 차원에서 급속도로 변하

---

4 물론 개별 법률의 제정과정에서의 사회운동의 역할을 분석한 연구가 없었던 것은 아니다. 성
폭력 특별법, 가정폭력방지법, 성매매방지법 등 주요한 법제정운동의 성과들이 고스란히 기
록되었고(오혜란 2004; 남인순 2002; 김현정 2000; 서미라 2002), 대표적 입법운동이라 평가되는
국민기초생활보장법(김영순 2005; 이민아 2000; 조윤철 2001; 안병영 2000), 부패방지법(유현진
2004; 유기삼 2003; 이영권 2002; 윤영근 2001)의 제정과정 및 당시 사회운동의 역할이 다양한 각
도에서 정리되고 분석되었다. 그러나 이러한 개별사례들을 관통하는 입법운동의 메커니
즘에 대한 종합적 분석은 아직 충분하지 않다.

기 시작했고 이러한 변화에 대응하기 위해, 때로는 특정한 변화를 이끌어 내기 위해 수많은 '법률의 제정·개정·폐지'가 이루어져 왔다. 민주화 이후 한국의 사회운동은 이러한 법률의 변화에 적극적으로 개입하기 위한 시도를 계속했고, 이 책에서는 그것을 '입법운동'이라 부르고 있다. 이와 같은 입법운동은 기존의 사회운동이 가졌던 추상성을 극복하고 개혁을 구체화하고 제도화하는 성과를 낳는 등 사회운동의 새로운 지평을 연 것으로 평가된다(김기식 2005, 212).[5] 하지만 이러한 입법운동이 가용할 수 있는 제도적 수단은 공청회, 청문회 참석, 입법예고에 대한 의견 그리고 입법청원의 제출 정도에 불과한 것이 현실이다. 이처럼 민주화 이후 한국의 시민입법운동은, 제도정치 차원의 공식적(또는 공개적) '지지-동맹' 세력(정당)을 갖지 못한 구조적 제약과 더불어, 지극히 제한적 수단만이 사용 가능한 제도적 제약이라는 이중적 제약 조건하에서 등장하고 성장해 왔던 것이다. 그렇다면 이렇게 어려운 조건하에서 전개된 "시민입법운동은 '민주화 이후 한국 민주주의'에 어떤 영향을 미쳤으며 앞으로 어떤 영향을 미칠 수 있을 것인가?" 이것이 이 책에서 다루는 두 번째 질문이다. 이 질문과 관련해서는 한국의 대표적 사회과학자들의 상이한 진술을 살피는 것이 좋은 출발이 될 수 있을 것이다.

---

5 김기식(참여연대 사무처장)의 다음과 같은 서술은 '입법운동'의 위상에 대한 1990년대 활동가들의 의식을 잘 드러내 준다. "6년간의 노동운동 기간 동안 노조 결성과 불과 한 달 몇 만 원의 임금인상을 위한 투쟁 과정에서 발생한 구속 노동자, 해고자들과 어려운 시기를 함께 했던 필자는 노령수당 소송을 승소하고, 노인복지법 개정을 통해 수십만 명의 노인들이 노인수당의 혜택을 받게 되었을 때의 감동과 보람을 잊지 못한다. 그 일은 참여연대를 창립했던 당시부터 지속된 기존 운동진영 내부의 논란에도 불구하고 참여연대 운동에 대해 확신하게 된 계기가 되었다"(김기식 2005, 212).

최장집은 "민주주의를 가져온 중심 세력들이 담지하는 민주주의에 대한 가치는 운동의 열정을 통해 분출된 바는 있었지만, 제도를 만들고 제도의 작동원리를 이해하고 이를 통해 사회변화를 가져오는 데는 극히 미숙하다"(최장집 2006b, 38)고 평가하면서 민주주의는 "정당의 제도화, 잘 발달된 정당체제의 발전, 선출된 정부와 통치자의 대표-책임성의 원리 실현, 민주주의에 대한 지지를 이끌어 내기 위한 사회경제적 조건의 확대"라는 세 단계를 통해 작동하며 이때 사회운동은 첫 번째 단계에 있어서 '제한적'인 역할 정도만을 수행한다고 본다. "사회운동은 문제를 제기하고 사회적 요구를 표출하면서 상황의 악화를 막을 수는 있으나 운동이 문제의 해결까지 책임지기는 어렵"기 때문이다(최장집 2006b, 40). 이러한 관점에서 그는 '운동을 통한 민주주의 재활성화'에 대해 부정적이며 그러한 운동에 의해서가 아니라 "실제 권력의 작동과 민주주의의 제도, 작동원리를 학습하고 실천하는 노력이 개인적으로 또 집합적으로 요구된다"고 주장한다(최장집 2006b, 42). 최장집의 이러한 설명은 '사회운동'과 '제도정치'(또는 정당)의 관계를 지나치게 대립적으로 보는 것은 아닌가라는 의문을 갖게 한다.

이는 '운동정치'의 급진화와 운동정치·제도정치의 경계허물기를 강조하는 조희연의 입장과는 구별된다. 조희연은 한국 사회의 제도정치가 정상화되고 있으며 이에 대응해 사회운동은 이전의 '비정상성에 대한 저항'에서 '정상성에 대한 저항'으로 전환될 필요가 있다고 논한다. 그가 말하는 '정상화된 제도정치'란 "왜곡된 정당질서가 극복되고 '다원적' 정치질서가 성립하며, 이른바 '법의 지배'가 일정하게 관철되면서 시민들이 자신의 정치적 의견들을 자유롭게 발표할 수 있는 공간이 정착되는 것을 포함"한다(조희연 2004, 23). 이러한 변화에 따라 시민운동은 "제도정치 외부에서의 제도정치 개혁운동의 동력으로 표출되겠지만, 다른 한편으로는 기성 제도정치의 정치 '독점' 자체와 제도정치의 한계성을 더욱 적극적으로 넘어서고자 하는 지향이 강화'되어야 한다는 주장이다(조희연 2004, 38).

민주화의 진전은 시민사회의 균열을 정확히 반영하고 제대로 대의하는 정당체제의 구축을 반드시 필요로 한다는 점에 있어서 두 학자의 의견은 일치하지만, 그것을 이루는 데 있어 '사회운동'의 역할은 무엇이며 어떠해야 하는가에 있어서는 차이를 보이고 있는 것이다. 하지만 실상 서구 민주주의 국가들에 있어서 정당과 사회운동 또는 제도정치와 운동정치의 관계는 어느 한쪽에 대해 보다 '제한적'이거나 더욱 '급진적'일 것을 요구하는 것이 주된 관심은 아니다. 오히려 많은 서구의 연구자들은 '공공정책'public policy의 형성을 매개로 한 정당과 사회운동의 '일상적 결합과 그것에 의한 상호 활성화'에 주목하고 있다(Meyer and Tarrow 1998; Ibarra eds. 2003; Meyer et al. 2005). 다시 말해 민주주의의 심화와 발전에 있어서 이 둘은 반드시 '함께' 고려되어야 하는 관계라고 보고 있는 것이지 그 둘을 애써 '구획'하는 것은 오히려 현실을 제대로 반영하지 못한다는 것이 그들의 논지다.

이런 맥락에서 '시민입법운동'에 대한 주목은 중요한 의미를 갖는다. 민주주의 이행과 공고화 이론에 있어서 민주주의는 선거, 법치, 인권(또는 권리), 권력 분산과 분점 등을 핵심적 요소로 한다(조희연 2006, 12-5). 따라서 '비선거 국면'에 있어서 입법을 둘러싼 다양한 세력들의 다툼의 양상은 그 사회의 민주주의를 이론적으로 평가하거나 실천적으로 진전시키는 데 있어 핵심이라 할 수 있다. 우리의 삶 대부분을 규제하거나 보호하는 '법률'을 만드는 과정으로부터 '배제'되어 있거나, 지극히 '제한'되어 있는 사회를 과연 우리가 민주화된 사회라고 말할 수 있을 것인가? 설령 그것이 '개방'되어 있다고 하더라도 오직 일부에게만 그 문이 열려 있는 경우는 어떠한가? 선출된 의원과 선발된 관료만이 정책결정을 독점하는 것은 과연 민주적인가?

실제로 민주화 이후 한국 사회운동이 전개해 온 '권력감시운동' '정치개혁운동' '시민입법운동' 등은 시민들의 목소리가 제도정치로부터 배제되지 않도록 하기 위한 욕구의 분출이었다. 민주화 이후 한국의 사회운동은, 입법청원 제도를 활용해 시민들의 입법적 요구를 결집하고 다양한 세력들의 입장이 경합하는 과정을 거치면서 '제도'로서의 입법청원을 시민입법'운동'으로 전환시켰다. 그리고 이를 통해 국회의원이나 행정관료, 정당과 거대 이익집단들에 의해 입법 의제와 과정, 결과가 독점되는 상황을 제어할 수 있었던 것이다. 이렇게 시민입법운동은 한편으로는 현대 대의제 민주주의가 제대로 실현되도록 하기 위한 계기가 되었으며, 다른 한편으로 그것이 봉착한 '대표의 한계'라는 근본적 문제를 보완할 수 있는 참여민주주의의 실험(Cronin 1989; Donovan and Bowler 1998)[6]이라는 이중의 의미를 동시에 가진 것이라 할 것이다. 그런 의미에서 "시민입법

---

6 예를 들어 달턴Russell J. Dalton은 선거와 정당을 주축으로 작동하는 전통적 서구 민주주의 체제는 약화되는 반면 공적 여론public opinion과 비관습적 형태의 정치 참여를 통해 이루어지는 '시민정치'citizen politics는 오히려 더욱 활발해지고 있으며 그것을 통해 민주주의는 새로운 진화의 과정을 밟고 있다고 설명하고 있다(Dalton 1996(1988), 10-1). 닐런William R. Nylen의 연구 성과 역시 비슷한 쟁점을 제기한다. 미국의 '엘리트 민주주의'가 시민들의 정치에 대한 냉소와 이탈을 낳게 만들고 있는 반면 브라질 노동당(PT)의 참여 예산제participatory budget와 같은 참여민주주의적 제도와 실천은 "민주주의를 민주화"democratize democracy시키는 데 중요한 역할을 수행하고 있다고 한다. 그는 이러한 참여민주주의적 제도와 실천들은 대의민주주의의 완전한 대안alternative으로 제시되는 것이 아니라 중요한 보완물complementary로 볼 수 있으며 이를 통해 21세기의 민주주의는 새롭게 부활할 수 있을 것이라고 전망하고 있다(Nylen 2003, 10-2).

은 궁극의 시민참여"(須田春海 2001, 19)라는 진술은 더욱 설득력을 갖게 되고, 민주화 이후 전개된 한국 시민입법운동을 다양한 각도에서 분석해 보는 이 작업은 "선거가 아닌 일상적 시기에 제도정치와 운동정치는 어떻게 상호 작용하는가"를 살필 수 있는 소중한 기회를 제공했다.

이 책은 다음과 같은 분석틀로 구성되었다. 우선 시민입법운동에 영향을 미치는 구조적 조건을 '정치적 기회구조'와 '사회적 기회구조'로 구분해 분석했다. '정치적' 기회구조는 "입법이 이루어지는 공간이 얼마나 안정적인가"와 "기존 정치세력들이 입법운동의 주체들에 대해 얼마나 개방적인가"에 초점을 맞춰 살펴보았으며, '사회적' 기회구조는 "사회운동을 둘러싼 담론 환경이 얼마나 '호의적'인가"와 "사회운동조직들이 얼마나 서로 연대하는가" 여부를 기준으로 분석했다. 이러한 정치적·사회적 기회구조가 시민입법운동에 대해 각각 독특한 영향을 미칠 것이라는 것이 이 책의 기본적 가설이다. 정치적·사회적 기회구조는 시민입법운동의 동원구조와 전략에 영향을 미치게 되며 시민입법운동의 주체들은 그것을 통해 입법공간에 개입해 들어가게 된다.[7] 이 입법공간에는 입법의 제도적 행위자들인 의원과 정부에 의해 주도되는 '제도적 입법과정'뿐만 아니라 다양한 사회운동, 언론, 이익집단, 대중 들의 입법적 요구가 분출하는 '비제도적 입법과정'이 함께 존재한다.

---

7 여기서 '입법공간'이란 법률적으로 정해진 '입법과정'이라는 개념을 좀 더 확장시켜 그러한 과정에 참여하는 공식적·비공식적 행위자들이 어우러져 실제 입법이 이루어지는 시간과 장소를 포괄하는 개념으로 구성한 것이다. 마이어는 정치적 기회'구조'라는 개념이 갖는 '장기성'과 '안정성'과 구분되는 비교적 짧은 시간, 보다 유동적인 공간, 구체적인 행위자들의 움직임을 포괄하는 개념으로 정치적 기회'공간'을 제시한다(Meyer 1993, 455). '입법공간'이라는 개념은 이러한 마이어의 개념을 활용한 것이다.

이때 정치적·사회적 기회구조는 입법공간 내부의 다양한 세력들의 입법 의제에 대한 '지지-반대'의 입장에 근거해 형성되는 '입법 동맹'legislation coaltion 구도에도 영향을 미치게 된다.[8] 즉, 특정한 입법적 의제에 대해 제도정치의 '입법동맹'과 '반입법동맹'이 구축되고, 운동정치에도 '입법동맹'과 '반입법동맹'이 형성된다. 이들은 서로 '연대'와 '경쟁' '협력'과 '대립'의 복잡한 구도를 형성하게 된다. 이러한 입법동맹 구도를 조건으로 시민입법운동의 주체들은 '정치적 로비'와 '사회적 동원'의 운동 레퍼토리를 구사해 반대 세력을 고립시키고 지지 세력을 확장하려 한다. 이 과정에서 제도적 입법행위자들과 비제도적 입법행위자들, 또는 제도정치와 운동정치는 다양한 수준의 '쟁투'contention를 벌이게 되며, 그 결과로 개별적 입법적 성과는 물론 입법 유형 자체의 변화까지 도출하게 되는 것이다. 이러한 입법 유형의 변화는 결국 '시민입법운동'이 한국 민주주의에 어떤 영향을 미쳤는지를 살필 수 있는 중요한 척도가 된다.

---

8 '입법 동맹'은 사바티에르가 정책의 변화를 설명하기 위해 제시한 "주창 동맹advocacy coaltioin 들 사이의 경쟁competition" 모델에서 차용한 것이다(Savatier 1991, 154). 이후 사바티에르와 젠킨스는 자신들이 제시하는 '주창동맹'이라는 분석틀은 기존 정책형성이론들과 달리 모든 수준의 '제도적' '비제도적' 행위자들을 포함시켜 정책형성과정을 분석하는 강점을 갖는다고 주장한다(Savatier and Jenkins 1999, 119). 이 책에서는 사바티에르의 논의를 차용하여 실제 입법과정에서는 그것에 대한 '지지'와 '반대' 세력이 확연히 나뉘어 경쟁하거나 대결한다는 점을 드러내기 위해 입법 동맹과 반counter입법 동맹으로 재구성했다.

그림 1 | 책 전체의 분석틀

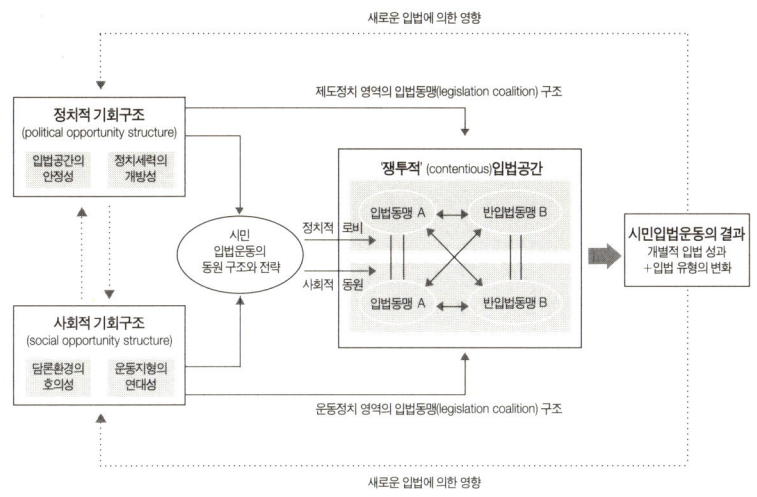

이러한 분석틀에 따라 이 책의 본문은 다음과 같이 구성되었다. 먼저 제2부에서는 민주화 이후 시민입법운동의 역사적 궤적을 정리해 보았다. 1987년 이후 모든 정부들은 민주개혁을 추진하거나 추진한다고 표방했으며, 사회운동은 바로 이러한 개혁을 절저화하거나 아래로부터 추동하는 역할을 담지하게 되었다(조희연 2003, 5-6). 그리고 이 과정에서 '민주개혁'을 둘러싼 다양한 정치세력들 간의 경쟁과 다툼은 주로 '법률' 차원의 제도를 둘러싸고 나타났고, 이로써 입법 영역은 제도정치와 운동정치가 맞부딪히는 치열한 접전의 공간으로 전환되어 갔다. 이런 맥락에서 제2부에서는 민주화 이후 입법공간의 복원과 정치세력의 개방을 중심으로 살펴본 입법 유형의 변화(정치적 기회구조), 입법운동을 둘러싼 담론 환경 및 운동 지형의 변화(사회적 기회구조), 시민입법과 권력감시의 결합 양상

(운동 레퍼토리의 변화)의 변화 등을 정리했다. 그리고 입법 유형의 변화를 기준으로 시기를 구분해 해당 시기 동안의 시민입법운동의 역사적 궤적을, 1988년부터 2005년 6월 말까지 국회에 제출된 240건의 제정청원의 사례를 통해 재구성해 보았다.

제3부는 시민입법운동의 '발생' '결과' '지속'에 영향을 미치는 구조적 조건에 대한 통계적 분석이다. 제2부에서 민주화 이후 정치적·사회적 기회구조의 변화는 '갈등적·흡수적' 입법 유형으로부터 '이의제기적' 입법 유형으로의 전환을 낳았음을 살펴보았다. 그렇다면 그러한 기회구조의 변화는 입법의 유형뿐만 아니라 개별 시민입법운동의 발생과 결과, 지속에 대해서는 어떤 영향을 미쳤던 것일까? 이 책에서는 사회운동의 발생과 결과, 지속에 영향을 미치는 구조적 조건에 대한 실증적 분석을 위해 '정치적 기회구조'와 구분되는 '사회적 기회구조'라는 개념을 새로이 제시하고 이를 다양한 자료들을 활용해 '변수 중심적' 접근에 입각한 통계적 방법으로 분석했다.[9]

분석은 민주화 이후인 13대 국회(1988년)부터 17대 국회 전반기(2005년 6월 말)까지 국회에 제출된 240건의 제정청원 전수를 조사한 자료로 진행하였다. 국회 의안정보시스템을 활용해 청원의 시점, 주체, 결과 등을 정리하고 해당 청원에 대한 언론보도, 다른 사회운동조직들과의 연대 여

---

9 챨스 래긴Chales Ragin의 설명에 따르면 비교사회과학의 연구목적은 거시적 사회현상에 대한 일반화된 설명과 복잡성의 실체를 보여 주고자 하는 것으로, 이 가운데서 '변수 중심적 접근'variable-oriented approach은 이론들로부터 도출된 가설을 검증하는 일반성을 더욱 추구하는 연구전략이며, '사례 중심적 접근'case-oriented approach은 복잡성의 파악을 더욱 중요한 목표로 설정한다(Ragin 1989(2002), 85-102).

부를 〈한국언론재단〉의 기사 검색 서비스(KINDS)와 각종 연감류 등을 활용해 정리했다. 이렇게 확보된 기초자료들을 토대로 사회과학연구에서 많이 사용되는 주요 통계방법으로 분석한 것이 제3부의 내용이다.

제4부에서는 입법운동이 처한 구조적 조건에 대한 운동 주체들의 능동적 대응의 양상을 '운동 레퍼토리'에 초점을 맞춰 살펴보았다. 특정한 구조적 조건이 사회운동에 영향을 미치는 것은 사실이지만 그것이 사회운동에 대한 설명의 전부일 수는 없다. 무엇보다 사회운동은 자신이 처해 있는 구조적 조건 자체를 바꾸려는 인간들의 의식적이고 대체로 집단적인 행위이기 때문이다.

이 작업은 1996년 11월 최초로 입법청원된 후 2001년 6월 국회 본회의를 통과한 '부패방지법 제정운동'에 대한 분석을 통해 이루어졌다. 부패방지법 제정운동에 대한 분석은 부패방지법 및 그것의 제정과정을 다룬 기존 자료집 및 연구 문헌, 언론 검색 등의 자료를 통해 진행했다. 그리고 부패방지법 제정운동을 주도한 인물[10]과 부패방지법 제정 이후 참여연대 반부패운동을 담당한 실무 책임자,[11] 그리고 참여연대에서 권력감시운동을 총괄하고 있는 인물[12]을 인터뷰해 부패방지법 제정과정 및 그 이후, 그리고 참여연대 운동에 있어서 입법운동과 권력감시운동, 1990년대 시민입법의 전개 과정 및 그것의 함의 등에 대해 전반적으로 들었다.[13]

---

10 이태호(참여연대 협동사무처장, 1995년부터 참여연대 근무)

11 이재명(참여연대 협동사무처장, 1999년부터 참여연대 근무. 2006년 5월 이후 한겨레신문 기자)

12 김민영(참여연대 사무처장, 1995년부터 참여연대 근무. 2007년 3월 이후 사무처장)

이하에서는 본격적인 분석에 앞서 이 책 전체를 관통하는 '사회운동과 입법'의 관계를 규명하는 데 필요한 이론적 자원들을 간략히 소개한다. 사회운동에 영향을 미치는 구조적 조건을 분석하기 위해 가장 대표적 사회운동이론의 하나인 '정치적 기회구조' 이론을 소개하고 그것의 한계를 보완하며, 필자가 새롭게 제시하는 '사회적 기회구조'라는 개념이 어떤 연구사적 맥락 속에 놓이는가를 설명할 것이다. 다음으로는 그러한 구조적 조건에 대응해 운동 주체가 구사하는 구체적 행위양식을 '운동 레퍼토리'라는 개념으로 조망하는 이유를 제시한다. 그리고 입법운동이라는 특정한 사회운동의 행위양식이라는 점에서 운동 레퍼토리를 다시 '사회적 동원'과 '정치적 로비'로 구분하는 논리를 보여 줄 것이다. 마지막으로 구조적 조건과 주체적 대응의 상호 작용을 통해 만들어 낸 입법운동의 결과가 '사회운동을 통한 제도의 변화'뿐만 아니라 '사회운동 그 자체의 제도화'라는 이중적 함의를 갖게 된다고 보게 되는 이론적 배경을 소개한다.

---

13 필자 역시 1999년 1월부터 2004년 10월까지 참여연대의 상근자로 활동했기 때문에 부패방지법 제정운동 과정, 특히 제정운동 2기 이후의 상황에 대해선 직접 경험한 내용이 적지 않을 뿐만 아니라 인터뷰 대상자들과의 관계 역시 이미 상당히 친밀한 수준에서 인터뷰가 이루어졌다. 이 책에서 인용된 인터뷰는 모두 본문에 기록된 날짜에 필자가 참여연대를 직접 방문해 공식적으로 이루어진 것이며, 김민영 사무처장의 경우 2007년 3월 사무처장이 되었으나 본문에는 인터뷰 당시 직위인 협동사무처장으로 기록되어 있다.

2. 사회운동과 입법 : 사회운동론적 쟁점

1) 구조적 조건 : '정치적 기회구조'와 '사회적 기회구조'

사회운동의 발생과 성장을 설명하거나, 그것이 성공하거나 실패하는 차이를 낳은 요인에 대한 관심은 사회운동 연구의 고전적 주제인 동시에 현재적 쟁점이기도 하다.[14] 사회운동의 결과의 차이를 낳는 요인에 대한 연구에 있어서 운동조직으로 하여금 정치적 접근을 가능케 하는 외적 조건, 소위 '정치적 기회구조'Political Opportunity Structure가 중시된다. 처음으로 '정치적 기회'라는 개념을 사용한 연구자는 아이징어로 알려져 있고 (Eisinger, 1973), 이후 틸리는 정체polity의 분열이 성원member의 사회운동 시도에 영향을 미친다는 점을 설명함으로써 정치적 기회구조 이론을 한 단계 진전시켰다(Tilly 1978). 피븐과 클라워드는 체제의 위기를 경제적 변화 상황에서 찾았으며(Piven and Cloward 1977), 정치적 접근 기회를 가능케 하는 정치권력의 일상적 변화와 개혁적 운동을 연관시키는 연구로 확대되기도 했다(Wrong 1979).

이후 맥아담은 정치적 기회구조 이론을 미국 시민권 운동에 대한 장기간에 걸친 시계열적인 비교연구로 발전시켰고(McAdam 1982), 다른 수많은 연구자들에 의해 이후 개별 운동들의 시계열적 변화에 대한 연구 (Cooper 1996; Costain 1992; Meyer 1990; Meyer 1993)나 보다 일반적인 저항

---

[14] 가장 고전적 연구는 갬슨의 연구라 할 것이다(Gamson 1975).

운동에 대한 연구(Clemens 1997; Rucht 1992; Tarrow 1989) 등으로 확장되게 된다. 이러한 맥락에서 '정치적 기회구조' 이론은 사회운동에 영향을 미치는 운동 외부의 구조적 조건을 설명하는 가장 대표적 이론으로 평가받고 있는 것이다(Meyer and Minkoff 2004, 1457).

하지만 그와 같은 긍정적 평가에도 불구하고, '정치적 기회구조'란 과연 무엇인가에 대한 합의는 여전히 불완전하며,[15] 많은 연구자들이 독자적으로 그것을 변수화해 분석하고 있다(Meyer 2004: 133)는 점에서 정치적 기회구조 이론은 여전히 보완을 필요로 한다. 우선 기존의 정치적 기회구조에 관한 논의들은 여전히 '단일행위자모델'의 한계를 가짐으로 인해 이미 민주화되고 다원화된 정치 시스템에서의 정치적 기회구조의 유/불리, 개방과 폐쇄를 적절히 설명해 주지 못한다는 문제가 제기된다(McAdam ·Tarrow and Tilly 2001). 이 이론은 사회운동의 '발생' 단계에 대해선 비교적 명확한 반면 그것의 '결과'나 '지속'에 대한 설명은 부족하거나 모호하다는 비판이 제기되고 있다(Meyer and Minkoff 2004, 1461-3).

일부 연구자들이 제기하는 '기회'에 대한 해석 문제도 중요하다. 기회 opportunity와 그 반대 개념으로 제시되는 위협threat은 실체적 개념이기보다는 구성적 개념이며 그 둘을 명확히 구분하는 것은 어렵다는 것이다. 즉, 기회가 위협이 될 수도 있으며, 반대로 위협이 기회가 될 수도 있다

---

15 일반적으로 많이 받아들여지는 정의는 맥아담이 정리한 것이라 할 수 있다(Koopmans and Olzak 2004, 201). 맥아담은 정치적 기회구조를 "첫째, 제도화된 정치 시스템의 상대적 개방성 또는 폐쇄성 둘째, 정치체 내에 존재하는 광범위한 엘리트 동맹의 안정성 또는 불안정성 셋째, 엘리트 동맹의 존재 또는 부재 넷째, 국가의 역량과 억압의 정도"라고 설명하고 있다 (McAdam 1996, 27).

(Goodwin and Japser 2004; Aminzade, Ronald R. et al. 2001).[16] 과연 무엇이 '정치적'인 것이며, 그러한 '정치적'인 것만이 중요한 구조적 조건인가라는 의문 또한 제출되고 있다(Goodwin and Jasper 2004).

따라서 사회운동에 영향을 미치는 구조적 조건에 대한 연구는 제도정치가 제공하는 기회 또는 그것의 개방성 여부만이 아니라 해당 사회운동이 처해 있는 사회·문화적 맥락과 그것이 미치는 영향에 대한 이해까지 확장될 필요가 있다(Zald 1996; Polleta 1997; Gamson and Meyer 1996). 이와 관련된 가장 대표적인 작업 가운데 하나가 쿠프만스에 의해 진행되고 있는 '담론적' 기회구조discursive opportunity structure에 관한 일련의 연구다. 쿠프만스는 "왜 어떤 프레임이 다른 프레임에 비해 더 큰 반향을 불러일으키는가?"라는 질문에 대답하기 위해서는 문화적 기회구조 또는 담론적 기회구조라는 새로운 기회구조의 개념을 구성할 필요가 있다고 주장한다(Koopmans 2004).

쿠프만스는 스타산과 함께 '담론적 기회구조'와 '제도적 기회구조'라는 새로운 기회구조의 개념을 제시해 이탈리아와 독일 극우파들의 상이한 정치적 성공요인을 분석한 바 있다(Koopmans and Stathan 1999). 이 연구에서 구프만스와 스타산은 담론적 기회구조와 제도석 기회구소에 대해 각각 개방과 폐쇄의 가능성을 두고, 이들 간의 조합에 따라 갬슨 식의

---

16 예를 들어 쿠즈만은 1979년 이란 혁명에 대한 사례연구에서 사회운동에 있어서 정치적 '기회'란 오히려 인지적인 기회perceived opportunity라 보는 것이 정당하다는 분석결과를 제시하고 있다(Kurzman 1996). 정치적 기회구조를 보다 실증적이면서도 풍부하게 발전시키고자 한 마이어와 민코프의 작업에서도 정치적 기회구조의 '인지적' 측면(신호 : signal)은 중요하게 다뤄지고 있다(Meyer and Minkoff 2004).

운동결과 분석을 시도했다. 이들의 연구가 중요한 이유는 운동에 영향을 미치는 기회구조에 '정치적'인 것과 구분되는 조건이 될 수 있으며, 그러한 기회구조들 사이의 관계에 의해 운동의 결과에 차이가 발생할 수 있다는 사실을 역사적 접근을 통해 설명해 냈다는 데 있다.[17]

한편 이 책에서는 '담론 환경'과 더불어 '운동 지형'이 사회운동에 미치는 구조적 영향에 대해서도 주목한다. 이미 많은 구미 사회운동 연구자들 역시 대응사회운동counter-social movements의 존재(Zald and Useem 1987; Staggenborg 1991)나 복합적 조직의 장(Klandermans 1992), 사회운동부문 (McCarthy and Zald 1977) 등 사회운동과 운동 사이의 관계, 사회운동조직과 조직 사이의 관계가 사회운동에 미치는 영향을 꾸준히 강조해 왔다. 또한 운동조직 간, 진영 간 '연대'의 문제 역시 중요하게 다뤄져 왔다 (Gerhards & Rucht 1992). 그러나 지금까지의 한국 사회운동 연구에서 운동 지형(의 구조와 변동)이 사회운동에 미치는 영향에 대한 실증적 연구는 충분하지 않았다. 운동세력들 간의 기본적 관계가 지지와 협력적일 경우, 적대적·경쟁적일 경우 등 운동 지형의 구조변동은 사회운동의 전개 과정과 그것의 결과에 중요한 영향을 미치게 된다는 것이 이 책이 취하는 이론적 관점이라 할 것이다.

이러한 측면에서 이 책에서는 사회운동을 둘러싼 '담론 환경'과 '운동

---

17 이후 쿠프만스는 올작과의 공동 연구를 통해 '정치적' 기회와 구분되는 '담론적' 기회를 통계적인 방법으로 규명하는 작업까지 시도하게 된다(Koopmans and Olzak 2004). 이 연구에서 쿠프만스와 올작은 통일 독일에서 인종 차별적 폭력이 발생하는 구조적 요인을 설명하기 위해 '담론적' 기회라는 개념을 사용하면서 언론에서 그것이 보도되는 양상을 분석했다. 이러한 쿠프만스의 시도는 사회운동을 둘러싼 담론 환경이 사회운동의 발생이나 결과에 미치는 영향을 주목했다는 점에서 이 책의 이론적 관심사와 매우 유사하다고 할 것이다.

지형'을 구성 요소로 하는 '사회적 기회구조'Social Opportunity Structure라는
개념을 새롭게 제시한다. 사회운동이 처한 담론 환경 및 운동 지형의 구
조와 변동은 운동 주체가 특정한 동원 전략을 선택하는 데 영향을 미치
며, 나아가 사회운동의 전개 과정과 결과에 영향을 미치게 된다고 보기
때문이다. 이러한 관점은 '정치과정론'의 연구 성과들이 사회운동을 양자
관계가 아니라 다자 관계로 파악하고자 하는 것과도 연결되는 것이다.
즉, 제도정치와 운동정치를 확연히 구분해 분석하던 단계에서 이 둘 간
의 상호 관계를 분석하는 단계로, 그리고 대응운동 집단이나 무관심한
대중, 언론까지 포괄하는 다양한 행위자들의 복합적 관계를 파악하는 방
향으로 연구가 확장되고 있는 추세와 일치한다.[18]

2) 주체적 대응 : 사회운동의 '레퍼토리' '동원' '로비'

사회운동이란 결국 어떤 행위를 통해 표출될 수밖에 없다는 점을 고
려할 때, 사회운동의 행위 양식을 연구 대상으로 설정한다는 것은 어쩌
면 당연한 귀결이다. 그러나 실제 그동안 사회운동 언구에 있어서 운동

---

18 마이어와 태로우가 제안하는 '사회운동사회'the social movement society라는 개념(Meyer and
  Tarrow 1998)이나 틸리와 태로우, 맥아담 등이 주도하는 '다툼의 정치contentious politics 프로젝
  트'(McAdam, Tarrow and Tilly 2001), 사회운동과 공공정책, 민주주의의 관계를 집중적으로
  조명하는 마이어 등의 공동작업('Routing the Opposition')(Meyer et al. 2005) 등이 이와 같은
  맥락이라 할 것이다. 한국에서는 조희연을 중심으로 한 성공회대 민주주의와 사회운동 연
  구소에 의해 '제도정치 중심주의'를 넘어 '사회 중심주의'로 민주주의와 사회운동의 연구를
  확장하려는 시도가 진행되고 있다(조희연 2006).

방식 또는 레퍼토리에 대한 연구는 충분히 이뤄지지 않았다. 물론, 1977
년 찰스 틸리에 의해 '레퍼토리'repertoires라는 개념이 처음 사용(Tilly 1977)
되기 이전에도 몇몇 연구자들에 의해 사회운동의 운동방식이나 행위 유
형에 대한 연구가 진행된 바 있다.[19] 하지만 이를 본격적인 사회과학적
개념과 용어로 사용하기 시작한 것은 역시 틸리에 의해서라고 할 것이다
(Traugott 1995a).

　　틸리는 "모든 사람들은 공동의 이익을 관철하기 위한 제한되고 정립
된 일련의 행위 수단을 갖고 있다"고 하면서 "집단 행위 레퍼토리란 집단
이 자신의 이익을 요구하는 데 있어서 활용할 수 있는 '모든 수단'들"이라
고 정의한 바 있다. 그는 레퍼토리를 "특정한 형태의 저항을 보다 매력적
으로 보이게끔 하는, 반란자와 당국자 간의 느슨하게 구조화된 상호 작
용"이고, "장기적 안정성과 변화 가능성을 동시에 내포한 개념"이라고 설
명했다(Tilly 1978). 그리고 틸리의 레퍼토리 개념은 이후 시드니 태로우의
주요 개념인 '저항의 주기'cycles of protest와 결합되면서 사회운동의 레퍼
토리에 관한 연구는 보다 확산되게 되었다(Traugott 1995a).[20]

---

19 예컨대 갬슨(Gamson 1975)이나 피븐과 클라워드(Piven & Cloward 1977)는 사회운동의 조직
　　형태와 운동방식에 따라 성공과 실패라는 서로 다른 결과가 도출될 수 있음을 설명한 바 있
　　고, 신사회운동의 연구자들 역시 신사회운동의 특징을 설명하며 이를 언급한다. 신사회운
　　동은 비폭력적인 시민불복종이라는 운동방식을 주로 취하며, 대의제보다는 직접참여를 추
　　구했다는 존스턴, 라라나, 거스필드의 연구(Johnston, Larana and Gusfield 1984)를 비롯해, 멜
　　루치(Melluci 1980), 오페(Offe 1985) 등도 신사회운동은 직접참여, 대의제의 거부, 행동 자체
　　를 목적으로 실징했다는 짐들을 강조한 바 있다.

20 이에 대해서는 틸리 스스로의 언급을 통해 확인할 수 있다. "만약 태로우가 이 용어를 확산
　　시키지 않았더라면, 아마 그와 나 정도만 '레퍼토리'에 관한 연구를 수행하는 연구자들이었
　　을 것이다"(Tilly 1995, 38).

사회운동 레퍼토리 연구는 어떤 역사적 조건에서, 어떤 사회운동에 의해 어떤 레퍼토리가 주로 사용되었는가를 밝히는 작업, 즉 표현 그대로 '운동 수단의 목록'을 조사하는 작업 그 자체가 사회운동 연구의 중요한 기본이 된다. 예컨대 태로우는 '저항의 주기'와 운동방식의 관계를 분석한 글에서 운동방식의 목록을 파업, 행진, 공적 회합, 점거, 파괴, 선거 전략, 청원, 폭력적 공격, 사유재산에 대한 공격 등 총 스물두 가지로 구분하고 있다(Tarrow 1989, 68). 그러나 레퍼토리라는 개념은 단순한 '운동 수단의 목록'이라기보다는 보다 복잡하고 중층적 성격을 갖고 있다. 예를 들어 스타인버그가 주장하듯 레퍼토리는 운동의 '형식'적 측면만 해당하는 것이 아니라 그것의 '내용'적 측면, 즉 어떤 주장이 '운동의 소재'가 되는가라는 측면에서도 적용 가능한 개념이다(Steinberg 1995).[21]

이러한 운동 레퍼토리의 '구성'과 그것의 '변화'의 양상을 분석 외에도 시기나 지역에 따라, 사회운동의 종류에 따라 사회운동의 레퍼토리는 어떤 차이점과 유사점을 보이는가에 대한 비교연구가 가능하다.[22] 또한 특

---

[21] 실제로 이 책에서 다루는 '시민입법' 자체가 사회운동의 레퍼토리 가운데 하나일 수 있고, 그것의 하위범주라고 할 수 있는 '입법청원' 또한 사회운동의 레퍼토리 가운데 하나일 수 있다. 시민입법운동이 전개되는 과정에는 집회, 시위, 의견서, 면담, 성명 등 다양한 하위 운동 레퍼토리들이 존재하는 것이다. 따라서 이 책에서는 사회운동의 레퍼토리를 '내용적' 레퍼토리와 '형식적' 레퍼토리로 구분하고, '내용'적 레퍼토리 차원에서 '시민입법'과 '권력감시'로 나누어 볼 것이다(스타인벅의 용어에 따르자면 '담론적' 레퍼토리와 '도구적' 레퍼토리가 될 것이다). 그리고 시민입법운동과 권력감시운동은 각각 다양한 '형식'의 운동 레퍼토리들로 구성되어 있으며, 특히 시민입법운동의 경우 '정치적 로비'와 '사회적 동원'의 형태로 운동 레퍼토리를 구분한 후 이를 다시 세분화해 그 구성과 변화를 살필 것이다.

[22] 예를 들어 트라고트는 '바리케이드'라는 저항의 방식이 역사적으로 변천되고 확산되는 양상을 추적하였고(Traugott 1995b), 바칸은 소송이라는 법률적 수단을 동원한 사회운동의 전개 과정과 그 결과를 분석한 바 있다(Barkan 1980). 1955년부터 1970년까지 미국 시민권 운

정한 레퍼토리들이 '어떤 메커니즘'을 통해 선택되거나 확산되는지, 또는
그 반대로 배제되거나 감소하는지를 밝히는 연구 또한 중요하다.[23] 이런
맥락에서 한국의 시민입법운동이 전개되는 과정에서 어떠한 운동 레퍼
토리들이 구사되었는지, 그리고 그것이 시기에 따라 어떻게 변화했는지
를 정리하고 왜 그러한 변화가 발생했으며 그것이 실제 운동의 결과에
어떠한 영향을 미쳤는지를 분석하는 작업은 연구사적으로도 매우 중요
한 의미를 지니게 되는 것이다. 그리고 이 책에서 입법운동의 레퍼토리
는 '동원'mobilization과 '로비'lobbying의 두 가지 차원으로 크게 구분해 분석
된다.

지금까지의 사회운동 연구들은 사회운동의 실천을 주로 '동원'의 차원
에서 분석해 왔다. 동원이란 일반적으로 "특정집단이 집합적 행위를 위
해 필요로 하는 자원에 대해 집합적 통제를 가능케 하는 과정"을 의미한
다(조대엽 1999, 83). 이러한 동원은 많은 경우 특정한 구조, 즉 동원구조를
통해 이루어지는데, 여기서 동원구조란 "사람들이 그것을 통해 집합행동

동에 있어서 어떤 운동방식들이 주로 사용되었고 운동방식의 혁신이 이루어지는 맥락을 탐
구한 맥아담의 연구(McAdam 1982)와 1890년부터 1920년 사이 미국 여성운동조직들이 구
사한 다양한 운동방식들, 특히 공익로비의 전개 과정과 그 결과(이익집단정치의 구성)에 대한
클레멘스의 연구(Clemens 1997) 등은 사회운동의 다양한 레퍼토리의 구성과 그것의 결과에
대한 이해를 높여 준다.

23 실제로 틸리의 연구(Tilly 1977; 1995)는 이러한 문제의식을 기반으로 하고 있는 것이며, 태로
우(Tarrow 1989)의 연구 역시 '저항의 주기'에서 이루어지는 운동 레퍼토리의 혁신과 확산에
주목한 것이다. 또한, 앞서 언급한 바칸(Barkan 1980; 1984), 맥아담(McAdam 1982)이나 클레
맨스(Clemens 1997) 등의 연구 역시 특정한 운동방식이 선택되고 활용되는 조직적, 구조적
맥락을 분석한 연구들이라 할 수 있다. 사회운동의 운동방식은 과거로부터 전수되어 오거
나, 조직 내부로부터 혁신을 통해 개발되기도 하지만, 확산의 과정을 통해 전파되고 공유된
다는 사실도 분석된 바 있다(Soule 1997; Olzak & Uhrig 2001).

에 동원하게 되고 참여하게 되는, 공식적이거나 비공식적인 집합적 전달
수단"이라고 정의된다(McAdam, McCarthy and Zald 1996, 3). 이러한 동원구
조에 대한 분석은 자원동원론 연구자들로부터 시작되었고 이들은 사회
운동에 대한 '불만에 기초한 분석' 대신에 그것의 동원 과정과 그것의 공
식 조직적 출현에 주목했던 것이다. 예컨대 매카시와 잘드가 주목했던
'전문 사회운동조직'이 바로 그것이다(McCarthy and Zald 1973; 1977).

자원 동원론과 더불어 동원에 주목하는 이론적 흐름이 정치과정론이
다. 전문 사회운동조직만을 강조하는 매카시, 잘드 등의 자원동원론에
대해 비판적이었던 틸리 등의 연구자들은, 오히려 다양한 풀뿌리 조직들
에 의한 운동의 동원에 관심을 두면서 동원구조에 대한 연구 영역을 확
장시킨다.[24] 그러나 이러한 동원구조뿐만 아니라 동원하고자 하는 대상
(자원)이 무엇인가에 따라 동원의 전략, 유형, 규모가 달라질 수 있다는
점에도 주목할 필요가 있다. 특정한 조직의 형태가 모든 종류의 동원에
늘 유리하거나 필요한 것은 아니기 때문이다. 이 책에서는 운동의 전개
과정에서 실제 사용되는 운동 레퍼토리와 직결되는 다음 세 가지 차원으
로 동원을 구분한다.

첫 번째로 '대중 동원'이다. 가장 일반적인 형태의 동원이다. 얼마나
많은 사람들이 해당 운동을 지지하고 보다 적극적으로 참여하게 만드는

---

[24] 예를 들어, 모리스(Morris 1981; 1984)와 맥아담(McAdam 1982)은 미국 시민권 운동의 등장과
정에서 교회나 학교와 같은 지역 흑인 제도들에 대해 주목했고, 에반스(Evans 1980)는 여성
해방운동의 기원에 있어서 비공식적 친우 네트워크를 연구했다. 나아가 운동 네트워크와
채용에 관한 연구들에서도 비공식적인 풀뿌리 동원구조에 대한 연구들이 활발하게 전개되
었다(Gould 1991; Kriesi 1988; McAdam 1986; McAdam and Paulsen 1993; Snow, D.A., Burke
Rochford, Jr., Steven K. Worden, and Robert D. Benford 1986).

가의 문제다. 집회나 시위의 참여 인원, 지지나 반대 서명 인원 등을 통해 규모를 확인할 수 있다. 뿐만 아니라 연대운동으로 전개된 경우 얼마나 많은 단체들이 참여했는가에 따라서도 동원 규모를 논할 수 있다(Kollman 1998).

두 번째로 '언론 동원'이다. 현대 사회의 여론형성에서 언론의 위상과 영향력은 매우 중요하다. 언론매체를 통하지 않고 여론을 형성하기란 어려우며 반대로 언론을 통해 쉽게 특정한 여론이 형성되기도 한다. 따라서 이미 일찍부터 많은 사회운동조직들은 언론의 관심과 지지, 즉 보다 많은 보도와 호의적인 보도 태도를 끌어내기 위한 노력을 계속해 왔고 언론 역시 이러한 보도를 통해 여론의 전달과 창출이라는 언론의 위상을 강화해 나가고 있다(Burstein, 2003). 갬슨 등이 제기한 '공론'public discourse 의 중요성도 역시 같은 맥락이라 할 것이다(Gamson 1975; Gamson and Modiglani 1989).

세 번째로 '법률 동원'이다. 대중의 동원이나 언론의 동원은 기본적으로 '수의 논리'에 기반을 둔다. 보다 많은 대중이 참여하고, 보다 많은 보도가 이루어지게 함으로써 영향력을 행사하는 것이다. 그러나 이러한 동원들이 제도적으로 보장된 영향력을 갖는 것은 아니기에 유동적이고 불확실하다. 이러한 한계를 보완하기 위해 많이 사용되고 있는 것이 바로 '법률 동원'이다. 법률의 동원은 대중 동원이나 언론 동원이 쉽지 않은 국면에서 이를 촉발하는 계기가 되기도 하고 반대로 사법적 판단을 통해 분명한 결론을 도출해 냄으로써 주장의 완결성을 확보할 수 있다(Barkan 1980; Burstein 1991).[25]

한편 사회운동을 통한 법률의 변화는 결국 '입법과정'을 통과할 수밖에 없으며 이 과정은 국가와 제도정치의 주도하에서 이루어지게 된다.

이때 정당, 의원, 정부 부처 등이 사회운동의 요구에 반응하고 공감하며, 최종적으로 그에 따른 법률의 제정·개정·폐지를 해 내도록 만들기 위해서는 입법과정에 대한 '근접전'이 필요하며 이것을 '로비'라고 할 수 있을 것이다.[26] 일반적으로 로비란 "일정의 적법한 목적을 위해 노동조합 및 경제 관련 협회 등과 같은 사적 이익을 추구하는 이익단체와 공익을 추구하는 사회시민단체들이 정부의 정책결정 및 특정 입법에 합법적으로 영향을 미쳐 자신들에게 직·간접적으로 유리한 결과가 단기 또는 장기적으로 창출되도록 추구하는 의도적인 행위"(안보섭 2000, 212)라 할 수 있다. 이처럼 로비는 흔히 다원주의적 정치구조하에서 다양한 이익집단들에 의해 이루어지고 있으며(Richan 1996), 이때 이익집단은 경제 이익집단과 비경제 이익집단, 사익집단과 공익집단 등으로 다시 구분되는데 이 책에서는 그 가운데서도 공익집단에 의한 로비활동에만 주목한다.

지금까지의 입법과정에서 '조직화된 집단'들의 이익만이 주로 반영되었고 조직화되지 못한 시민들의 이익 또는 공익은 배제되어 왔던 것이 사실이다.[27] 이러한 현실에 대응하여 많은 '공익집단'들 또한 만들어져 이

25 소위 '공익 소송'이라 불리는 다양한 고소와 고발, 헌법소원, 그리고 입법청원 등의 법적 수단을 통해 사회운동은 상대(정부 부처나 정당, 관료나 의원 개인, 또는 갈등하는 다른 이익단체 등)로 하여금 직접적이고 강제적인 변화를 요구할 수 있는 것이다. 그러나 법률 동원은 기본적으로 사법부의 판단에 종속되어 있다는 근본적 한계를 갖는다. 한국의 공익 소송 및 공익 변호사 운동에 대해선 박원순(2004, 505-44)을 참조.

26 언론과 대중, 법률을 동원하여 의제를 형성하고 정부나 정당으로 하여금 이에 반응하도록 만드는 '동원'이 일종의 외곽전, 포격전이라면, 로비는 그런 외곽의 지원을 받아 이루어지는 근접전, 육박전이라 할 수 있다.

27 조직화된 집단의 이익이 정치에 반영되는 방식도 크게 두 가지로 나눠볼 수 있을 것이다. 잘 조직화된 이익단체들이 정당에 영향을 미침으로써 자기 이익을 실현하고 있는 미국의 다원

들의 목소리를 대변하려 하고 있고, 미국의 경우 가장 대표적인 공익집단으로 커먼 코즈Common Cause와 퍼블릭 시티즌Public Citizen 등이 꼽히곤 한다. 이들 공익집단들 역시 다양한 로비의 기술과 동원 전략을 통해 공익적 주장을 드러내고 그것을 실현시키고자 한다(McFarland 1984; Hrebenar 1997). 그런데 미국에서 사용되는 로비의 개념은 매우 광범위하다. 정치적·정책적 영향력을 발휘하기 위해 대통령·의회·사법부·언론·대중에게 행하는 일체의 행위들이 모두 '로비'로 포괄되고 있기 때문에 이를 좀 더 구분해 사용할 필요가 있다(Richan 1996; Berry 1997).

일반적으로 로비의 전략은 내부자 전략과 외부자 전략으로 크게 구분해 볼 수 있다(Kollman 1998, 35). 내부자 전략은 이익 집단의 로비스트가 개별 의원들과의 면담이나 청문회 증언 등을 통해 의원이나 그들의 보좌관들과 직접적으로 접촉하는 것을 말하며,[28] 외부자 전략은 정책입안자들 바깥에 존재하는 사람들을 향한 호소로 이루어지는 로비를 말하는데 그래서 풀뿌리 로비grassroot lobbying라고 불리기도 한다.[29] 실제 입법운동

주의적 이익집단정치와, 특정한 계급의 이익을 대변하는 정당에 의해 주도되는 유럽의 조합주의적 정당정치는 성격을 달리한다. 그러나 이 둘 모두 '조직화'된 집단의 이익이 우선적으로 대변되고 있다는 점에서는 유사하다고 할 수도 있다.

28 내부자 로비inside lobbying에는 의원들에 대한 개별 접촉, 의회에서 증언하기, 정부활동에 대한 연구결과 발표, 관계자들에 대한 개별적 접촉, 캠페인에 기여하기, 공청회에서 증언하기, 공적 자문기구를 돕기, 정책에 대한 소송에 참여하기 등이 있다(Kollman 1998, 35). 그러나 이 책에서는 '소송'은 의원이나 정부를 직접 설득하는 방식이 아니라는 점에서 '동원의 수단'으로 보고자 한다.

29 외부자 로비outside lobbying에는 언론에 말하기, 집단 구성원들 동원하기, 편지 쓰기 캠페인의 조직, 언론에 연구결과 발표하기, 기자회견 개최, 의원들의 표결 기록 공개, 후보자 추천하기, 시위, 정책 이슈에 대한 여론 조사, 정책적 입장에 대한 광고, 공공관계회사 고용, 캠페인에 개별적으로 기여하기 등이 있다(Kollman 1998, 35). 이러한 '외부자 로비'를 이 책에서는

의 전개 과정에서는 의원이나 정책입안자들을 대상으로 한 직접적인 호소나 설득이 매우 중요하다. 이러한 맥락에서 이 책에서는 의원이나 정부와 같은 제도적 입법 주체들을 직접 대상으로 삼는 내부자 전략을 '정치적 로비'로, 그리고 대중·언론·소송을 활용해 제도적 입법 주체들을 압박하는 외부자 로비 전략(또는 풀뿌리 로비 전략)을 '사회적 동원'으로 명명해 입법운동의 분석에 적용했다.[30]

3) 운동의 결과 : 사회운동을 통한 제도 변화와 사회운동의 제도화

사회운동의 '결과'outcomes란 무엇인가, 사회운동의 직접적 결과와 간접적 효과를 어떻게 구분할 것인가, 의도한 결과와 의도치 않은 결과를 어떻게 측정할 것인가, 사회운동에 의한 사회변동은 어떤 내용과 방향을 담고 있는 것인가와 같은 근본적 쟁점들이 사회운동 연구에서 새롭게 다뤄지고 있다(Giugni, McAdam, and Tilly eds. 1998; Giugni, McAdam, and Tilly eds. 1999). 그러나 지금까지 사회운동 연구에 있어서 '결과'와 그것의 '영향'impact에 관한 연구자들의 관심과 성과물은 예상보다 많지 않다. 그것은 무엇보다 사회운동과 그것의 결과 사이의 인과관계를 입증하는 것이

'사회적 동원'으로 분류하고 있는 것이다.
30 다만 미국이나 유럽에서와 달리 한국에서는 공식적 로비스트가 존재하지 않고 사회운동조직의 주요 임원이나 활동가 또는 회원들이 별다른 제도적 기반 없이 의원들과 접촉하거나 공청회에 참여하고 있다는 점에서 그것과 구별된다. 로비가 미국 사회운동의 레퍼토리로 자리 잡게 되는 과정과 동학에 대해서는 Tinker, Irene eds.(1983), Hansen(1991), Clemens (1997) 등의 연구가 중요하다.

간단한 작업이 아니었기 때문이다(임희섭 1999, 182).[31] 뿐만 아니라 성공과 실패의 귀속 대상, 결과에 대한 주관적 판단, 의도치 않았던 결과 등까지 고려할 경우(Giugni 1998), 사회운동과 그것의 결과 사이의 인과관계를 설명하기란 대단히 어려운 작업임이 분명하다. 이러한 이유로 인해 지금까지 사회운동의 결과에 관한 연구들, 특히 경험적 연구들은 정책의 변화 및 입법화 수준의 미시적 사회변동에 우선 집중되어 왔다. 따라서 '사회운동을 통한 제도 변화'에 대한 연구는, 결국 입법운동의 구조와 동학을 밝히는 작업에 다름 아니라고 할 것이다.

그렇다면 입법운동은 어떻게 가능한 것인가? 법률을 변화시키기 위해 사회운동이 갖추어야 하는 조건은 무엇인가? 신제도주의의 대표적 연구자 클레멘스는 이러한 의문에 대해 기존 질서가 흔들릴 수 있는 '불안정한 상황'이 필요하며, 외부의 충격을 통해 이러한 상황이 연출되지 않을 경우 사회운동은 '혁신적인 운동방식'의 구사, 새로운 보상과 처벌 제시, 기존 질서에 대한 불신과 새로운 대안에 대한 신뢰 제공 등을 통해 제도를 변화시킬 수 있을 것이라고 설명한다(Clemens 1998, 114-22). 이러한 설명은 사회운동론의 중요한 이론적 성과인 정치과정론과 접점을 갖는다. 구조적 사회변동에 의해 정치적 기회구조에 변화가 발생하고 사회운동

---

31 예컨대 틸리는 사회운동의 성공과 실패를 분석하기 위해서는, ①사회운동의 모든 주장들all movement claims ②사회운동에 의해 이루어지는 모든 행동의 영향all effects of movement actions ③ 사회운동 외부에서 발생하는 사건과 행동들의 모든 영향all effects of outside events and actions이라는 세 가지 변수가 함께 고려되어야 하고, 이들 간의 관계에 의해 ①운동의 주장에 의해 직접적으로 관계된 운동 행동에 의한 효과 ②운동의 주장에 직접적으로 관계된 운동의 행동과 운동외부의 행동에 의한 운동의 효과 ③운동의 주장에 직접적으로 관계된 운동외부의 행동에 의한 효과 ④운동의 주장과 직접적 관계가 없는 운동의 행동과 운동외부의 행동에 의한 공동의 효과가 발생한다고 정리한 바 있다(Tilly 1999, 269).

의 주체들은 이러한 기회와 제약을 적절히 활용하고 새로운 프레임과 레퍼토리를 활용해 운동에 대한 지지와 동원을 이끌어 냄으로써 자신이 목표로 한 바를 달성한다는 것이 정치과정론의 큰 얼개이기 때문이다 (McAdam, McCarthy and Zald eds. 1996).

한편 사회운동과 제도의 관계를 설명함에 있어 또 다른 중요한 축은 '사회운동의 제도화' 문제다. 사회운동의 제도화를 운동조직 중심으로 이 해하는 이들의 경우 사회운동조직이 사회의 다른 조직들과의 일상적이 고 규칙적인 관계를 형성하는 것(Ferree and Martin 1995), 혹은 사회운동조 직이 점차 정당이나 이익집단이 되어 가는 과정인 것으로 설명한다(Kriesi 1989). 이때 제도화의 특징적인 현상은 첫째, 운동조직에 필요한 자원이 안정적으로 유입되고 둘째, 운동조직의 목적이 온건해지며 셋째, 정치적 인 행동양식이 관례화 혹은 형식화하고 넷째, 이익갈등의 중재 역할을 하는 기존 제도정치 — 대표적으로 정당 — 에 운동조직이 편입되는 것 등이다(김은미 2000, 16). 다시 말해 첫째, 운동의 참여자와 운동조직의 관 계 둘째, 운동조직들 간의 관계 셋째, 운동조직과 국가와의 관계 등이 사 회운동의 제도화를 다루는 핵심적 연구과제가 되는 것이다(McAdam, McCarthy and Zald 1996; Tarrow 1998).

그러나 이러한 사회운동조직 중심의 연구에서 벗어나 더 폭넓게 운동 의 제도화를 다루는 경우들도 적지 않다. 큐빅은 사회적 실행의 제도화 라는 일반적인 특성에서 운동의 제도화를 이해하고자 한다(Kubik 1998, 134). 시위대와 경찰의 관계를 대상으로 운동의 제도화를 연구한 경우 운 동의 제도화는 합법화와 체제내화로 설명된다(Della Porta and Reiter eds. 1998). 이와 같이 운동의 제도화와 대칭을 이루는 극점이 운동의 급진화 라고 설명함으로써 운동의 제도화를 또 다른 극단적인 결과물로 조명하기도 한다(김은미 2000, 17). 마이어와 태로우에 따르면, 제도화란 "본질적으로 자기 유지적인 반복 가능한 과정이 마련되는 것"이며 운동의 제도화는 일상화routinization, 포섭과 주변화inclusion and marginalization, 흡수cooptaition의 세 가지 측면으로 구성된다(Meyer and Tarrow 1998, 21).

운동의 제도화를 운동의 주기와 발전 단계로 설명하는 경우 그것은 발전의 마지막 단계에서 나타나는 전형적인 현상으로 본다. 이때 운동의 제도화는 운동이 추구하는 목표가 달성되었음을 의미하기도 하는데 운동 목표를 흡수해 주는 제도적 기제가 마련되거나 혹은 운동을 대신해 운동의 목표를 실행해 나가는 기관이나 단체들이 확산되게 된다. 이런 점에서 운동의 제도화가 사회운동의 성공을 의미하는 것으로 이해되는 경향 또한 있는 것이다(김은미 2000, 21). 그러나 사회운동의 성공 여부와 무관하게 운동의 자기 발전 과정의 마지막 형태로 제도화 단계가 출현하기도 한다.[32]

그렇다고 사회운동의 제도화가 사회운동의 주기에 있어 '항상'적이거나 '동일'하게 나타나는 최종 단계의 현상이 아니라 해당 사회운동이 처한 정치·사회적 조건, 운동 주체들의 전략과 조건 등에 따라 더욱 다양하게 나타날 수도 있다. 제도화를 여전히 거부하며 오히려 더욱 급진화되는 사회운동이 등장할 수도 있고(Meyer and Tarrow 1998), 제도화에 따른 포섭이나 흡수도 아니며 그렇다고 급진화되는 것도 아닌 독특한 형태로

---

[32] 주기적 관점에서 운동의 제도화를 설명하는 이들 가운데는 운동의 제도화를 비관주의와 환멸감으로 대하는 경우가 많다. 사회가 평온기, 운동기, 전이기에 이르면 "운동 참여자들은 재생산된 지배구조에 스스로를 적응시키게끔 강제되는 가운데 파편화되고 의례화되며 고립된다"(Foss and Lakin 1991, 228)는 것이다.

새로운 운동의 경로를 개척해 나가는 사례들도 보고되고 있는 것이다(Borda 1990). 사회운동의 제도화에 대한 이러한 복합적인 시각은 사회운동의 결과로서 이루어진 '제도 변화'가 해당 사회운동의 '제도화'라는 단일한 결과를 낳는 것이 아니라 사회운동의 '분화'와 더불어 상이한 의미를 가질 수 있음을 이해하도록 돕는다.

따라서 법률의 변화를 목적으로 삼는 입법운동의 경우 그것의 가시적 결과로서의 '제도 변화'뿐만 아니라 '제도 변화에 따른 사회운동의 제도화'라는 이중의 효과에 대한 탐색이 더욱 필요하다. '제도화'는 운동의 긍정적 결과로 평가될 수도 있고 부정적 결과로 해석될 수도 있으며, '과잉'이 문제가 되기도 하지만 '과소'가 문제가 되기도 하기 때문이다. 이는 결국 정당과 사회운동, 제도정치와 운동정치의 상호 관계를 어떻게 재구성할 것인가라는 이 책 전체를 관통하는 질문과 다시 연결된다고 할 것이다.

제2부 역사적 전개

입법운동이 법률의 변화를 목적으로 한다는 점에서 그것의 전개 과정은 제도정치와 운동정치의 상호 작용을 전제로 하지 않을 수 없다. 그리고 이러한 제도정치와 운동정치의 상호 작용은 보다 역사적인 맥락 속에서 검토될 필요가 있다. 민주화 이전의 한국 사회에서 법률의 변화는 많은 경우 대통령의 의지나 정부 부처의 판단에 의해 이루어졌고 국회는 입법부로서의 최소한의 기능적 역할만 수행하는 '통법부'通法府로 전락했음은 주지의 사실이다. 야당은 물론 여당조차, 국회의원 개인은 물론 국회 그 자체도 입법적 역량을 제대로 발휘하지 못했고, 거의 대부분의 법률은 행정부 주도하에서 작성되었다. 당시 사회운동의 목표는 이러한 왜곡된 상황을 지속시키는 체제 자체를 전복시키거나 정권을 타도하고자 하는 것에 집중되었고, 독재정권으로부터의 시혜나 그들과의 협력을 통해서나 가능했던 입법운동에 대한 관심은 미약했다. 마찬가지로 체제 자체를 부정하는 사회운동에 대한 정권의 대응은 억압으로 반복되었고 결국 입법은 정권의 일방적인 지배가 관철되는 과정이자 결과에 다름 아니었다. 바로 이러한 맥락에서 민주화 이전 한국 사회에서의 입법은 '배제적'exclusive 양상이었다고 말할 수 있을 것이다.

그러나 '민주화'는 이러한 입법의 양상 자체를 변화시키기 시작했다. 의원과 정당·정부·의회를 중심으로 하는 제도정치가 복원되기 시작했고 시민사회에 기반을 둔 운동정치 또한 활성화되기 시작했다. 그동안 대통령과 행정부의 주도로 이루어졌던 입법은 국회와 의원의 역할로 서서히 옮겨 가기 시작했다. 여당과 야당이 입법의 내용과 속도를 둘러싸고 '국회 안'에서 논쟁을 벌이기 시작했으며, 사회운동조직을 포함한 다양한 집단들이 자신들의 요구를 입법화하기 위해 입법과정에 대한 개입을 시도했다. 때로는 다투고 때로는 협력하며 제도정치와 운동정치가 서로 맞물려 작동하는 입법공간이 조금씩 열리기 시작한 것이다. 입법과정은 과거처럼 정부나 여당에 의해 일방적으로 진행될 수는 없었고 야당과 협상하고 대중을 설득하는 과정을 필요로 했다. 민주화 이후 등장한 정부와 정당들은 '제도개혁' '개혁의 제도화'를 내세우며 입법에서의 주도권을 잃지 않으려 서로 경쟁했고, 사회운동 역시 구체적인 정책대안들을 제시하며 자신들의 요구를 입법화시키기 위한 전략과 전술을 구사했다. 이처럼 민주화 이후 이제 구체적인 법률의 제정·개정·폐지는 다양한 주체들의 다툼의 대상이 되었고, 배제적으로 이루어졌던 입법은 '쟁투적'contentious1인 양상으로 전환되었다.

이처럼 입법의 양상 자체가 '쟁투적'인 것으로 변하면서 '위로부터의 입법' 전략과 '아래로부터의 입법' 전략이 맞부딪히는 일이 빈번하게 발생하게 되었다.2 입법을 주도하는 지배세력(주로 정부와 여당)이 취하는 '위로부터의 입법' 전략은, 여러 사회세력들의 동의를 구하기 위한 다양한

---

1 이 용어는 맥아담McAdam, 태로우Tarrow, 틸리Tilly의 주도로 진행되고 있는 '쟁투적 정치' Contentious Politics라는 개념에서 가져왔다(McAdamn, Tarrow and Tilly 2001). 그들이 규정하는 '다툼의 정치'란 "하나의 정부가 요구의 목적 또는 요구의 대상이 되고, 그러한 요구가 실현될 경우 그것이 요구한 이들 중 적어도 한 사람(또는 한 집단)에 대해 영향을 미칠 경우 발생하게 되는 요구자들과 그 대상 사이의 일시적이면서도 공공연하고 집단적인 상호 작용"을 의미하는 것으로, 기본적으로 '기술적'descriptive인 성격이 강한 개념이라 할 것이다.

2 제도 변화를 지배 전략의 구도로 설명하는 것은 마이클 만Michael Mann의 작업으로부터 도움을 얻었다. 만은 시티즌십Citizenship을 계급갈등을 제도화시키는 지배의 전략에 따라 구분함으로써 시티즌십을 '주어지는' 제도로서가 보다 역동적인 쟁투의 대상으로 그려내고 있다(Mann 1987, 2005). 한편 브라이언 터너Bryan S. Turner는 시티즌십을 설명하기 위해, 만의 관점에서 한 걸음 더 나아가 '아래'로부터의 저항이 시티즌십에 미치는 영향이라는 관점을 도입하고 있다(Turner 1990). 필자 역시 '위로부터의 지배전략뿐만 아니라 '아래로부터의 저항전략'까지 살펴야 입법을 둘러싼 '다툼의 양상'을 역동적으로 살필 수 있다는 관점을 취하고 있다.

수단들을 구사해 입법화를 시도하는 '설득적' 전략과, 그러한 동의의 과정을 거치기보다는 힘의 우위에 기반을 두어 억압적으로 입법을 관철시키고자 하는 '일방적' 전략으로 구분해 볼 수 있다. 마찬가지로 입법과정에 개입하고자 하는 저항세력들 — 정치사회 내의 행위자로는 야당, 시민사회에 속하는 행위자로는 사회운동조직이나 이익집단 등 — 의 '아래로부터의 입법' 전략 역시 두 가지로 나눠 볼 수 있다. 지배세력의 입법전략에 대해 이의를 제기하거나 저항하기보다는 비교적 '타협적'인 태도로 입법적 성과를 거두려는 경우와, 보다 능동적으로 자신의 이해나 이념을 관철시키고자 하는 '도전적'인 경우가 그것이다. 이렇게 지배세력과 저항세력의 서로 다른 입법 전략들이 현실의 입법공간에서 각축을 벌이게 된다.

그림 2 | '쟁투적' 입법의 네 가지 유형

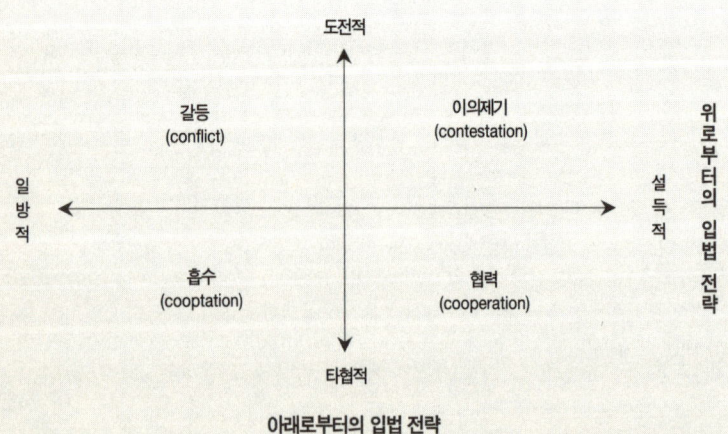

다시 말해 민주화 이후의 '쟁투적'인 입법 양상은, '위로부터의 입법' 전략과 '아래로부터의 입법' 전략 사이의 상호 작용의 결과로 '갈등적' '흡수적'[3] '이의제기적'[4] '협력적'인 입법 유형으로 구성해 볼 수 있다. 이러한 맥락에서 이하 제2부에서는 민주화 이후 한국 사회에서 본격적으로 시작된 입법을 둘러싼 다양한 주체들의 다툼, 즉 '쟁투적' 입법의 양상은 구체적으로 어떤 유형과 궤적으로 전개되었던가를 살펴보고자 한다.

---

[3] '흡수'는 운동세력이 이미 자리한 정치 관행을 파괴하지 않는 선으로 자신들의 주장이나 전술을 바꾸는 것을 뜻한다. 운동단체 출신 운동가가 제도권 정당으로 입당해 의회에 진출하거나 행정 관료로 입각하는 예가 대표적이라 할 것이다(Meyer and Tarrow 1998, 21). 이 책에서는 주로 사회운동으로부터 먼저 제기되었던 입법적 요구가 정부나 정당에 의해 것으로 전환되면서 입법공간에 대한 사회운동의 능동적 개입은 오히려 축소되거나 약화되어 버리는 상황을 지칭한다.

[4] '이의제기'contestation라는 개념은 쁘띠(Pettit 1997)의 '이의제기적 민주주의'contestatory democray에서 빌려 왔다. 쁘띠는 공화주의Republicanism에 관한 그의 저서에서 이 개념을 설명한다. 민주주의는 사람들의 동의가 아니라, 정부가 하는 모든 것에 대해 민중들이 이의를 제기할 수 있는 것contestability에 기반을 둔다는 것이다. 정부의 활동은 대중 의지의 산물이 아니라, 대중들의 이의제기에도 살아남을 수 있는데 적합해야 한다는 것으로, 만약 사람들이 정부가 하는 활동에 대해 도전할 수 있는 체계적으로 유용한 기반이 존재한다면, 이의제기적 민주주의는 심의적deliberative일 것이며, 이른바 공통된 관심common concern에 대한 고려에 기반을 두는 결정을 요구할 것이다. 쁘띠의 설명에 따르면, 이의제기적 민주주의는 정부 결정에 대한 이의제기로부터 나오게 되는 것이다. 따라서 서로 다른 영역에서 이루어지는 불만들에 대한 적합한proper 공청회가 제공되어야 하며(반드시 대중적인 공청회일 필요는 없다), 일반적으로 신뢰할 만한 의사결정과정이 존재해야 한다. 만약 그러한 신뢰가 실추될 경우, 탈퇴의 가능성이나 반체제적 활동이 가능해야 한다는 설명이다. 이 책에서는 이러한 쁘띠의 논의를 빌어, 입법과정과 그것의 결과에 대해 사회운동이 적극적으로 '이의를 제기'하고 그것에 대해 정부가 일방적으로 억압하지 않고 토론을 거쳐 구체적인 법률의 변화를 이끌어 낸다는 맥락에서 '이의제기적' 입법 유형으로 규정했다.

2장 시민입법운동의 '등장'
노태우 정부~김영삼 정부 전반기(1988~1994년)

1. '위로부터의 개혁입법'의 시대

1) 입법공간의 형식적 복원과 정치세력의 미약한 개방

대통령을 '내 손으로' 직접 뽑게 되었다는 사실은 바뀌었지만 1987년 12월 대선은 '6·29 선언'을 발표했던 노태우 민정당 후보의 승리로 결국 마감되었다. 1987년 이전에는 민주진보세력이 주도하는 '아래로부터의 급진적 민주화'의 길과 구세력들이 주도하는 '위로부터의 보수적 민주화'의 길이 각축하고 있었다면, 1987년의 6·29 선언과 12월 대선을 거치면서 위로부터의 보수적 민주화의 길이 지배적인 경로로 정착하게 된 것이다. 그리고 그 결과 구권위주의 세력 및 기득권 세력이 제도적·비제도적 권력을 유지하는 속에서 민주개혁이 이루어지는 경로로 나아가게 되었다(조희연 2003, 5-6). 이러한 역사적 맥락 속에서 등장한 노태우 정부는

'변화와 개혁'보다는 '안정과 질서'를 선호하는 태도를 취했고,[1] 결과적으로 노태우 정부 시기는 '무결정의 정치' '제한적 민주화 이행의 안정화'에 급급했던 것으로 평가된다(강문구 2003, 272).

노태우 시기 '악법개폐'와 관련해 중요한 특징 가운데 하나는 그것의 주도권이 (최소한 1990년 3당 합당 이전까지는) '여소야대'였던 국회에 있었다는 점이라 할 것이다. 이러한 특징을 잘 보여 주는 것이 '민주발전을 위한 법률개폐 특위'의 구성과 활동이다. 1988년 6월 10일 142회 임시국회 개회에 맞추어 여·야 4당은 7개의 특별위원회를 구성했고, 이 가운데 "민주발전을 위한 법률개폐 특별위원회"를 중심으로 '악법개폐'가 시도되었다. 당시 이 특위는 정치, 경제, 사회관계 법률 및 기타 법률 등의 4개 소위를 나누어 운영되었으며 총 38개의 개폐 검토대상 법률을 선정했다. 1988년 6월 27일 특위가 구성된 이래 2년여 동안 사회안전법, 농업협동조합법, 집시법, 형법(국가모독죄) 등 18건의 법률을 개정하거나 폐지되었으며 민주평화통일자문회의법, 사회정화운동조직육성법, 국가보안법 등 20건의 법률은 소관 상임위로 이송한 후, 1990년 7월 14일로 활동을 종료하게 된다(법제처 1993).

이처럼 헌정 사상 최초의 '여소야대' 정국 동안은 야당(들)이 주도하는 국회를 중심으로 입법 논의가 진행되었다는 점에서 입법공간이 미약하게나마 복원되기 시작했다고 말할 수 있을 것이다. 그러나 1990년 1월 22일 전격적으로 이루어진 '3당 합당'으로 '여소야대'가 '여대야소'로 역전

---

1 예컨대 1988년 야당의 주도로 국회 본회의를 통과한 '국정감사 및 조사에 관한 법률안' 등 8개 법률들에 대해 대통령이 거부권을 행사한 것은 노태우 정부의 특징을 여실히 보여 주는 사례라 할 것이다.

되고 전체 의석의 70%에 달하는 의석을 가진 초거대 여당이 등장하면서 형식적으로나마 복원되기 시작했던 입법공간은 다시 급속하게 위축되게 된다. '여소야대'라는 제약으로 진행되지 못했던 정부 주도의 입법이 다시 이루어졌고 국회는 '통법부'로 회귀되는 양상을 보여 주었다. 이러한 입법공간의 급격한 위축은 야당은 물론 사회운동의 입법과정에 대한 개입 자체를 더욱 어렵게 만들었다. '변화와 개혁'보다는 '안정과 질서'를 추구하는 정부와 초거대 여당의 존재는 입법운동의 '등장' 자체를 막을 수는 없었지만 정부·여당의 입장과 충돌하는 입법운동이 성공하기는 어려운 정치적 조건을 형성했다.

이처럼 비록 미약하고 '형식적'인 복원이긴 했지만 이 시기 입법공간의 복원은 입법운동이 등장할 수 있는 중요한 정치적 기회구조의 변화가 되었음은 분명하다. 하지만 보다 엄밀하게 따져 보자면, 1988년 13대 총선으로 만들어졌던 '여소야대' 정국에서도 사회운동과 야당 간에 법률의 제정이나 개폐를 목적으로 한 적극적인 공조나 협력 관계를 발견하기 어려웠던 것 또한 사실이다(정대화 1995, 258-63). 입법공간은 형식적으로나마 복원되기 시작했으나 정치세력은 여전히 폐쇄적이었던 것이다. 야당은 제도정치 내부에 안착하는 데 급급했고 당시의 사회운동진영 역시 전통적인 '사회적 동원'과 구분되는 '정치적 로비'의 활용에는 미숙했다. 따라서 이 시기 입법의 양상은 여전히 '배제적'인 성격이 강했다고 할 수 있다. 때때로 강력한 '사회적 동원'을 중심으로 한 입법운동이 전개되었을 경우, 이에 대한 정부 및 여당의 대응은 일방적이고 억압적이었기에 입법의 유형은 매우 '갈등적'일 수밖에 없었다.

노태우 정부에 뒤이어 등장한 김영삼 정부의 입법에 대한 태도는 매우 적극적인 것으로 변했고, 특히 김영삼 정부 전반기(1993~94년)의 경우는 더욱 그러했다. 출범 당시 김영삼 정부는 "문민정부"라는 역사적 정당성과 "신한국 건설"이라는 시대적 과제를 내세우며 '변화와 개혁'의 절대적 중요성을 강조했다. "하나회" 청산 등의 군부 개혁, TK(대구·경북 출신)에 대한 표적 사정 논란을 불러일으키기까지 했던 부패 척결과 사정 개혁, 그리고 비록 국민의 거대한 저항에 떠밀려 이루어진 것이긴 했지만, 12·12 사태에 대한 책임자 처벌에 이르기까지 과거에 대한 '인적 청산'이 이뤄졌다. 그리고 이와 더불어 '변화와 개혁'을 뒷받침하고 실현시키기 위한 법과 제도의 정비 작업도 본격적으로 시작되었다.[2]

김영삼 정부는 출범과 더불어 "신경제 100일 개혁" "신경제 5개년 계획" 등을 연일 쏟아 냈다. 1993년 8월 12일에는 금융실명 거래 및 비밀보장에 관한 긴급재정경제명령, 1995년 7월은 부동산실명제, 1996년 금융소득종합과세의 실시 등을 계속 발표했다. 이러한 대통령을 정점으로 한 위로부터의 개혁입법 작업은 1990년 3당 합당 이후 시작된 '거대 여당'의 존재에 의해 뒷받침될 수 있었다. 원내 과반수를 훌쩍 넘는 여당의 존재는 대통령의 의지를 입법적 형태로 실현시킬 수 있는 중요한 정치적 조건이 되었던 것이다.

김영삼 정부 첫해인 1993년은 정부 스스로 "개혁입법 원년"이라 이름 붙일 만큼 수많은 법제들이 새로이 등장하고 고쳐지고 사라진 한 해였고

---

2 "모든 것은 법과 제도로, 그리고 국민의 의식과 행태 속에 바로 자리 잡아야 합니다. 따라서 필요한 법과 제도는 만들거나 고치고, 그것이 제대로 작동되도록 해야 합니다. 법과 제도가 없어 잘못된 일을 바로 잡지 못하는 일은 없어야 합니다. 또한 지킬 수 없는 비현실적인 법과 제도로 선의의 많은 국민을 위법자로 만드는 일도 없어야 하겠습니다"(생활개혁 보고회 연설문, "국민과 정부가 함께 하는 개혁", 법제처, 1994, 388).

대통령의 의지와 거대 여당을 기반으로 한 '위로부터의 개혁입법'이 과거 어느 때보다 강력하게 추진된 시기였다. 또한 그 많은 법률들이 국가재건 최고회의, 비상 국무회의, 국가보위 입법위원회 등이 아니라 '국회'에서 통과·처리되었다는 사실 또한 입법공간의 복원을 보여 주는 중요한 변화였다. 또한 의원입법도 활기를 띠어 정치관계법 및 민생 관련 법안의 경우 의원발의로 이루어지는 것이 늘어났으며 민자당과 정부의 긴밀한 당정 협의가 가능했던 시기였다. 야당 발의안도 점차 입법에 반영되기 시작했는데 특히 정치관계 법률안의 경우 여·야 합의를 통한 통과시켰다는 데 중요한 의의를 둘 수 있다. 이처럼 김영삼 정부 전반기는 "중단 없는 개혁과 변화를 법제에 반영할 수 있도록 하는 '총력 입법 체제'"(법제처 1994, 300)였다.[3]

그러나 이 시기의 '총력 입법 체제'는 대통령의 의지와 결단에만 주로 의존하는 취약한 체제였다. 즉, 통치행위와 정치과정은 대통령의 '특별선언' 내지 '특별한 지시'에 의해 이루어지는, 일종의 '칙령주의'decretism; decretismo의 형태로 이루어졌던 것이다. 공직자 재산공개, 금융실명제, 정부조직개편, 5·18 특별법 제정, 중소기업청 신설, 노사관계위원회 조직, 시애틀에서의 국제화 선언, 시드니에서의 세계화 선언 등 대부분 중요한 정책적 결정 중 대통령의 '특별한 구상과 선언'의 결과가 아닌 것이

---

3 1993년 3월부터 1996년 1월까지 법률 606건, 대통령령 964건, 총리령 및 부령 931건, 국회규칙 25건, 대법원규칙 125건, 헌법재판소 규칙 20건, 중앙선거관리위원회규칙 30건, 감사원규칙 19건 등 도합 2,720건의 법령이 제정 및 개정되었다. 이 기간에 관보를 통해 공포된 조약 167건을 포함하면 모두 2,887건의 법령 및 법령의 효력을 갖는 조약이 제정, 개정, 공포된 것이며, 이는 1996년 당시 운용되고 있던 법률의 70%, 모든 법령의 80%를 상회하는 수의 법령이 제정 또는 개정되었음을 의미할 정도로 엄청난 규모의 법률 정비작업이었다(오준근 1996, 43).

그림 3 | 의원발의와 정부제출 법률안 건수의 변화

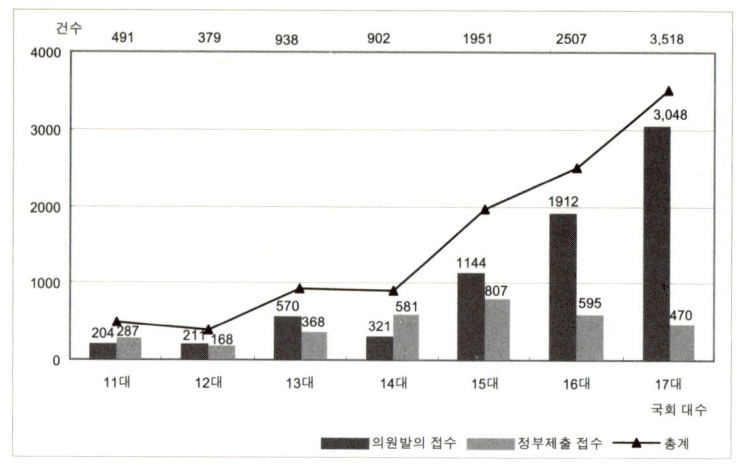

* 11~17대 국회(2006년 3월 4일 기준).[4]

없었고 대통령과 대중을 잇는 매개는 제도화된 국가기구가 아니라 대중
매체였으며 언론은 대통령의 '깜짝쇼'를 연일 보도하는 데 급급했다(박상
훈 1997, 16-7). 거대 여당인 민자당조차 독자적 입법 역량을 크게 발휘할
필요도, 발휘하지도 못했던 시기였다. 입법공간이 형식적인 차원에서 복
원되었던 것은 분명하지만 이 시기의 입법공간에서는 입법운동의 개입
도 거의 없었을 뿐만 아니라 여·야 정당의 활발함도 없었다. 민주화 이후
의원발의 건수의 지속적 증가에도 불구하고 오직 14대 국회에서는 의원

---

4 17대 국회의 경우 2006년 3월 4일 검색한 결과다. 2007년 1월 31일을 기준으로 추가적으로
검색한 결과에 따르면 의원발의 접수 건수는 4,511건, 정부제출 건수는 781건이다.

그림 4 | 국회 파행·장외 투쟁·날치기 통과 관련 보도 건수5

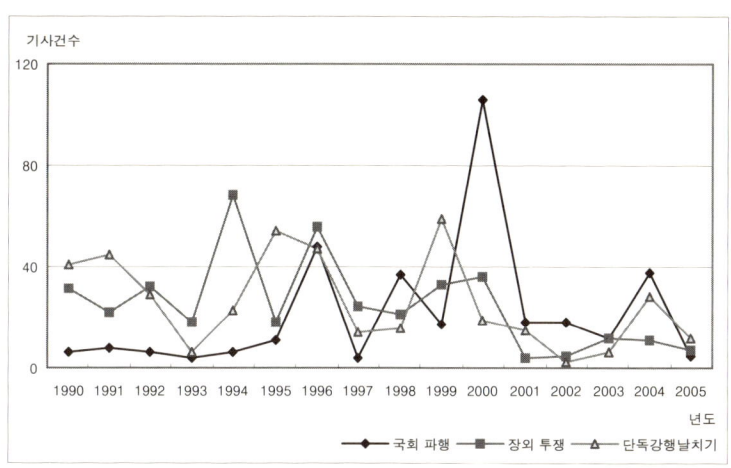

발의 건수가 정부제출 건수보다 적었다는 사실은 이러한 상황의 한 단면
을 보여 준다.

　원내 과반수를 넘는 의석을 가진 여당의 존재로 인해, 정부와 여당은
얼마든지 자신들의 입장을 입법을 통해 관철시킬 수 있었고 날치기를 통
한 강행 처리도 마다하지 않았다. 결국 이에 대응해 야당은 장외 투쟁과
국회 파행이라는 형태로 정부와 여당에 대항할 수밖에 없었다. 1994년의
경우가 1990년 이후 가장 많은 '장외 투쟁'이 보도된 해였다는 사실은 이

---

5 한국언론재단 기사 검색. 검색 언론 : 한겨레신문. 검색 기간 : 1990년 1월 1일~2005년 6월
　30일. 검색어는 '여당 단독처리' '여당 강행처리' '날치기 통과' '국회 파행' '장외 투쟁'이며 단
　독처리와 강행처리, 날치기 통과는 합해 계산했다.

러한 현실을 잘 보여 준다고 할 것이다.[6] 이는 결국 입법공간이 형식적으로 복원되기 시작했으나 오히려 그 실제 위상은 여전히 형해화되어 있었음을 의미한다. 이런 상황에서 사회운동이 입법과정에 개입해 그것에 영향을 미치기란 어려울 수밖에 없었다. 야당의 지지만 얻는 것으로는 아무런 '실효'가 없었고 대통령과 정부의 입장과 충돌하는 법률안을 정상적 입법과정을 거쳐 통과시키는 것은 거의 불가능했다.

이와 같은 정치적 조건하에서 입법운동이 성과를 거두기 위해서는 운동 주체들의 시선이 국회와 정당이 아니라 대통령과 정부를 향할 수밖에 없었고, 대통령과 정부는 그러한 입법운동의 요구들을 '선별'해 입법화할 수 있는 위치를 점하고 있었다. 특히 김영삼 정부 전반기는 '변화와 개혁'을 통한 '신한국 건설'을 내걸고 있었기 때문에 시민사회로부터 제기되는 다양한 입법적 요구 자체를 배제할 필요는 없었다. 대통령의 개혁 정책에 대해 국민 80%가 지지를 보내고 있었고 원내 과반수 의석을 넘는 거대 여당이 존재하고 있었기에 대통령과 정부는 그러한 입법적 요구들에 대해 '취사선택'할 수 있었으며 그 일부를 '흡수'해 버릴 수 있었던 것이다.[7] 여전히 노동운동을 비롯한 민중운동 진영이 요구하는 입법사안에

6 1994년의 '장외 투쟁'이 거대 여당에 대한 야당들의 반발에 기인한 것이라면 2000년의 '국회 파행'은 거대 야당의 실력행사와 관련된다는 점이 자못 흥미롭다.

7 당시 김영삼 정부는 개혁추진을 위한 지지세력으로 시민단체를 인식하고 있었고 특히 경실련을 적극 껴안으려 했다. 경실련도 김영삼 정부 초기 개혁국면에서 개혁을 위한 협력이라는 공감대 속에서 개혁추진세력으로 적극 협력하고자 했다. 김영삼 정부는 지지기반의 무정형성이라는 태생적 한계를 시민단체를 개혁지원세력으로 영입함으로써 극복하고자 했으며, 경실련은 김영삼 정부의 개혁정국에서 개혁지지자로서 경실련이 추구하고자 하는 개혁을 뒷받침하고자 했다(김선미 2002, 79). 그러나 이러한 '개혁을 위한 협력'이라는 전략적 선택은 이후 경실련 쇠퇴 요인의 하나로 분석되고 있다(김구현 1999).

대해서는 '갈등적'인 입법 유형이 지속되었던 반면, 1990년대 이후 새롭게 등장하기 시작한 시민운동진영으로부터 제기되는 입법적 요구들 가운데 상당수는 김영삼 대통령과 문민정부의 '개혁정책'의 일환으로 흡수되어 입법화되었다.

2) '위로부터'의 변화와 개혁

노태우 정부 시기는 '악법개폐'가 시대적 화두로 등장한 시기였다. 앞서 살펴본 바와 같이 "민주발전을 위한 법률개폐 특별위원회"가 1988년 6월 21일 국회의원 201명이 구성 결의안을 발의해 국회 본회의에서 상정·의결됨으로써 국회에 설치되어 활발한 활동을 벌여 나갔다. 국회 밖에서도 '악법개폐'에 대한 요구는 드높았다. 예컨대 〈민주화를 위한 변호사 모임〉이 발표한 "반민주악법 개폐에 관한 의견서"(1989)나, 진보적 법학연구자들의 모임인 〈민주주의법학연구회〉가 시도한 '반민주 악법'의 개폐 방향에 대한 이론적·실천적 개입은 당시 사회운동진영의 관심과 분위기를 잘 드러내 준다. 또한 1988년 11월 12일에는 〈민주통일민중운동연합〉(약칭 민통련)을 포함한 25개 민주단체가 공동으로 "반민주악법개폐 공동대책위원회"가 결성해 악법개폐운동을 전개해 나가기로 했으며, 15일에는 계훈제, 김승훈, 문익환, 백기완 등 재야인사 20여 명이 사회안전법폐지 추진위원회를 발족시키기도 했다.

그림 5 | 제도개혁과 개혁입법 보도 건수 변화[8]

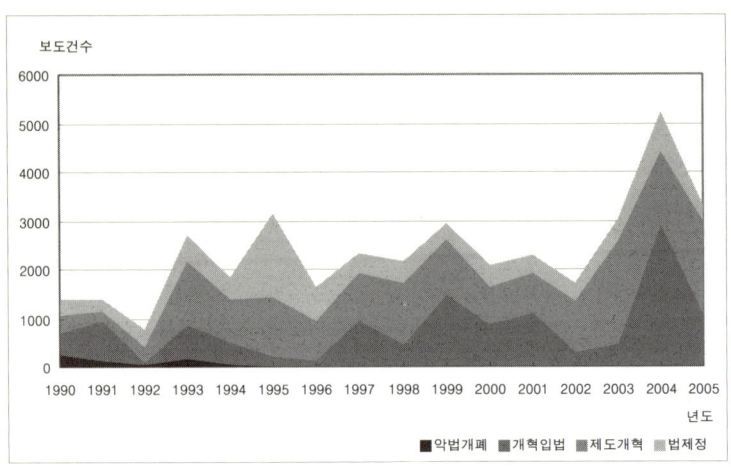

그러나 김영삼 정부로 들어서면서 '악법개폐'보다 '개혁입법'과 '제도 개혁'이라는 용어가 더 많이 사용되기 시작한다. 위의 〈그림 5〉를 통해 알 수 있듯이 1993년을 지나면서 악법개폐는 더는 언론에 보도되지 않는 다. 대신 개혁입법과 제도개혁의 보도량이 늘어났다.[9] 그러나 이 시기까 지는 악법개폐와 개혁입법은 정부의 역할로 받아들여지긴 했으나 그것 이 사회운동의 중요한 목표가 되고 입법과정에 사회운동이 개입한다는

---

8 한국언론재단 기사 검색. 검색 언론 : 전체. 검색 기간 : 1990년 1월 1일~2005년 6월 30일. 검 색어 : '제도개혁' '법제정' '악법개폐' '개혁입법'.

9 그러나 김영삼 정부의 개혁정책에 대한 국민적 지지가 급격히 추락하기 시작한 1995년부터 는 '개혁입법'의 보도량 또한 급감하였음을 확인할 수 있다.

것에 대한 사회적 관심은 그리 크지 않았다. 이는 당시 언론보도에서 '입법운동'이나 '시민입법'이라는 표현은 거의 등장조차 하지 않았다는 사실을 통해 확인할 수 있다(〈그림 7〉 참조). 이러한 언론보도의 특징들을 통해 이 시기까지는 입법운동이 언론을 통해 여론을 형성하고 대중을 동원할 수 있는 기회가 충분히 열리지 않았음을 알 수 있다.

한편 이 시기에는 언론매체의 환경에 있어서도 변화가 있었다. 1987년 말 여야합의에 의해 언론기본법을 폐지했고, 정기간행물의 등록 등에 관한 법률과 방송법을 각각 제정했다. 또한 한국방송공사법을 개정하고 "방송문화진흥회법"을 제정해 방송사의 자율성을 확보하고자 했으며(법제처 1989, 96-101), 1991년에는 "종합유선방송법"을 제정했다(법제처 1993, 71). 이러한 언론 관련 법제 환경의 변화는 기존 제도권 언론의 영향력 증대와 양적 팽창[10]을 가져왔다. 언론기본법이 폐지됨에 따라 언론에 대한 통제는 형식적으로 이완되었고 이에 따라 언론의 사회적 위상도 높아져 갔다. 민주화 이후 서서히 공론 형성의 장이 마련되고 기존의 대중매체가 신뢰를 회복하기 시작했으며, 제도권 내의 언론매체가 미치는 영향력은 사회운동이 주도해 온 체제 밖의 언론 형성에 비해 빠르게 영향력을 확대해 갔던 것이다. 그리고 이러한 제도권 언론의 활성화는 소식화된 대중을 기반을 갖지 못한 채 이루어지는 이슈 중심의 사회운동이 성장할 수 있는 중요한 운동 자원으로 활용되기 시작했다(김선미 2002, 93).

---

10 김영선(1995, 171)이 정리한 바에 따르면 1986년 12월과 1990년 12월의 정기간행물 숫자는 각각 2,134개와 5,183개로 두 배 이상 급증하였다. 정기간행물뿐만 아니라 평화방송, 불교방송 등 종교계의 방송 진출, 서울방송과 교통방송, 교육방송의 설립 등 방송의 확장 역시 이 시기에 함께 이루어졌다.

그림 6 | 입법청원 보도 건수 변화[11]

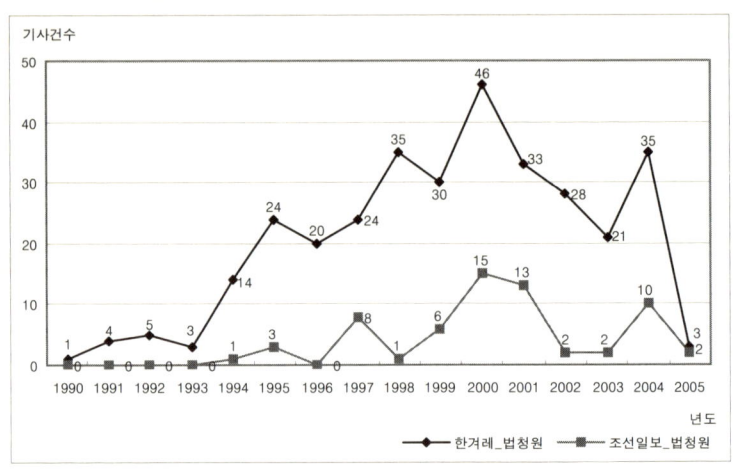

제도 언론의 양적 팽창과 더불어 이 시기 중요한 변화는 대항언론의 제도화라 할 것이다. 그러나 1988년 5월 15일 『한겨레신문』이 창간되었고, 1985년 창간되어 민주화 운동의 중요한 '목소리' 역할을 해 왔던 『말』지가 1989년 2월 20일 정식 잡지로 등록되게 된다. 이러한 대항언론의 제도화가 입법운동의 등장과 성장에 중요한 '기회'가 되었다는 점은 '입법청원'에 대한 『한겨레신문』과 『조선일보』의 보도 건수 비교를 통해서도 알 수 있다. 입법운동, 특히 입법청원을 매개로 한 시민입법운동에 있어서 '입법청원'에 대한 보도 여부는 여론의 형성을 통한 사회적 동원에

---

11 한국언론재단 기사 검색. 검색 언론 : 한겨레신문, 조선일보. 검색 기간 : 1990년 1월 1일~ 2005년 6월 30일. 검색어 : '법청원'.

그림 7 | 입법운동과 제도개혁 보도 건수 변화[12]

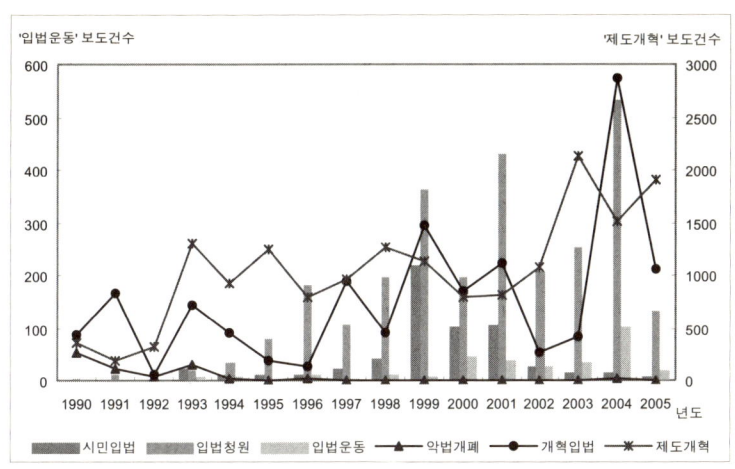

있어 매우 중요한 의미를 갖는다고 할 것이다.

　김영삼 정부는 '변화와 개혁'을 정권의 슬로건으로 내세우며 각종 개혁정책들을 통해 이를 가시화했다.[13] 군사정권과의 단절, 새로운 민주국가의 건설에 대한 국민적 염원이 김영삼 정부에 의해 실현되는 것처럼 보였고, 실제로 당시 국민들은 80%를 상회하는 지지율로 이러한 기대심

---

12 한국언론재단 기사 검색. 검색 언론 : 전체. 검색 기간 : 1990년 1월 1일~2005년 6월 30일. 검색어 : '시민입법' '입법청원' '입법운동' '악법개폐' '개혁입법' '제도개혁'.

13 "이대로는 안 됩니다. 새로워져야 합니다. 좌절과 침체를 딛고 용기와 희망의 시대를 열어야 합니다 …… 우리가 변화와 개혁을 회피한다면, 우리는 역사로부터 외면당할 것입니다'(김영삼 대통령 연설문 중, 『개혁백서』, 공보처, 1997, 18쪽).

리를 나타냈다.[14] 그러나 여전히 개혁은 '정부'의 몫이었고 법률의 변화를 목적으로 하는 사회운동에 대한 대중적 관심은 지극히 낮았다. 이러한 특징들은 당시 언론들에 대한 기사 검색 결과를 통해 쉽게 확인된다. 노태우 정부 시기에는 '시민입법' '입법청원' '입법운동' 등의 내용은 아예 보도조차 되지 않았고, 김영삼 정부 전반기까지도 '입법청원'을 다루는 기사 건수가 다소 증가하긴 했으나 여전히 '시민입법'이나 '입법운동'에 대한 기사는 거의 등장하지 않았다. 이는 곧 이 시기 '악법개폐'나 '개혁입법'에 대한 풍부한 논의는 정부와 여당이 주도하는 '위로부터의 개혁입법'에 국한된 것이었음을 보여 준다.

실제로 집권 초기 김영삼 대통령은 '변화와 개혁'을 위해선 '위로부터의 개혁'이 절대적으로 필요하다고 보았으며,[15] 각종 개혁정책을 쏟아 내어 언론과 대중의 관심을 대통령의 발언과 행동으로 집중시켰다. 이를 위해선 언론과 정권의 긴밀한 유착관계가 무엇보다 중요했다. 실제로 김영삼 정부는 '여론정치'에 대해 과거 어느 정권보다 민감했고 언론과의 관계를 더욱 각별히 했다. 언론들 역시 대통령과 정부의 각종 '개혁조치'들에 대해 적극적으로 지지하면서 그것과 다르게 제기되는 주장에 대해서는 침묵하거나 비난했다(조항제 2003, 170). 이러한 담론 환경하에서 정부의 개혁 정책과 방향을 달리하는 입법운동이 언론의 적극적인 관심을

---

[14] 1993년 당시 중앙일보의 여론조사결과에 따르면 김영삼 대통령의 지지도는 66.8%(2월 26일 조사), 87.6%(6월 6일 조사)에 달하고 있었다(그러나 반대로 1997년 1월 지지율은 9.8%까지 추락한다)(박상훈 1997, 10).

[15] "나의 윗물맑기, 즉 내가 재산을 공개하고 단 한 푼의 돈도 받지 않겠다고 역사 앞에 약속한 것은 우리의 개혁은 자기 자신부터 시작해야 되겠다는 뜻입니다"(김영삼 대통령 연설문 중, 『개혁백서』, 공보처, 1997, 23쪽).

끌기란 어려울 수밖에 없었다. 그러나 1980년대 말부터 새롭게 등장하기 시작한 소위 '시민운동'이 제기하는 몇몇 이슈들의 경우, 정부의 개혁정책과도 맞물리면서 상대적으로 호의적인 반응을 불러일으켰다.

3) 민중운동과 시민운동의 조직화와 분화

이 시기 운동 지형의 특징은 사회운동의 '조직화'와 '분화'라 할 것이다. 우선 민중운동진영의 조직화가 이루어진다. 1989년 1월 21일 8개의 부문운동 조직과 12개의 지역운동 조직을 포괄하는 〈전국민족민주운동연합〉(이하 전민련)이 탄생하게 된다. 당시 전민련은 5공 청산과 6공화국의 퇴진, 반민주 악법개폐 투쟁의 전개, 6공화국 북방정책의 본질 폭로 및 자주교류운동의 적극 추진을 활동의 목표로 내세우고 있었다. 이 시기에 5공 청산과 악법개폐 투쟁의 주도권은 의회로 넘어가 있는 상태였으며, 통일 논의도 아직은 대중적 공감을 얻지 못하는 상황이었다. 더욱이 1989년 공안정국의 도래는 전민련의 활동을 크게 위축시켰으며 지도력의 약화, 전교조, 전노협 등 기층 대중조직의 포괄 실패 등으로 그 위상은 점점 하락했다(이기호 1996, 91-5). 1990년 1월 22일 3당 합당 이후 민족민주운동단체들은 한시적 공동투쟁체 성격의 〈민자당 일당 독재분쇄와 민중기본권 쟁취 국민연합〉(이하 국민연합)을 1990년 4월 21일 결성하게 된다. 그리고 1991년 4월 26일 시위 도중 명지대생 강경대 군이 백골단의 집단구타에 의해 사망한 사건을 계기로 국민연합, 전민련, 재야세력과 야당 등이 결합해 〈공안통치분쇄와 민주정부수립을 위한 범국민대책회의〉를 구성해 대규모 집회와 시위를 계속했고, 이후 범국민대책회의와 전민련의 내부 논의를 거쳐 1991년 12월 1일 〈민주주의 민족통일 전국연합〉(이하 전국연합)이 결성되었고 전국연합은 전국적 지역조직을 갖춘 기층 조직들을 포괄하는 대규모 연합조직이 되었다.

그러나 국민연합은 변혁운동의 정치편향성, 대중 집회와 시위 중심의 경직된 투쟁 전략 등의 한계로 인해 범국민적 지지나 전국적인 공론으로의 이슈화에는 성공하지 못했고, 거리의 시위보다는 언론을 통한 여론 형성이 점점 더 중요하게 되어 가는 상황 변화에 대한 전략이 부족했다. 노동운동과 전교조운동 등 부문운동의 '조직화'에 대한 지원은 중시했으나 조직화되지 않은 일반 대중들에 대한 접점을 만들어 내는 데 적극적이지 못했다. 또한 전국연합은 전선운동의 위상을 선진적 세력의 것이 아니라 대중운동으로 규정했으나 이들의 기대만큼 대중성이나 정치적 영향력을 충분히 발휘하지는 못했다(이기호 1996, 108). 이러한 경향은 김영삼 정부 시기까지도 크게 변하지 않았다. 민중운동의 '조직화'는 결과적으로 일반 대중과 조직 운동 사이의 거리를 좁히지 못한 채 진행되었다. '조직화된 대중'들에 대한 대규모 동원에는 일정 정도 성공적일 수 있었으나 '조직화되지 않은 대중'에게 다가가거나 동원할 수 있는 통로들을 개발해 내지 못했다. 또한 자신들이 제기한 구체적 정책들에 대한 입법적 요구가 입법과정 내부에서 논의되고 실현될 수 있도록 하기 위한 '정치적 로비' 또한 적극적으로 활용되지 않았다.

한편 노태우 정부 시기에는 민중운동의 조직화와 더불어 반독재민주화운동 속에 내재되어 있던 자유주의적 사회운동의 성격이 '시민운동'으로 분립해 진보주의적 사회운동으로부터 독자화되기 시작했다. 초기의 '시민운동'은 과거의 급진적이고 전투적인 민중운동과 자신을 구별하면서 — 비민중운동 혹은 반민중운동적 정체성 — 온건한 이념을 표방하고,

합법적·제도적 수단과 통로를 활용하는 운동으로, 중간층적 운동으로 자신의 정체성을 규정했다(조희연 편 2001, 325-30). 예컨대 가장 대표적인 시민운동단체인 경실련은 민중운동이나 기독교 등의 종교운동, 그리고 관변운동과 구별되는 '새로운' 사회운동의 시작을 선언했고, 그 핵심으로 합법적이고 비폭력적이며 대안 제시를 중심으로 하는 계급을 넘어서는 시민들의 운동을 내세웠다.[16]

　1989년 창립한 경실련은 출범 이후, 토지공개념의 도입, 금융실명제의 실시, 그리고 '한약분쟁'과 같은 사회적 갈등의 조정 등의 역할을 수행하며 기존의 사회운동과 다른 모습을 보여 주었고, 이러한 경실련의 활동은 언론이나 정부, 그리고 시민들의 호응을 얻으며 점차 중요한 사회운동으로 자리 잡기 시작했다(김구현 1999). 경실련의 출범 이후 다른 시민단체들의 창립도 뒤이었는데, 〈리우 환경회의〉를 전후해 환경운동연합, 녹색연합 등의 환경단체들이 만들어졌고, 여성단체연합, 한국시민단체협의회의 결성, 그리고 1994년에는 〈참여민주주의와 인권을 위한 시민연대〉(이하 참여연대)의 창립에 이르기까지 90년대 초·중반을 거치면서 많은 시민단체들이 새로이 만들어졌고 활발한 활동을 벌이기 시작했다. 특히 1994년에는 한국시민단체협의회가 결성됨으로써 시민운동은 더욱

---

16 "우리는 이 운동을 진전시킬 때 비폭력 평화운동의 방식으로, 대중적이고 합법적인 방식으로 전개하고자 하는 것도 이때에만 일반시민들이 가장 편안하게 참여할 수 있기 때문입니다. 그리고 우리가 관념적이고 원칙론적인 주장을 배제하고 구체적인 대안을 모색하려 하는 것도 바로 이 시민들은 구체적이고 현실적인 대안을 제시했을 때에만 호응하기 때문입니다. 또한 이 운동은 철저하게 비정치적인 순수한 시민운동으로 끝까지 나아갈 것입니다. 그럴 때만이 이 운동은 시민들의 신뢰를 받을 것이기 때문입니다"(경실련 발기 취지문, "우리는 왜, 〈경제정의실천시민연합〉을 발기하는가?", 『〈경실련〉 창립 11주년 기념 자료집』, 8쪽).

공식화된 사회운동의 범주로 자리 잡게 된다. 이처럼 1990년대 초반부터 시작된 '시민운동'의 등장은 입법운동, 특히 시민입법운동의 등장에 있어서 중요한 의미를 갖는다고 할 것이다. 이들은 민주화 이후 급증하기 시작한 시민사회 내의 다양한 요구들에 호응하며 등장하기 시작했으며 조직화된 대중보다 비조직적 대중의 지지를 중시했다. 무엇보다 이들 단체들은 언론과 법률을 활용해 정부와 정당에 영향력을 행사하는 기술을 선보이기 시작했고 정부나 정당보다 먼저 특정한 법률의 제정·개정·폐지를 요구하는 입법청원을 제기해 이를 매개로 시민입법운동을 적극적으로 벌여 나갔기 때문이다.

2. '갈등'과 '흡수'의 입법 유형

1) 권력감시 없는 시민입법

민주화가 시작되긴 했지만 노태우 정부 시기의 입법은 여전히 '갈등적' 입법의 유형으로부터 크게 벗어나지 못했다. 노동관계법이나 교육관계법의 개정, 국가보안법의 폐지, 성폭력특별법의 제정 등 사회운동 차원에서 제기되는 입법적 요구들이 정부, 여당, 야당 사이의 입법 의제로 다뤄지는 경우는 거의 없었다. 설령 일부가 반영된다고 하더라도 본래 사회운동으로부터 제기되었던 내용이나 원칙과 크게 상이하게 입법이 이루어지는 경우가 많았다. 이럴 경우에도 사회운동이 입법과정에 개입해 구체적인 법률의 내용적 쟁점을 다툴 수 있는 제도적 통로가 거의 마련되지 않았기에 대중 동원에 기반을 두어 격렬한 입법 반대·저지 투쟁을 벌일 수밖에 없었다. 그러나 이러한 입법의 유형은 김영삼 정부 출범과 더불어 조금씩 변화하기 시작한다. 80%를 상회하는 국민적 지지를 받고 있는 대통령, 원내 70%를 넘는 의석을 확보한 여당의 존재 앞에서, 여·야 정당이나 개별 의원들을 상대로 한 정치적 로비나 사회적 동원은 별다른 효과를 발휘하지 못했다. 오히려 대통령으로 하여금 '결단'하도록 하는 것이 가장 효과적이면서도 현실적인 방법이 되었다.

예를 들어 당시 경실련은 법적·제도적 접근 및 국회, 정부와의 대화를 통한 위로부터의 압력행사 방식을 적극 추구했다. 이는 기존 사회운동이 위로부터의 압력행사를 무용하거나 위험한 것으로 금기시하던 상황과 대조되는 것이었다. 경실련이 적극적으로 사용했던 의원 면담이나 담당 부처 방문, 의견서 제출, 헌법소원 등의 운동방식은 기존 사회운동에서는 거의 사용되지 않았던 것들이었다. 바로 그러한 이유로 인해 당시 언론들은 경실련 운동에 대해 상대적으로 많은 관심을 표명했고 이 시기 상층 압력행위의 성과는 정책적 실현 그 자체보다는 그 활동방식의 새로움으로 인한 언론의 주목을 이끌어 내는 데 있었다고 볼 수 있을 것이다(김구현 1999, 96-7).[17] 그러나 1992년까지 경실련이 제출했던 두 차례의 입

---

17 이러한 언론의 관심은 보수언론의 전략적 선택의 결과였다고 볼 수도 있다. 당시 보수언론은 이러한 초기 시민운동의 비민중운동적·반민중운동적 정체성을 부각시킴으로써 사회운동의 분화를 촉진하는 방향에서 기성체제를 안정화시키고자 했기 때문이다(조희연 2003, 8-9). 그와 같은 언론의 역할에 대해선 당시 서경석 경실련 사무총장 역시 동의한 바 있다. "경실련은 대언론활동을 주요한 운동방식의 하나로 삼고 있다 …… 언론의 의도적인 부각도 존재했음을 부인하지 않는다"(1992년 당시 서경석의 발언, 김선미, 2002, 94쪽에서 재인용).

법청원 및 헌법소원은 정책결정자들의 실질적 논의를 유발하지 못했고, 이 시기에 경실련이 제안했던 정책이 실제로 정부에 의해 받아들여진 경우는 거의 없었다는 점에서 그것은 '상징적' 행위 이상의 의미를 갖기는 어려웠다고 할 것이다(김구현 1999, 95).

흔히 민주화 이후 한국 입법운동 가운데 가장 성공적이고 시기적으로 앞선 사례로 경실련의 금융실명제 도입운동이 거론된다. 경실련이 처음으로 금융실명제에 대해 언급한 것은 1990년 1월 29일 '금융실명제를 예정대로 실시할 것'을 촉구하면서부터였다.[18] 당시는 노태우 정부가 1991년부터 금융실명제를 실시하겠다고 대선공약으로 발표했던 때이기 때문에 그것의 실시 여부가 사회적 이슈로 이미 부각되던 시점이었다. 1990년 1월 3당 합당 이후, 노태우 정부는 금융실명제 실시 유보를 결정했지만 1992년 정보사 터 매매의혹사건과 같은 대형금고사건이 터지면서 재발방지를 위해 금융실명제의 도입이 필요하다는 여론이 다시 높아지게 되었다. 1992년 총선에서 민주당과 국민당은 이미 금융실명제의 실시를 공약으로 제출했고, 김영삼 민자당 대통령 후보도 집권하면 금융실명제를 전면 도입하겠다고 밝혔다. 더욱이 전경련마저 1992년 8월 12일에 금융실명제의 조건 없는 찬성을 공표했다. 바로 이러한 시기에 경실련은 "경제정의실현을 위한 10대 과제"의 첫 번째로 금융실명제를 제시했다. 이처럼 총선과 대선 정국을 앞두고 각 3당과 재계까지 금융실명제 실시에 대한 공감대를 표명함으로써 '유보'의 명분은 약해져 갔고 실시 '여부'가 아니라 '시기'의 문제로 좁혀져 갔다.

---

18 이하 금융실명제 도입운동의 과정은 김선미(2002)가 정리한 내용을 재구성한 것이다.

그러나 김영삼 정부 출범 이후 다시 담당 부처들 간의 이견과 재검토, 실시불변 등의 논의가 분분해지자 경실련은 성명서 발표, 토론회 개최, 보도자료 배포,『금융실명제』정책 도서발간 등을 통해 정책대안을 제시하는 형태로 금융실명제의 도입을 촉구했다.[19] 그리고 1993년 8월 12일 저녁 8시를 기해 금융실명제 전면 단행이라는 긴급명령이 발동됨으로써 금융실명제 논의 11년 만에 금융실명제가 실시되게 된다.[20] 이 과정을 통해 알 수 있듯이 금융실명제 도입운동의 전개 과정은 이 책에서 정의하는 의미에서의 '시민입법운동'으로 보기는 곤란하다. 당시 경실련은 다양한 방식으로 금융실명제의 도입 필요성을 주장했으나 '입법청원'의 형식을 취하지 않았다는 점에서 우선 그러하다. 또한 금융실명제의 도입을 둘러싼 논쟁이 입법공간 내부에서는 이루어지지 못했다. 정당이나 정부도 법률안의 형태로 입법과정에 개입하지 않았고 갑작스런 대통령의 '긴급명령'의 형태로 도입이 '결정'되었다. 비록 경실련이 요구해 오던 내용이 상당부분 포함되어 있었다고 하더라도 금융실명제 도입과정은 입법공간에서의 다툼을 거치기보다는 대통령의 의지와 결단에 의해 이루어진 '흡수적' 입법 유형의 전형적 사례라 할 수 있다.

이런 맥락에서 볼 때 〈한국 여성의 전화〉(이하 여성의 전화) 주도로 전

---

19 금융실명제 실시와 관련해 경실련은 성명 64회(93년까지는 49회), 공청회 4회, 세미나(공개토론 및 토의) 3회, 시민대회 4회, 설문조사 3회, 정책캠페인 1회(1992년 총선·대선 기간 동안 금융실명제 촉구 정책캠페인), 청원 2회(인용자 주: 그러나 이 청원은 금융실명제가 도입된 이후 제출된 '개정청원'이었다), 도서발간 4권 등으로 구성된다(김선미 2002, 95).

20 당시 발표된 정부의 금융실명제안은 경실련이 그동안 주장해 왔던 내용이 상당 부분 수용된 것이라는 평가다. 그래서 김선미는 경실련의 금융실명제 도입운동의 결과를 '완전수용'이라고 매우 긍정적으로 평가한다(김선미 2002, 96).

개되었던 성폭력특별법 제정운동은 민주화 이후 시민입법운동의 본격적 출발로서의 의미를 갖는다.[21] 여성의 전화는 1983년 성폭력 상담을 시작했을 때부터 법 제정의 필요성을 절감해 왔으나, 1991년 1월 성폭력 가해남편에 의해 여성의 전화 상근자들이 오히려 인신매매단으로 경찰에 신고 되어 연행당하는 일이 발생하면서 법제정의 필요성을 더욱 절감하게 된다. 그리고 1991년 4월 18일 '성폭력특별법 공청회'를 개최했는데 당시는 김부남 사건[22]으로 성폭력 문제에 대한 사회적 관심이 확대되고 여성운동세력들의 문제 제기로 사회적 공감대가 형성되던 시기였다.[23] 여성의 전화가 개최한 이 공청회를 시작으로 기존의 '성폭력 입법을 위한 연대회의'가 발전적으로 해체되어 '성폭력 특별법 제정 추진위원회'로 전환되었고 이를 중심으로 법제정 작업이 전개되었다. 추진위는 보다 효율적인 법제정운동을 위해 한국여성단체연합 산하 특별위원회로 결합했고 이후 1992년 3월 19일 〈성폭력 특별법 제정 추진특별위원회〉(이하 성특위)로 이름을 바꾸고 특별법 제정운동을 본격적으로 시작했다.

이들은 특별법 시안 작성 및 입법청원,[24] 성폭력특별법 제정 관련 공개토론회, 정당 초청 공개토론회, 공동결의대회 개최, 각 정당 대표 및 정부 각 부처 그리고 정무 제2장관실에 성폭력 예방 및 대책에 관한 공개질

---

21 이하 성폭력특별법 제정운동의 과정은 민경자(1999), 김현정(2000)의 내용을 재구성한 것이다.

22 1991년 1월, 31세의 김부남이라는 주부가 21년 전 이웃 아저씨에게 강간을 당하고 그 사실을 아무 말 하지 못하고 살다가 가해자를 살해한 사건이다.

23 그리고 1년 후인 1992년 1월 17일 김보은·김진관 사건이 발생한다. 12년간 자신을 성폭행한 의붓아버지를 살해해 근친 성폭력의 문제가 처음으로 우리 사회에 드러난 사건이다.

24 성폭력특별법의 제정청원은 여성의전화, 성폭력상담소, 김부남대책위, 대구여성회 등에 의해 1991년 10월 30일 국회에 제출되었다.

의서 송부, 서명운동, 홍보물 출판 및 판매, 관계인사 면담, 기자회견 등 '정치적 로비'와 '사회적 동원'을 아우르는 다양한 운동 레퍼토리를 구사해 나갔다.[25] 그리고 성특위는 1992년 7월 3일 기존의 법령을 통합·일원화시켜 "성폭력 대책에 관한 특별법(안)"을 다시 국회에 제출했으나 1992년 대선을 앞두고 정기국회 일정이 공전되며 13대 국회에서의 입법화는 실패하게 된다.

김영삼 정부가 출범한 후, 성특위와 전국의 여성단체는 1993년도에 김영삼 대통령과 법제사법위원회 및 관계 기관에 '성폭력특별법'의 조속한 제정에 대한 촉구 공문 및 공개 질의서를 발송했고, 시위, 공청회, 법안 제출, 면담, 홍보 활동 등을 벌였다. 1992년과 1993년은 성폭력추방운동이 활발하게 진행되었던 동시에 세 가지 성폭력 사건[26]이 발생하고 이것이 크게 여론화되면서 성폭력 추방과 특별법의 제정에 더욱 박차를 가하게 된다.

정치권과 여성운동단체의 치열한 밀고 당기기 끝에 1993년 12월 17일 국회에서 "성폭력범죄의 처벌 및 피해자보호 등에 관한 법률"이 통과되어 1994년 4월 1일부터 시행되었다. 그러나 새로 제정된 성폭력특별법도 여성계가 작성한 시안이 거의 받아들여지지 않았고, 성폭력에 대한 기존의 통념과 법 관행에서 크게 벗어나지 못했다는 점에서 당시 여성운

---

25 성폭력특별법 제정 당시 국회의원 및 국회의장 면담이 20여 차례, 질의가 12차례 이루어졌고, 국회 법제사법위원회에서 진행되는 토론회나 공청회에 적극 참여해 충분한 근거를 제시하면서 국회의원들을 설득시켰고, 각 정당은 여성연합이 제출한 법안을 기초로 안을 마련하였다(http://www.women21.or.kr/news/default.asp).

26 1992년 10월에 일어난 기지촌 여성 윤금이 살해사건, 1993년 2월 일어난 도곡동 청소년 성폭력 사건, 1993년 10월 서울대 조교 성희롱 사건 등이 그것이다.

동단체들은 실망했고 제정과 동시에 개정운동에 돌입하게 된다.[27] 이처럼 당시 여성운동단체들이 전개한 시민입법운동은 '정치적 로비'라는 운동 레퍼토리를 거의 구사하지 않던 민중운동진영과는 물론, 입법공간으로의 실질적 개입보다는 대통령과 정부를 통한 입법에 적극적이었던 경실련의 입법운동과도 구분되는 것이다.

그러나 성폭력특별법 제정운동에서도 역시, 이후 시기의 시민입법운동과는 뚜렷이 구별되는 특징이 발견된다. 그것은 제도정치를 직접적으로 제어하고 압박할 수 있는 운동 레퍼토리, 즉 '권력감시'라는 운동 레퍼토리가 취약했다는 점이다. 시민입법운동이 자신들의 요구를 정부나 의원들에게 '청원'하는 것으로 그칠 것인가, 여기서 한 걸음 더 나아가 청원한 내용이 적극적으로 다뤄지도록 압박할 수 있는가에 따라 운동의 결과에 차이가 나타날 수밖에 없다. 의원이나 정당, 그리고 정부 부처 및 관료들의 발언과 움직임이 철저히 감시·평가되며, 그것이 대중들에게 전달되어 여론이 형성되고 투표행위로까지 이어지게 될 때 그것은 매우 정치적인 영향력을 발휘한다. 하지만 경실련의 금융실명제 도입운동에서는 물론, 여성단체들의 성폭력특별법 제정운동의 진행과정에서 모니터링과 리스팅 등의 운동 기술은 발견되지 않는다. 직접적인 압박 수단이 부재한 상태에서 사회운동의 입법적 요구가 입법과정에서 왜곡·축소되는 것을 제어하기란 어려울 수밖에 없었던 것이다.

---

27 이후 여성단체의 개정 요구 내용을 기반으로 각 당에서 발의한 개정 법률안이 1997년 7월 국회 법제사법위원회에서 심의되고 임시국회 본회의에서 의결되어 성폭력특별법 제1차 개정이 이루어지게 되었고 1998년 12월에 일부가 다시 개정된다.

2) 시민입법운동의 '등장' : 1988~94년까지 국회에 제출된 제정청원의 분석

1988년 13대가 국회가 개원한 이후 1994년 12월 말까지 국회에 제출된 '제정청원'은 모두 43건이었다. 이들 43건 가운데 가장 많은 비중을 차지하는 것이 '국가기구의 설치, 운영 및 제도관리'에 관한 청원들로 모두 7건(16.3%)의 청원이 제출되었다.[28] 제정청원을 가장 많이 한 청원인의 형태는 '개별 단체'(19건, 45%)이며, 다음으로 많은 경우가 개인 또는 개인들의 연명으로 제출한 청원이었다(13건, 30%). 대규모 서명을 첨부한 경우(16%)나, 단체가 공동으로 제출한 청원(9%)이 상대적으로 적은 것으로 확인되어 이 시기까지는 시민입법운동의 동원 규모가 크지 않았음을 알 수 있다. 한편, 청원인의 성격에 따라 구분해 볼 경우 개인 또는 개인들의 연명으로 제출된 청원이 가장 많았고(13건, 31%), 다음으로 노동조합(16%)과 시민단체(16%), 이익단체(14%), 특정 사안형 조직(14%) 들이었다. 입법청원을 '조직'보다는 오히려 '개인'이 내는 경우가 많았고, 향후 시민입법운동을 주도하게 되는 시민단체들의 청원은 아직 적었음을 알 수 있다. 그리고 이 시기까지는 2회 이상 청원한 주체가 많지 않았다. 경실련이나 참여연대가 각 1회의 청원을 했고, 한국노총 3회, 전국노동조합대표자회의(약칭 전노대) 2회, 여성단체가 각각 2회 이상의 제정청원을 했다. 노동계와 여성계가 시민입법운동에 가장 적극적 행위자였음을 알 수 있다.

그렇다면 이렇게 제출된 청원들의 처리결과는 어떠했을까? 13, 14대에 각각 제출된 43건의 청원 가운데 무려 86%(37건)가 임기만료로 폐기

---

28 이 시기 제출된 제정청원의 전체 목록은 〈부록 1〉에 제시해 두었다.

그림 8 | 청원 주체 형태별·성격별 구분(1988~1994년)

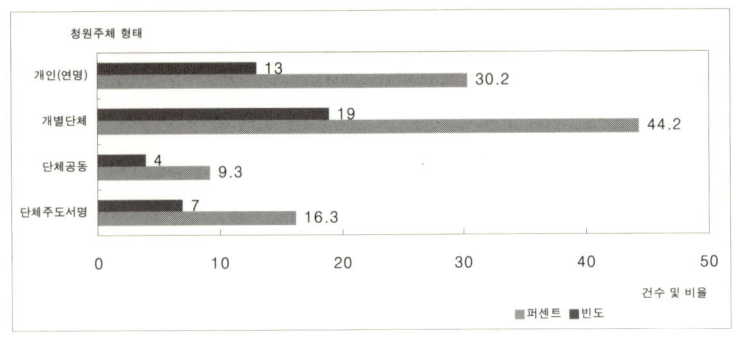

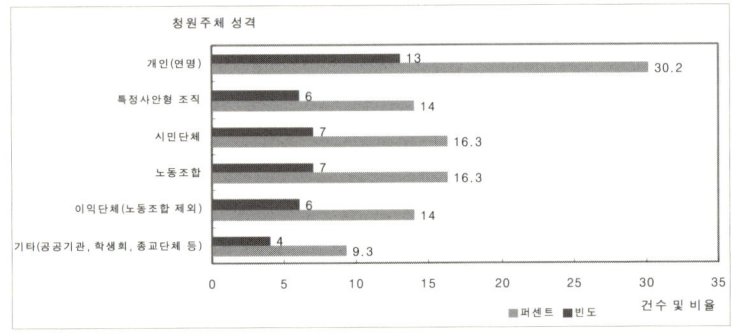

되어 버렸고, 상임위에 상정되어 검토한 결과 '실현 불가'로 된 것이 3건
(7%)이었고, 일부라도 반영된 것으로 평가받은 청원의 경우가 3건(7%)으
로 확인되었다. 임기만료 폐기가 90%에 달하는 것은 기본적으로 각각의
청원들이 이 시기 입법 의제로 거의 다뤄지지 않았음을 보여 주는 수치
라고 할 수 있다. 이러한 사실은 청원 당시 관련된 법안의 제출 여부와
유형을 통해서도 알 수 있다. 청원된 사안과 관련된 법안이 청원 시점에
전혀 제출되지 않은 경우가 전체의 절반을 넘었고, 여·야 정당과 정부가

그림 9 | 청원 당시 관련 법안 제출 여부 및 유형(1988~1994년)

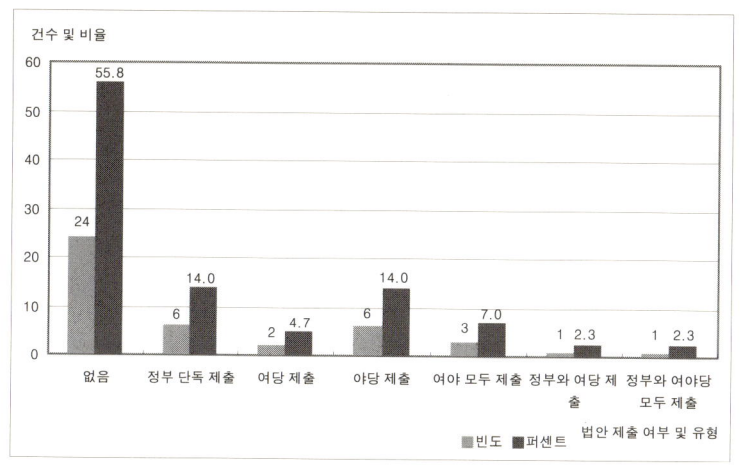

모두 법안을 제출해 입법을 둘러싼 경쟁을 벌인 경우는 1건(2.3%)에 불과
였고, 여·야 정당이 각각 법안을 제출한 경우도 3건(7%)에 불과했다. 이
는 이 시기까지의 시민입법운동의 정책적·정치적 영향력이 아직 미약했
음을 보여 주는 수치라 할 것이다. 입법청원 자체가 상임위원회나 본회
의에서 다뤄지는 경우가 매우 적다는 현실을 고려할 때 시민입법운동에
있어서 무엇보다 중요한 첫 단계는 정부제출이나 의원발의 법안을 이끌
어 내는 것이라 할 수 있다. 이러한 특징은 다음 시기(1995~2002년)와
비교하면 더욱 확연하게 드러난다(〈그림 18〉 참조).

보다 장기적인 관점에서, 그리고 간접적인 영향까지 고려해 시민입법
운동의 최종 결과를 살펴보면 성공이 23%(10건), 제한적 성공이 23%(10
건), 실패가 54%(23건)로 나타났다. 이후 다른 시기에 비해서는 실패의 비

율이 높은 편이지만 해당 국회에서의 청원 처리결과 임기만료 폐기 90%
보다는 훨씬 낮은 비율이다. 따라서 시민입법운동의 결과에 관한 분석은
보다 장기적 관점을 가질 필요가 있다고 할 것이다. 이는 통과된 법률들
의 통과 기간을 통해서도 확인할 수 있다. 통과된 23건의 법률 가운데 10
건만이 입법청원 제출 후 2년 내에 통과되었고, 4년 기준으로 하면 14건
만이 통과된 것으로 나타난다. 즉, 통과된 법률 가운데 절반에 가까운 9
건은 짧게는 60개월에서 길게는 140개월 후에 결국 통과되었다.[29]

다음으로 통과된 법률들은 어떤 특징을 갖고 있는가를 청원 사안별,
청원 주체별로 살펴보도록 하겠다. 전체 43건의 제정청원 가운데 20건이
통과되었고, 독립운동, 참전, 간첩사건 등에 대한 예우와 피해보상과 관
련된 사안이 4건, 권력감시와 사회적 약자 보호, 노동과 관련된 사안이
각각 3건씩 통과되어 통과 건수로는 상대적으로 많은 사안들로 나타났
다. 청원 건수와 통과 건수의 비율로 보더라도 독립운동, 참전 관련 사안
이 100%(4분의 4), 사회적 약자 보호 100%(3분의 3), 노동 75%(4분의 3), 권
력감시와 농업, 5·17/5·18 관련이 모두 50%(6분의 3, 4분의 2, 2분의 1)로
통과 건수의 경우와 크게 다르지 않음을 알 수 있다. 그러나 청원이 제출
된 시기와 통과된 시기를 1988~94년을 기준으로 두고 보면 사안에 따른
차이가 크게 발생한다. 1988년에서 1994년에 통과된 법률은 모두 10건

---

29 따라서 평균 44.5개월이라는 수치는, 오랜 기간에 걸쳐 통과된 법률이 반영된 결과로 해석
해야 할 것이다. 이렇게 오랜 기간이 걸려 통과된 법률의 경우 해당 청원과 통과된 법률과의
'직접적'인 상관관계를 논하기란 어렵다. 그러나 지속적으로 청원을 제출하거나 정부나 의
원의 입법발의를 이끌어 냄으로써 결과적으로 통과를 시킨 경우도 적지 않다. 결국 이런 경
우들에 대한 정확한 이해를 위해서도 '청원'을 넘어서는 지속적 '운동'의 존재 여부를 별도로
따져 보는 작업이 필요하다.

인데, 이 가운데 독립운동 관련 사안이 4건(100%), 노동 3건(100%), 사회적 약자 보호와 관련된 사안이 2건(66.7%)이다. 나머지는 10건은 모두 1995년 이후에서야 통과된 것으로 나타났다. 특히 권력감시와 관련된 사안은 단 한 건도 이 기간 동안 통과되지 않았고, 모두 1995~2002년 사이에 통과된 것으로 확인되고 있다. 이 시기까지는 아직 권력감시의 제도화를 목적으로 하는 입법운동이 활발하게 이루어지지 않았음은 물론 그것을 목적으로 전개되는 입법운동의 영향력 또한 아직 미약했음을 보여 준다.

청원 주체의 속성에 따른 결과의 차이도 확연히 드러난다. 우선 청원 주체의 형태로 볼 때 가장 많은 청원을 한 것은 개별 단체들이나 개인(또는 개인 연명)의 형태였다. 그러나 통과 비율로 보면 단체들이 연대해 청원을 했거나(단체 공동, 2건/4건, 50%), 단체가 주도해 서명한 결과를 첨부한 형태(단체 주도 서명, 4건/7건, 57.1%)의 청원이 개인(5건/13건, 38.5%)이나 개별 단체(9건/19건, 47.4%)의 경우보다 더 높은 통과율을 보여 준다. 이는 결국 청원 당시의 동원의 규모가 시민입법운동의 최종적인 결과(관련 법안의 통과 여부)에 영향을 미치고 있음을 보여 주는 수치라고 할 것이다. 청원 주체의 성격에 따라서도 시민입법운동의 최종적 결과에 차이가 나타나고 있음 또한 조사결과 확인되었다. 시민단체(5건/7건, 71.4%)나 해당 운동을 목적으로 결성된 특정 사안형 조직(4건/6건, 66.7%)의 통과율이 다른 경우에 비해 월등히 높게 나타나고 있다. 이는 '시민운동'의 등장과 성장이 입법운동이 구체적 성과를 거두기 시작하는 데 중요한 계기가 되었음을 보여 주는 수치라 할 것이다. 특정한 법률의 제정을 목적으로 결성된 조직의 경우 해당 사안에 대한 집중적 운동이 전개될 수 있기 때문인 것으로 추론해 볼 수 있다.

그림 10 | 청원 주체의 성격별 통과 건수와 비율(1988~1994년)

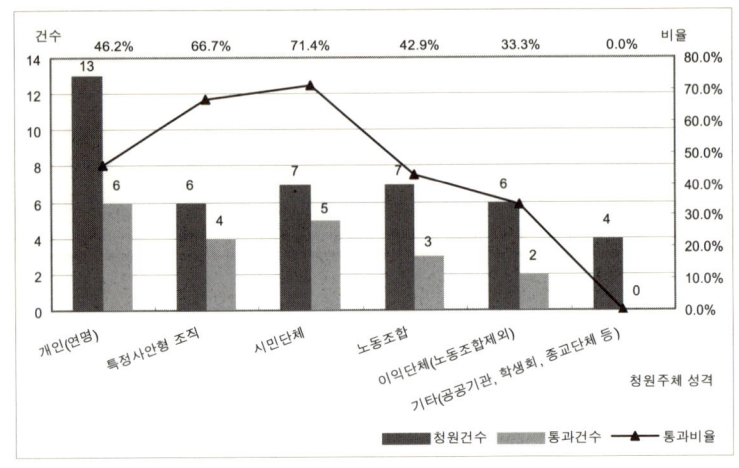

이처럼 1988년부터 1994년까지 국회에 제출된 제정청원의 사례에서 알 수 있듯이 이 시기는 시민입법운동이 본격적으로 '등장'하던 시기로 요약할 수 있다. 다양한 사안에 대해 다양한 주체들이 입법청원이라는 제도적 수단을 활용해 입법적 요구를 주창하기 시작했던 것이다. 그러나 실제 이들의 요구가 실현된 경우는 그리 많지 않았고 특히 권력감시와 관련된 시민입법운동은 매우 미약한 수준임을 확인할 수 있었다. 대부분의 사안들이 임기만료로 폐기되었을 뿐만 아니라 보다 장기적인 관점으로 살펴보더라도 '이의제기적' 입법 유형으로 전환한 1995년 이후에서야 서서히 입법적 성과들이 도출되기 시작했다. 위로부터 이루어진 정치적 개방은 시민입법운동의 '등장'을 가능케 했으나 그것이 운동의 성공으로까지 이끄는 구조적 조건이 되지는 못했던 것이다.

3장 시민입법운동의 '성장'

김영삼 정부 후반기~김대중 정부(1995~2002년)

1. '아래로부터의 개혁입법'의 시대

1) 입법공간의 실질적 복원과 정치세력의 제한적 개방

김영삼 정부 후반기에도 '위로부터의 개혁'은 계속 시도되었다. 1995년 김영삼 대통령은 '세계화'를 글자로 하는 시드니 구상을 발표했고, '역사 바로 세우기'를 천명했다. 1996년 말에는 '노동법 개정'을 시도한다. 그러나 이러한 일련의 '위로부터의 개혁' 조치들은 집권 전반기 대통령의 개혁에 대한 국민적 지지와는 정반대로 급격한 지지의 이탈로 이어졌다. 1995년 검찰은 전두환, 노태우 두 전직 대통령을 비롯한 12·12와 5·18 사태 주모자들에 대해 불기소 결정을 내렸다. 이러한 검찰의 결정은 전국민적 저항을 불러일으켰고 결국 김영삼 정부는 1996년 "5·18 특별법" 제정이라는 특단의 조치를 내리게 된다. 한편 김영삼 정부는 〈노사관계

개혁위원회)를 구성하는 등 노사관계에 대한 개혁을 시도하지만 1996년 말 '노동법' 날치기 통과를 계기로 전국적인 규모의 노동자 총파업과 시민적 저항에 직면하게 되고, 결국 1997년 3월 노동법은 재개정된다. 정권 전반기에 보여 주었던 강력한 개혁 드라이브는 더는 불가능한 것으로 판명되었고, 더욱이 1995년 삼풍백화점 붕괴 사고를 필두로 계속된 자연재난과 대형사고, 부천 세무비리 사건, 1996년 청와대 행정관 및 현직 장관들의 수뢰 사건, 1997년 한보 사건과 대통령 아들의 비리혐의 구속까지 집권 후반기의 김영삼 정부는 지탱이 어려울 정도로까지 심각한 지지율 하락을 기록하게 된다.

이후 등장한 김대중 정부는 'IMF 경제위기의 극복'이라는 시대적 과제, 최초의 '수평적 정권 교체'라는 역사적 정당성, 그리고 비록 단독 과반수는 불가능했지만 'DJP연대'라는 정당연합을 통한 원내 과반수 의석 확보 등의 정치적 조건 등을 기반으로 집권 초반 강력한 개혁정책'을 전개해 나갔다. 김대중 정부 출범 첫해인 1998년의 경우, 구조조정 및 실업 대책 등 경제위기 극복 관련 법률안과 규제개혁 관련 법률의 대폭 증가로, 당시까지 어떠한 정부의 경우보다 많은 454건의 정부 법률안이 제출되었고 이 가운데 373건이 국회를 통과했다. 2000년에는 공공부문 민영화, 금융시장 개방과 자율화, 노동시장 유연화, 재벌 지배구조 개혁 등 소위 '4대 개혁'을 포함한 각종 개혁정책을 담은 정부입법의 효율적·체계적

---

1 김대중 정부는 경제위기 극복방법으로 IMF가 요구하는 방식, 신자유주의적 위기극복 처방을 받아들이면서, 상대적으로 단기간에 경제위기를 탈피하게 되는데 그 결과는 다분히 모순적이었다. 한편으론 민주화를 촉진하였지만 다른 한편으로는 민주화의 질을 더욱 악화시켰기 때문이다(신광영 2005, 82-3).

인 추진을 목표로 한 정부 주도의 법제 변화가 진행되어 200건의 법률안을 제출했고 이 가운데 137건이 국회를 통과했다. 15대 국회 후반기(1998~2000년)는 경제위기 극복을 위한 '규제완화' 중심의 입법들이 많았다면 2000년 4월 16대 국회 이후부터는 '아래로부터의 개혁입법'에 대한 압력이 강화되면서 각종 민생, 인권 관련 법안들의 통과가 늘어났다. 2001년에는 개혁, 인권, 민생 관련 정책에 대한 정부입법의 효율적 추진을 목표로 삼아 133건의 법률안이 제출되었고 이 가운데 75건이 통과되었다. 2001년 4월 임시국회에서 현안이 된 쟁점 법안들은 소위 '개혁 3법'이라 불리는 돈세탁방지법, 인권법, 부패방지관련법과 약사법 개정안이며, 국회 교섭단체 기준을 14석으로 낮춘 국회법과 국가보안법에 대한 논란이 새로이 시작되었다.

이처럼 김대중 정부 시기는 IMF 경제위기의 극복이라는 시대적 과제와, 최초의 수평적 정권교체를 통해 등장한 '민주정부'라는 역사적 과제를 달성하기 위해 적극적인 제도개혁을 시도했던 시기였다. 그러나 김영삼 정부 전반기의 '위로부터의 개혁입법'의 경우 '여대야소'의 안정적 의석 구도를 통해 뒷받침될 수 있었던 반면, 김대중 정부 시기는 제1당이 야당인 한나라당이었고, 여당은 계속 제2당의 지위를 벗어나지 못했기 때문에 'DJP연합'과 '3당 정책공조' 등을 통해서야 겨우 원내 과반 의석을 확보할 수 있었다. 이러한 원내 과반수에 육박하는 '거대 야당'의 존재는 과거와 같은 여당과 정부 주도의 입법 작업을 어렵게 만들었다. 다시 말해 김대중 정부 시기 입법공간이 실질적으로 복원되고 정치세력들이 비록 제한적으로나마 사회운동의 입법적 요구에 대해 개방적인 태도를 취한 것은 단순히 정권의 성격 자체가 보다 '진보적'이거나 '개혁적'이었던 이유에서만은 아니었다. 거대 야당의 존재로 인해 야당과의 협상과정을 거치지 않을 수 없고 이로 인해 여당의 협상력을 제고시킬 수 있는 중요한 기제로서 시민사회로부터의 '개혁 요구'가 동원된 측면도 있었던 것이다. 이러한 여·야 간의 힘의 대치 국면은 많은 경우 국회 운영 자체를 '교착'시키거나 '파행'으로 몰고 가기도 했으나[2] 대통령과 정부, 여당과 야당, 그리고 해당 입법운동 모두가 입법공간의 적극적 행위자로 참가할 수 있는 기회가 되기도 했다. '여소야대'로 인해 빚어진 입법공간의 불안정성이 오히려 정치세력의 개방성을 증대시키는 효과를 낳았다고 볼 수 있는 것이다.

그렇다면 이 시기의 입법은 어떤 유형으로 이루어졌던가? 역대 국회 중 가장 입법활동이 활발했던 국회로 평가되었던 15대 국회의 의원발의 법률안이 1,144건이었던 데 비해, 16대 국회에선 그것의 1.7배인 1,912건이 제출되었고, 정부제출 건수는 15대 국회의 73.7%에 지나지 않았다는 점에서 우선 의원입법이 매우 활성화되었음을 확인할 수 있다(김민엽·박은미 2004, 3). 그러나 이러한 의원발의 건수의 양적 팽창에도 불구하고 의원입법의 질적 향상은 그것을 따르지 못하고 있다.[3] 이는 의원발의와 정부제출 법안의 가결률 비교를 통해 확인할 수 있다. 정부제출 법안의 가결률은 16대 국회까지를 기준으로 70%를 넘는 반면, 의원발의 법안의 가결률은 40%를 넘어서지 못하고 있다. 특히 의원발의 법률안 건수가 급

---

2 앞의 〈그림 4〉에서 알 수 있듯이 2000년도에 '국회 파행'과 관련한 보도가 가장 많이 이루어졌다.

3 의원발의 건수의 양적 팽창을 해석할 때에는, 실제로는 정부제출이면서도 시간절약과 절차 회피를 위해 국회의원의 이름을 빌려 이루어지는 '차명발의' 혹은 '대명발의'를 주의해야 한다는 지적도 제기된다(권영설 2005, 8).

증하기 시작한 16대 국회는 가결률이 27%에 불과했고, 아직 임기가 끝나진 않았지만 17대 국회의 가결률의 경우 그보다 더 낮아져 20% 미만을 기록하고 있는 상황이다.[4]

표 1 | 역대 국회 정부제출안과 의원발의안 비교[5]

	제안 건수(건)			가결 건수(건)			가결률(%)	
	의원발의	정부제출	합계	의원발의	정부제출	합계	의원발의	정부제출
11대	204	287	491	84	257	341	41	90
12대	211	168	379	66	156	222	31	93
13대	570	368	938	164	321	485	29	87
14대	321	581	902	119	537	656	37	92
15대	1,144	807	1,951	461	659	1,120	40	82
16대	1,912	595	2,507	514	431	945	27	72
17대[6]	3,048	470	3,518	496	217	713	16	46

4 하지만 의원발의와 정부제출 법안의 건수와 가결률을 통해 의회활동을 가늠하는 시대는 이미 지났느는 평가도 있다. 정부의 법률안 발의권이 인정되는 영국, 독일, 프랑스 모두 70% 이상의 법률이 정부가 발안한 것이며, 미국 역시 법률안의 상당수가 정부안을 의원 이름으로 제출한 것이기 때문이다. 오히려 선진국 의회들의 입법의 위기는 의회-정부와의 관계 밖, 즉 언론과 사법에 의해 정부와 의회 모두 의제설정능력을 위협당하고 있다는 지적도 제기되고 있다(서복경 2005, 30).

5 『의정자료집』(국회사무처 2004)과 국회의안정보시스템의 수치가 차이를 나타내고 있다. 일단 이 책에서는 국회의안정보시스템이 지속적으로 자료가 보강되고 있으므로 이를 반영해 표를 작성했다. 『의정자료집』에서는 다음 기간이 차이가 난다(가결건수/제안 건수). 10대 (100/129), 11대(341/489), 13대(492/938). 16대(517/939).

6 17대 국회의 의안 자료는 2006년 3월 4일 기준이다. 따라서 미처리(계류) 의안의 수가 절대적으로 많으며 이 시점까지 의안발의 1,934건, 정부제출 138건, 총 2,072건이 미처리 상태이다. 2007년 1월 31일을 기준으로 할 경우, 의원발의 건수는 4,511건, 정부제출 건수는 781건으로

물론 정부제출 법안의 가결률 또한 점차 낮아지고 수정가결의 비중이 높아지는 것을 통해 행정입법에 대한 의회의 견제 기능이 강화되고 있음 또한 알 수 있다(정재황 2003). 15대 국회에서는 가결 법률안 중 67%가 수정되었고, 16대 국회에서는 431건 중 314건(73%)의 정부제출 법률안이 수정되었다. 17대 국회에서는 수정비율이 더욱 심화되어 2005년 8월 25일을 기준으로 가결된 정부제출 법률안 149건 가운데 114건이 가결되어 77%의 수정비율을 보여 주고 있다. 이러한 정부제출 법률안에 대한 국회 수정비율의 증가는 정부 입법에 대한 국회 심의와 통제 능력의 향상 그리고 입법주도권 회복 현상의 변화 징후로 이해될 수 있다(장성훈 2005, 12).

　　의원들의 입법 기능이 강화되고 의회의 입법기구로서의 자율성이 성장하고 있음을 보여 주는 또 다른 지표로 의원 공동 발의안 건수의 증가를 들 수 있다. 실제로 여당의 의석수가 전체 의석의 3분의 2를 넘었던 9대, 10대, 13대 후반 및 14대 국회의 경우 집권 여당은 반대당과의 타협할 필요를 전혀 느끼지 않았다(박찬욱 1992, 83). 그러나 야당이 무시 못할 원내 영향력을 행사할 수 있었던 13대 국회 초반과 15대, 16대 국회에서 야당에 대한 양보와 타협은 불가피했다. 특히 15, 16대 국회의 경우 여·야 공동 발의안의 92.9%가 처리되었다는 점에서 국회 내 정당 간 권력관계가 균형점에 근접해 있을 경우 타협의 정치가 증가함을 보여 주었다(최정원 2004, 197).[7] 이와 같은 여야 의원의 공동 발의안, 위원회 발의 법안의

늘어나고, 의원발의 가운데 778건, 정부제출 가운데 309건, 합계 1,087건이 가결된 것으로 확인된다.

[7] 또한 이와 더불어 위원회 안이 급격하게 증가하고 있음을 확인할 수 있다. 특히 위원회안의 경우 가결된 의원발의안 총수의 66.1%를 차지함으로써 국회 입법과정에서 여·야 간의 입법

그림 11 | 제출 주체별 법률안 가결률 변동[8]

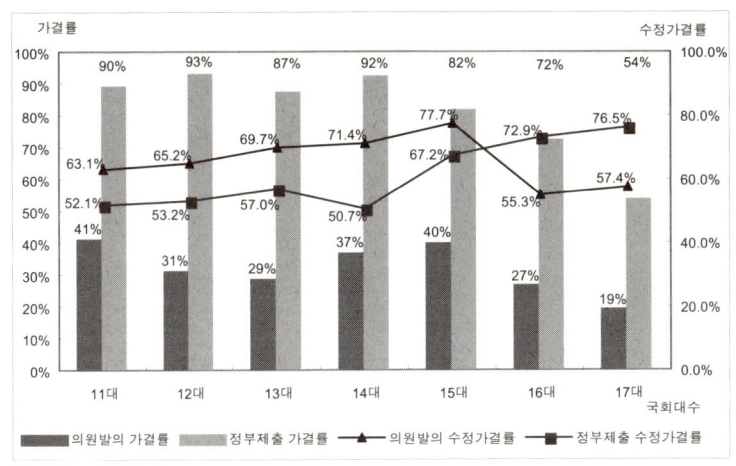

증가는 입법공간이 '형식적'인 복원을 넘어 '실질적'으로 복원되었음을 보여 주는 지표로 해석될 수 있다. 또한 입법청원 건수가 이 시기에 급속도로 늘어났다는 사실을 통해 입법공간이 다른 사회세력들에 대해 개방되고 있음을 파악할 수 있나. 이러한 변화들은 입법부의 기능 강화라는 측면뿐만 아니라 물론 입법운동의 정치적 기회라는 차원에서 볼 때 다분히 '유리'한 방향으로의 전환이었다는 점에서 중요하다.

협조가 어느 정도 이루어졌음을 보여 주며, 민주화 이후 대체로 높은 수준으로 상승하던 위원회안의 건수가 14대 국회에서 크게 떨어진 것은 국회 내 정당간 권력관계의 심각한 불균형을 반영하는 것이라 할 것이다(최정원 2004, 198).

8 국회 의안정보시스템을 활용해 작성되었다.

그림 12 | 연도별 청원 건수의 변화[9]

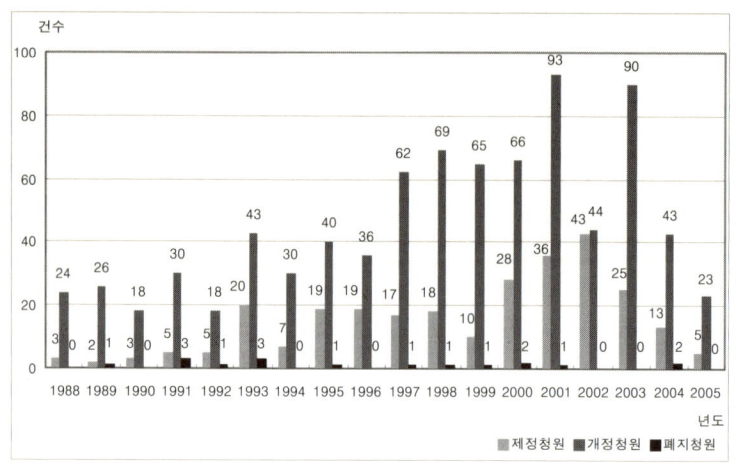

아래로부터 제기되는 '개혁입법'에 대한 요구가 완전히 배제되거나, 특정 정치세력에 의해 흡수된 것도 아닌 상태에서 개별 법률의 변화를 둘러싼 다양한 세력들 간의 다툼이 입법공간에서 진행될 수 있었던 것은 이러한 정치적 기회구조의 변화와 깊은 관련을 맺는다. 김영삼 정부 전반기에 필적할 만큼의 수많은 법제들이 변화되었고 정부나 여당의 주도적인 역할 또한 분명하지만 그것은 과거와 같이 '일방적'일 수는 없었다. '개혁입법'은 더는 정부의 슬로건으로만 제시된 것이 아니라 시민사회로부터 분출되는 다양한 요구들을 담아내는 표어이기도 했다. 그리고 그것

---

9 2006년 12월 31일까지를 기준으로 검색했을 경우, 2005년도의 제정청원은 7건, 개정청원은 39건, 폐지청원 0건, 2006년도 제정청원 5건, 개정청원 22건, 폐지청원 0건으로 조사되었다.

은 적지 않은 성과로 실현되었다. 이런 의미에서 이 시기의 입법 유형은 '이의제기적'인 것으로 변화된 것으로 설명될 수 있다.

2) '아래로부터'의 변화와 개혁

　　김영삼 정부 후반기로 갈수록 정부의 개혁정책에 대한 평가는 점점 부정적으로 변화해 갔다. 무엇보다 김영삼 정부의 개혁정책은 법과 제도에 의한 '법치'法治가 아니라 대통령 개인의 독단적 결정에 전적으로 좌우되는 전형적 '인치'人治라는 비판의 목소리가 높아져 갔다. 집권 후반기에 접어들며 대통령 측근들을 시작으로 갖가지 부패 사건들이 계속 터져 나왔고 급기야 대통령의 아들까지 구속 수감되는 상황에까지 이르렀다. 그동안 '위로부터의 개혁입법'이라는 시대적 분위기에 압도당해 있었던 사회운동진영에서도 김영삼 정부의 개혁정책에 대해 '이의를 제기'하면서 본격적인 입법운동을 시작했다. 대통령의 의지를 빌어 개혁정책을 실현하고자 했던 방식은 더는 실효를 거두기 어렵게 되어 갔고 전국적인 규모의 대중 동원을 통해 정부와 여당을 압박하기 시작했다. 1995년 5·18 특별법 제정운동이나 1996년 말~1997년 초에 전개되었던 노동법, 안기부법 재개정운동이 대표적 사례들이라 할 것이다.

　　이후 김대중 정부의 출범은 '변화와 개혁'에 대한 사회적 열망과 지지를 다시 증폭시키는 계기가 되었다. 무엇보다 IMF 경제위기를 빠른 시간 내에 극복해야 했기에 그러한 위기를 가져오게 한 구체제와의 단절, 새로운 질서의 도입은 국가적 차원의 절박한 과제가 되었으며 국민들은 이에 호응했다. 김대중 정부는 재벌, 공공, 노사, 금융 부문에 대한 '4대 개혁'을 최우선 과제로 제시하면서 국민적 지지를 호소했다. 더욱이 한국 헌정 사상 최초의 '수평적 정권 교체'이자 가장 개혁적이고 친사회운동적 성향의 대통령의 당선이었기에 정권 초반 사회운동진영의 지지는 컸다. 그러나 이미 대통령 개인에 대한 지지나 의존을 통해 이루어지는 '위로부터의 개혁'이 얼마나 불안정하고 위험한 것인가를 충분히 학습한 후였기 때문에, 김대중 정부 시기의 '개혁입법'에 대한 요구는 '아래로부터의 개혁입법' 형태로 전개되었다.

그림 13 | 연도별 시민참여와 입법청원 등의 보도 건수[10]

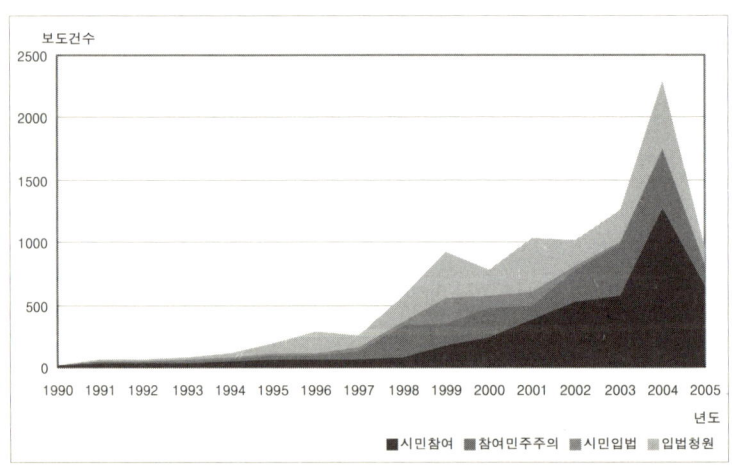

---

10 한국언론재단 기사 검색. 검색 언론 : 전체. 검색기간 1990년 1월 1일~2005년 6월 30일. 검색 어 : '시민참여' '참여민주의' '시민입법' '법청원', 2004년도에 '시민참여'와 '참여민주주의' 에 대한 보도 건수가 폭증한 것은 대통령 탄핵을 반대하며 전개되었던 '탄핵반대국민행동' 과 관련이 깊은 것으로 판단된다.

1990년대 이후 등장하기 시작했던 많은 사회운동조직들이 안정적인 기틀을 잡기 시작하면서 이들은 사회적 여론 형성에 중요한 근원이 되었다. 특히 '시민운동' 진영의 성장 속도는 더욱 빨랐는데 이들은 '아래로부터의 개혁입법'의 정당성을 '참여민주주의'와 '시민참여'라는 담론을 통해 확산시켜 나갔다. 위의 〈그림 13〉을 통해 확인할 수 있듯이, 1995년을 기점으로 입법청원의 보도 건수가 급격히 늘어나고, '시민입법'이나 '입법운동'에 대한 기사가 지속적으로 늘어나 대체로 1999~2001년 사이에 정점을 이루는 양상을 보여 주고 있다. 특히 '시민입법'의 경우 1998~2002년, 즉 김대중 정부 시기에 집중적으로 언론을 통해 다뤄지고 있고, 아래로부터의 요구를 이념적으로 정당화하는 '참여민주주의'나 '시민참여'에 대한 보도 또한 1995년부터 2002년 사이에 크게 늘어났다. 이러한 언론의 보도를 통해 입법운동에 대한 대중적 관심을 고조시키고 지속시킬 수 있었다는 점에서 시민입법운동의 전개에 있어서 유리한 담론 환경이 조성되었다고 할 수 있다. 이는 '시민운동'에 대한 보도 건수의 변화에서도 그대로 나타나 1996년 이후 '시민운동'에 대한 보도 건수는 '노동운동'이나 '민중운동'에 대한 보도 건수를 확연히 앞서기 시작했다.

또한 1990년대 중·후반을 경과하면서 '시민단체'는 다른 사회소식들과 비교해 더욱 높은 신뢰의 대상으로 자리 잡아 갔다는 사실도 확인된다. 이 시기 시민단체에 대한 사회적 신뢰는 여타 모든 기관을 압도할 정도로 높아진 것으로 나타났고, 반면에 국회나 정당은 가장 신뢰받지 못하는 기관으로 받아들여져 신뢰도가 10%를 겨우 상회하는 수준으로 추락했으며, 정부에 대한 신뢰 역시 30%를 겨우 넘는 수준으로 나타났다 (조대엽 2006). 이를 입법운동의 차원에서 살펴본다면 입법공간의 중요한 제도적 행위자들인 정당과 정부, 그리고 국회가 국민들로부터 극심한 불

그림 14 | 연도별 시민운동, 노동운동, 민중운동 보도 건수[11]

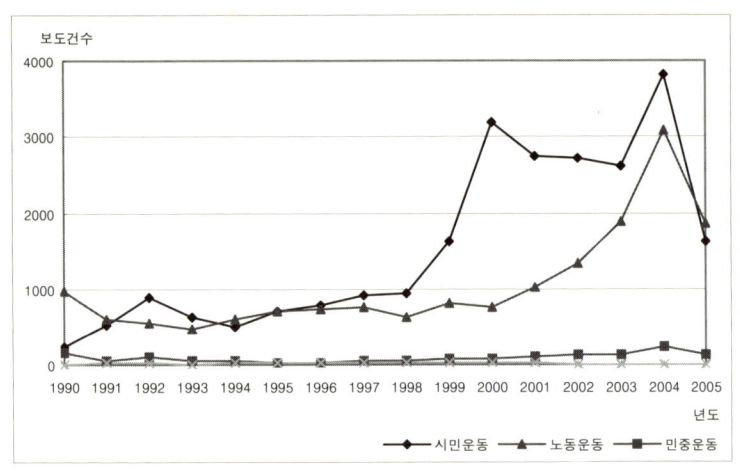

신의 대상으로 전락한 것에 반해 입법운동의 가장 대표적 행위라 할 수
있는 시민단체에 대한 국민의 신뢰는 80%에 가까울 정도로 상승했다. 이
러한 시민단체나 시민운동에 대한, 언론의 높은 관심과 국민적 신뢰는,
이들이 주도하는 입법운동이 성과를 거두는 데 매우 유리한 담론적 기회
구조가 되었다고 할 수 있다. 이처럼 이 시기는 '아래로부터의 개혁입법'
의 시대라고 부를 수 있을 정도로 입법운동과 관련된 보도들이 폭발적으
로 증가했던 시기였다. '개혁'과 관련된 거의 모든 담론을 대통령과 정부

---

11 한국언론재단 기사 검색. 검색 언론 : 전체. 검색 기간 1990년 1월 1일~2005년 6월 30일. 검색
   어 : '시민운동' '노동운동' '민중운동' '시민운동'에 관한 기사가 폭증하는 2000년과 2004년의
   경우는 각각 '낙선운동'과 '탄핵반대국민행동'과 관련되는 것으로 보인다.

가 장악했던 앞선 시기와 달리, 개혁의 내용과 속도, 방향에 대한 다양한 의견들이 사회 곳곳에서 분출했고 언론은 이러한 주장과 활동을 적극적으로 보도함으로써 입법운동이 입법공간 내부로 개입할 수 있는 더 많은 기회를 제공했던 것이다.

한편 기성 언론들의 적극적 관심과 더불어 이 시기에 나타나기 시작한 중요한 변화는 인터넷의 확산과 사회운동과의 결합이라는 담론 환경의 변화다. 인터넷의 등장과 확산은 사회운동의 운동수단에 있어 혁신을 가능케 했을 뿐만 아니라(민경배 2002; 김종길 2004), 사회운동의 주장과 활동이 대중들에게 전달될 수 있는 범위를 급격히 증가시켰다는 점에서 입법운동을 둘러싼 담론 환경의 '내용'적 측면과 구분되는 중요한 '형식'적 변화였다. 1988년 소규모 지역 BBS가 처음 출현한 이후 1980년대 말부터 일부 사회운동단체들은 '사설 BBS' 시스템을 이용한 독립 네트워크 구축을 시작했다.[12] 이후 하이텔, 천리안, 나우누리 등 PC 통신들의 동호회와 포럼 서비스, 폐쇄이용자그룹(CUG)이 사회운동의 온라인 거점으로 활용되었다. 이렇게 소규모로, 그리고 폐쇄적으로 진행되던 온라인에서의 사회운동은 1990년대 중반 인터넷의 등장과 더불어 급변하기 시작한다.

인터넷의 등장은 다양한 사이버 시위를 비롯한 운동수단의 확상을 가져왔고, 강력한 대중 동원의 기제로 활용되기 시작했다.[13] 또한 이 시기

---

12 당시 '참세상 BBS'는 30여 개의 포럼 및 자료실을 운영하고 5천 명 이상의 회원을 보유한 진보운동진영의 대표적인 독립 BBS로 명성을 날렸다. 인터넷의 등장 이후 '참세상 BBS'는 진보네트워크센터의 건설을 제안하는 등의 방식으로 자연스레 인터넷과 결합했다(김종길 2004, 56).

13 우리나라 최초의 사이버 시위는 1996년 말 정보통신 운동단체에서 노동법·안기부법 개악에 대응하여 총파업을 진행할 당시, 지지 여론을 확산시키고자 하는 취지에서 시작된 '정보

에는 『웹진 스키조』(1997년), 『딴지일보』(1998년) 등이 창간되어 기존 언론과 차별되는 독특한 공론의 장을 형성하기 시작했고(김종길 2004, 62), 1999년의 인터넷에서의 '안티운동'의 시발이라 할 수 있는 '안티닉스운동'이 전개되면서 인터넷 공간의 여론 형성과 동원력을 확인할 수 있었다(하승창 2006). 이렇게 점진적으로 이루어지던 인터넷과 사회운동의 결합, 그리고 인터넷 공간의 팽창은 2000년 『오마이뉴스』의 창간, 2000년 총선시민연대의 낙천·낙선운동 당시의 "사이버 총선시민연대"의 성공을 계기로 더욱 급격하게 전개되었고, 이후 개별 시민사회단체들의 홈페이지도 단순 정보전달을 넘어서 다양한 인터넷 캠페인이 이루어지는 장으로 발전하기 시작했으며,[14] 주요 단체들은 인터넷 공간을 활용해 보다 적극적인 연대를 펼쳐 나갔다(김종길 2004, 68-71; 홍일표 2005).

3) 민중운동과 시민운동의 연대와 경쟁

1990년대 중반 이후 시민운동이 분화·확대되게 되면서, 민중운동과 시민운동의 중첩 및 공존하는 현상이 다양한 영역에서 나타나기 시작했다. 예컨대 1990년대에는 시민운동과 민중운동 진영 간의 사회개혁투쟁

통신운동'으로 알려져 있다(김종길 2004, 62).

[14] 온라인 캠페인의 활성화로 인해 입법청원을 제출할 때 첨부하기도 하는 서명인의 숫자가 급격히 늘어날 수 있었으며, 법률의 심사과정에 대한 모니터링 결과를 신속하게, 그리고 지속적으로 인터넷 상에 공개하고 해당 의원들에게 이메일 등으로 압력을 행사함으로써 '정치적 로비'의 수위와 범위가 확연히 늘어날 수 있었다(홍일표 2005).

(사회보험개편, 국민기초생활보호법 등)을 둘러싼 연대가 이루어졌다. 그러나 1980년대 후반~1990년대 초반 시민운동이 보수언론으로부터 상대적으로 호의적 반응을 받음으로써 민중운동이 공론의 장으로부터 주변화되는 양상이 나타났기 때문에 두 운동진영 사이에는 작지 않은 긴장이 존재했다. 사회개혁 투쟁 및 일반민주주의 투쟁에서 급진적 입장의 민중운동과 온건, 보수적 입장의 시민운동 사이의 긴장이나 2000년 낙선운동 당시의 긴장이 대표적 사례들이다(조희연 2003, 17-8). 이런 맥락에서 이 시기 시민운동과 민중운동의 관계는 '연대'와 '경쟁'의 관계였다고 요약할 수 있을 것이다(은수미 2001; 2005).

긴장과 갈등이 주된 측면이었던 1990년대 초반 민중운동진영과 시민운동진영간의 관계는 1990년대 중반에 들어 몇 가지 중요한 사안들에 대한 연대가 이루어지면서 변화하기 시작한다.[15] 1993년 우루과이라운드 협상, 특히 쌀 개방과 관련하여 국민적 연대기구가 구성되면서 두 진영은 처음으로 조직적 연대를 실현하게 된다. 1995년도에도 12·12 쿠데타 불기소결정에 대한 공동대응에서 시작해 5·18 특별법 제정을 위한 공동대책위원회를 구성하게 되고 전국적 규모의 지속적이고 강력한 저항이 두 운동진영의 공동투쟁으로 전개되었다. 이후 1996년 하반기 제기된 노동법 개정 문제와 1997년 초의 노동법 날치기 국면은 1990년대 중반 이후 진행되기 시작한 시민운동과 민중운동진영 간의 연대가 한편으론 보다 발전하면서 다른 한편으로는 균열하는 계기가 된다.

---

[15] 이하 운동 지형의 변화에 관한 내용 가운데 별도의 인용표시가 되지 않은 내용은 주로 김동춘·김태룡(2002, 54-7)의 글과 『참여연대 10년의 기록 1994~2004』(참여연대 2004, 237-9)를 종합하여 정리한 것이다.

당시 노동법 개정 문제에 대한 이견을 계기로 경실련과 참여연대, 민변, 민교협, 전국연합, 민주노총, 여성연합, 환경연합 등으로 구성되었던 8개 단체 정책협의회는 활동을 중단하게 된다. 이러한 입장 대립은 1997년 초 노동법 날치기 국면에서 참여연대, 여성연합, 환경연합이 범국민대책위에 참여해 노동운동진영과 함께 투쟁한 반면, 경실련은 다른 시민단체들과 독자적인 행보를 취하는 것으로 나타나게 된다. 이후, 경실련을 제외한 7개 단체가 1997년 〈민주개혁사회단체연대회의〉라는 상설 협의체를 구성하게 되었고, 6월 항쟁 10주년 사업 등 범대위 활동의 성과를 확대 발전시켜 양 진영 간 상설적 연대를 모색하려는 시도가 계속되었다.

IMF 경제위기가 발생하고 김대중 정부가 출범한 이후 노동운동진영은 구조조정 반대 투쟁에, 시민운동진영은 개별 단체 수준에서의 사업에 주로 집중하면서 양 진영 간의 전반적인 연대는 약화되었다. 당시 시민운동단체들은 노동운동이 주도한 구조조정 반대 투쟁에 적극적으로 동참하지는 않았고, 특히 참여연대의 소액주주운동에 대한 노동·민중 운동진영의 비판이 본격적으로 제기되기 시작한 것도 이 시기였다. 이는 IMF 경제위기 이후 한국 사회를 어떻게 변화시켜 나갈 것인가를 둘러싸고 민중운동과 시민운동의 진영 간 '경쟁'이 전개된 것으로 봐야 할 것이다.[16]

한편 김대중 정부의 개혁이 지연·후퇴되는 것에 대한 대응이 필요하다는 인식이 확산되면서 정부와 정치권에 대한 압박의 강도를 높이기 위

---

[16] 이 시기 민중운동진영으로부터 제기되었던 시민운동 비판에 대해선 홍일표(2003)를 참조.

한 시민운동 차원의 연대운동은 급격히 늘어나기 시작했다. 1998년 '국가개혁을 위한 시민행동', 1999년 '온전한 특검제 도입과 부패방지법 제정 국민행동' '국정감사모니터시민연대' 등은 국가개혁과 정치개혁을 중심으로 시민사회운동이 결집하는 계기가 되었고 이는 2000년 총선시민연대에 의한 낙선운동의 도화선이 되었다. 전국적이고 광범위한 규모 그리고 총체적인 개혁에 대한 요구를 전면에 내걸고 이루어지는 연대가 시민운동 차원에서 급속히 조직되기 시작했고, 이 과정에서 제시되는 요구사항들은 주로 '개혁입법'의 형태로 구체화되었다.[17] 이후 시민사회운동의 전국적 교류와 연대가 활성화되었고, 사안별 연대활동 또한 역시 빈번해졌다. 이런 전환점을 통해 총선시민연대는, 2001년 시민사회단체 중심의 상설적 연대기구로 〈시민사회단체 연대회의〉의 창립에까지 이르게 되었고, 비슷한 시기 노동, 민중 운동단체들 또한 〈전국민중연대〉를 결성하게 된다.

이와 같은 민중운동과 시민운동, 그리고 시민운동진영 내부에서의 활발한 연대와 경쟁은 입법운동의 동원 역량을 키우는 데 중요한 기반이 되었다. 우선 연대의 강화는 입법운동이 강력한 '사회적 동원'을 할 수 있도록 했다. 참여연대를 비롯한 몇몇 시민단체들에 의해 입법공간 내부로 진입해 이루어지는 '정치적 로비'가 더욱 활발해지고, 인터넷의 확산과

---

17 한편 2000년 총선시민연대의 낙천·낙선운동에 대해 당시 민주노동당을 중심으로 한 민중운동진영으로부터의 비판이 다시 제기되었다. 이것 역시 민중운동과 시민운동의 중요한 '경쟁'의 한 축이었다고 할 것이다(은수미 2001). 제도정치를 어떻게 변화시킬 것인가에 대한 오랜 노선의 차이('진보정당의 건설을 중심으로 한 정치세력화' vs. '제도정치 외곽으로부터의 감시와 대안제시를 통한 영향력 행사')가 다시 한 번 '경쟁'한 것이다.

더불어 새로운 운동방식들의 혁신이 이루어진 동시에 연대를 통한 동원의 규모와 강도를 키워 냄으로써 입법운동은 더욱 힘을 발휘할 수 있게된 것이다. 이와 동시에 입법운동은 사회운동의 연대를 강화시키는 역할을 수행하기도 했다. 구체적인 정책대안을 매개로 연대를 형성함으로써연대 운동의 질을 높일 수 있었던 것이다. 또한 이 시기에 이르러 '권력감시'와 '시민입법'이 결합하게 됨으로써 '이의제기적' 입법 유형의 특징이더욱 뚜렷해졌으며, 시민입법운동은 더 큰 위력을 발휘하는 운동으로 전환될 수 있게 되었다.

2. '이의제기'의 입법 유형

1) 권력감시와 결합된 시민입법

김대중 정부 시기는 대통령과 여당이 과거 어느 정권보다 개혁적이고개방적이었다는 점에서 일방적이기보다는 설득적인 입법 전략이 구사되었다. 뿐만 아니라 제1당이 야당인 한나라당이었기에, 이러한 거대 야당의 존재는 대통령과 여당으로 하여금 지속적으로 야당과의 타협을 시도하도록 강제했다. 이러한 정치 구도는 입법과정에 개입하고자 하는 사회운동 역시 정부와 여당은 물론 야당과의 관계 또한 적극적으로 활용할것을 요구했다. 과거에 비해 더욱 크게 열린 정치적 기회구조를 활용해정치적 로비를 활발하게 전개하기 시작했고, '아래로부터의 개혁입법'에 대한 시대적 요구와 사회운동 내부의 강한 '연대'의 흐름에 부응해 강력한 사회적 동원 또한 지속할 수 있었다. 그 이전 시기와 비교할 수 없을 정도로 많은 종류의 입법 의제들이 제출되었고, 특히 입법청원을 매개로 전개되는 시민입법운동은 급격하게 성장하고 확산되었다.

이처럼 이 시기 '이의제기적'인 것으로 입법 유형이 바뀌고 입법운동 전반의 성장과 성공이 계속될 수 있었던 데는 참여연대의 역할이 중요했다. 1994년 창립한 참여연대는 이후 한국 사회운동의 중추적 단체로 성장해 갔을 뿐만 아니라 입법운동의 측면에서 보더라도 가장 활발한 활동과 많은 성과를 냈다. 무엇보다 '권력감시'와 '시민입법'을 결합시킴으로써 기존 시민입법운동의 한계를 한 단계 뛰어넘을 수 있는 운동 레퍼토리의 혁신을 가져왔다. 권력감시와 시민입법이 결합되기 시작하면서 이제 한국의 시민입법운동은 입법공간에 참여하는 주요한 제도적 행위자들을 직접적으로 압박함으로써 입법과정으로부터의 배제는 물론 입법 내용의 왜곡이나 축소라는 세부적인 변화에까지 영향을 미칠 수 있게 되었다.

참여연대는 창립한 이후 2005년 6월 30일까지 제정청원 29건, 개정청원 69건, 그리고 의견청원이 23건 등 총 121건의 청원을 국회에 제출했다. 물론 개정청원이 상대적으로 많지만 제정청원의 비율 역시 비교적으로 높았다고 할 수 있다. 참여연대 10주년 기념 자료집인 『참여연대 10년의 기록 1994~2004』에 따르면 참여연대가 10년간 청원했던 총 107건 가운데 64건이 직·간접적으로 법률 변화에 영향을 미쳤고, 약 40% 정도인 43건은 완전한 '실패'로 규정되고 있다. 청원안이 국회 본회의에 상정되어 그것이 그대로 통과되는 경우는 전체 청원 가운데 몇 건에 불과하다는 사실을 고려할 때 60% 정도의 수치는 상당히 높은 반영률로 볼 수

그림 15 | 주요 사회운동단체의 입법운동 관련 기사 건수[18]

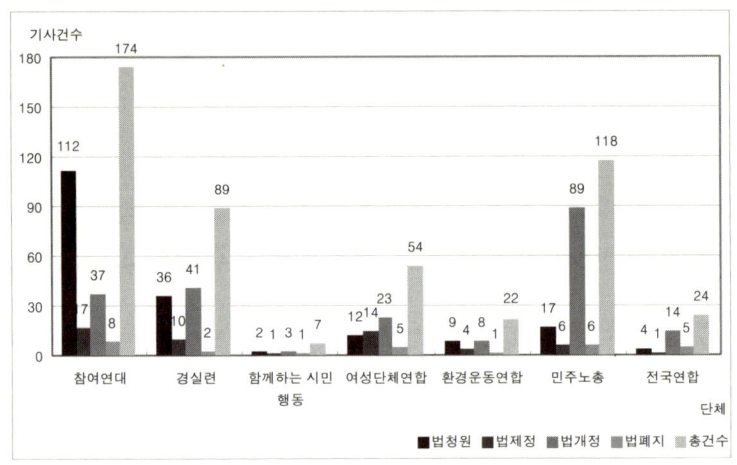

있다. 이는 참여연대가 제출한 많은 입법청원들이 단순히 '상징적' 수준
의 문제 제기나 언론의 관심을 끌기 위한 수단 정도가 아니라 실질적 성과
를 거두는 것을 목표로 삼고 이를 위해 조직 차원의 강력한 동원이 이루
어졌음을 의미한다.

그렇다면 참여연대의 시민입법운동이 입법 결과에 적지 않은 영향을
미칠 수 있었던 이유는 무엇일까? 이 책에서는 참여연대가 본격적으로
'권력감시'와 '시민입법'이라는 운동 레퍼토리들을 본격적으로 결합시키

---

18 한국언론재단 기사 검색. 검색 언론 : 한겨레신문. 검색 기간 : 1990년 1월 1일~2005년 6월
30일. 검색어 : '참여연대' '경실련' '함께하는 시민행동' '여성단체연합' '환경운동연합' '민주
노총' '전국연합'에 대해 각각 '입법청원' '법제정' '법개정' '법폐지'를 교차 검색.

그림 16 | 참여연대 연도별 청원 건수 변화(1994~2005년 6월)[19]

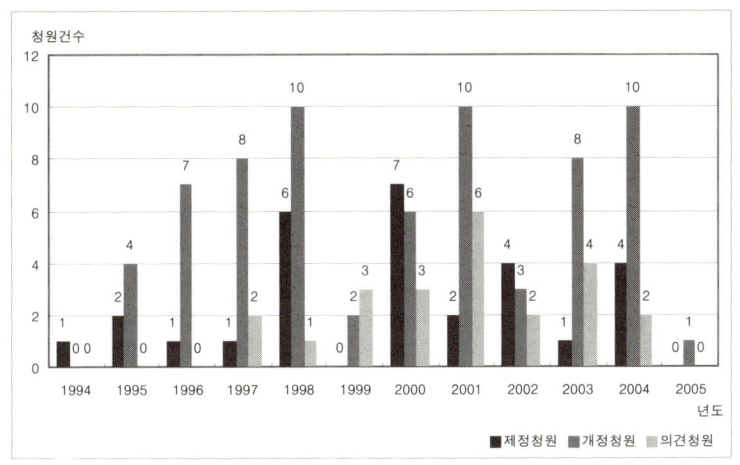

기 시작했다는 점에 주목한다. 앞서 '권력감시 없는 시민입법'의 경우 의
원이나 정당, 정부 등 주요 제도적 행위자들을 압박할 직접적 수단을 갖
지 못했음을 지적한 바 있다. 그렇기 때문에 입법공간에서의 다툼을 통
해 자신들의 요구를 실현하기보다 대통령과 정부의 호응을 얻는 방법을
택하게 되거나, 설령 입법공간 내부로 개입하더라도 결국 그들을 압박할
수단을 갖지 못해 본래의 취지가 훼손되는 것을 제어할 수 없는 경우가

19 『참여연대 10년의 기록 1994~2004』(참여연대 2004)에 수록된 입법청원 목록과 참여연대 홈
페이지의 캠페인 사이트 〈열려라! 국회〉의 자료실(http://www.peoplepower21.org/library/
library_list.php?section=politics)에 게재되어 있는 17대 국회 참여연대 청원 리스트를 종합한
결과다. 2006년의 경우, 제정청원 2건, 개정청원 7건, 폐지청원 0건이 제출되었음이 추가적
으로 확인되었다.

적지 않았던 것이다. 그러나 권력감시와 시민입법이 결합하기 시작하면서 이러한 양상은 변화하기 시작했다.

실제로 참여연대는 자기 운동의 가장 핵심적인 목표로 '권력에 대한 감시'를 제시하고 있다.[20] 참여연대는 출범 당시 의정감시센터와 사법감시센터를 두어 '의정감시'와 '사법감시'라는 권력감시운동의 새로운 영역을 개척했고, 이후 1996년 맑은사회만들기본부, 1998년 정보공개사업단을 만들어 '행정감시'로 감시의 영역을 넓혔다. 1997년에는 〈경제민주화위원회〉가 출범됨으로써 '권력'감시의 대상이 '기업'으로까지 확대되었고, 2000년과 2004년의 낙선운동을 통해 '권력감시'가 현실의 정치세력에 대한 직접적 압력이 될 수 있음을 확인시켰다. 그리고 2002년에는 〈평화군축센터〉가 창립되면서 참여연대 권력감시운동은 국방과 예산 전반으로까지 확장되었다. 언론과 지방 권력 등 몇몇 분야를 제외한 거의 모든 분야의 '권력 기관'들이 감시의 대상으로 설정되어 있을 뿐만 아니라 실제로 지속적이고도 치밀한 감시활동이 계속되었다.[21]

권력감시라는 내용적 차원의 운동 레퍼토리는 몇 가지의 형식적 차원의 레퍼토리로 구성된다. 첫 번째로 감시활동의 기본이라 할 수 있는 '모니터링' 작업이다. 의정감시 영역에 한해 모니터링의 방법을 살펴보면 의회 방청 모니터와 속기록 분석 두 가지 방법을 꼽을 수 있고, 국정감사에

---

20 "지금 우리는 시대적 전환기에 서 있습니다 …… 따라서 국민 스스로의 참여와 감시가 필요합니다. 몇 년에 한 번씩 투표를 함으로써 나라의 주인의 지위를 확인할 수 있는 것이 아닙니다. 명실상부한 나라의 주인이 되기 위해서는 매일매일 국가권력이 발동되는 과정을 엄정히 감시하는 파수꾼이 되어야 합니다"("참여연대 창립선언문" 중 일부, 1994년 9월 10일. 강조는 인용자).

21 참여연대는 2007년 1월부터 그동안 간헐적으로만 이루어져 오던 '관료들에 대한 감시'운동을 본격적으로 전개하기 시작했다.

대한 모니터링, 청문회에 대한 모니터링 등 입법부의 주요 활동 전반이 모니터링의 대상으로 확대되고 있다(손혁재 외 2005, 17-24). 또한 국무회의를 비롯한 정부의 주요 의사결정 과정이나 각종 정부문서들에 대해 정보공개 청구를 함으로써 압박의 효과를 높였다. 사법부의 판결 분석, 재판 방청, 주요 재벌들의 주주총회 참석, 이사회 회의록 분석 등도 전형적인 모니터링 작업들이라 할 것이다(손혁재 2004; 조희연·홍일표·김정훈 2003). 특히 17대 국회의원들에 대한 의정감시에서는 의원들의 법안발의, 출결, 투표, 발언 등이 일상적으로 감시되고 인터넷 등을 통해 공개됨으로써 기존 의정감시의 범위를 크게 넘어서게 되었다.[22]

두 번째로는 감시한 결과를 대중에게 알리는 '발표' 작업이다. 모니터링한 결과를 어떻게 외화(外化)할 것인가도 중요한 쟁점이 된다. 특히 모니터링이 어떤 '평가'를 동반하는가가 문제가 된다. 단순한 발언횟수, 출결 현황, 법안발의 건수 및 청원소개 건수 등을 기준으로 '정량 평가'를 할 경우 객관성에 대한 논란은 적지만 평가의 의미가 모호할 수밖에 없다(김의영 외 2003: 33-9). 반대로 운동집단이 지향하는 가치나 이념에 기반을 두어 평가하는 경우, 예를 들어 특정한 법률에 대한 찬반 여부에는 그것이 갖는 주관성이 논란이 되기도 한다. 또한 그것들을 종합해 '베스트'와 '워스트'로 구분하거나[23] 낙선 및 낙천 등의 기준으로 삼아 발표하는 경우,

---

22 가장 대표적인 것이 참여연대가 운영하고 있는 국회감시 전문사이트 〈열려라! 국회〉(http://watch.peoplepower21.org)다. 이 사이트에는 국회의원 개개인의 본회의 출석률, 본회의 투표율 및 결과, 상임위 출석률, 법안대표발의건수 및 발의의안의 내용, 쟁점법안별 의원입장, 언론에 보도된 의원 관련 기사 등 의원들의 일거수일투족이 생생히 기록되고 공개되고 있다.

23 1999년 국감시민연대 활동에 대한 의원들의 격렬한 반발은 모니터링 결과를 바탕으로 '베

발표 기자회견이나 토론회, 보고서 공개, 언론을 통한 적극적 공개와 자기 단체 홈페이지 등을 통한 소극적 공개, 직접적인 대중행동[24]이나 고소·고발 등 소송행위를 동반하는 경우와 그렇지 않은 경우 등 모니터링의 결과가 어떻게 발표되는가 자체가 중요한 쟁점이 되는 것이다.[25]

권력감시운동은 대중들의 직접 행동과 결합되어 해당 권력기관을 압박하는 방향으로 이어지기도 하고, 대안의 제시라는 차원에서 입법운동과 결합되기도 한다. 이러한 결합들을 통해 권력감시는 더욱 강력하면서도 풍부한 목소리를 담게 되고, 반대로 시민입법운동은 자신들의 요구사안이 입법과정에서 충분히 다뤄지고 훼손되지 않도록 강제하는 힘을 얻게 되는 것이다. 참여연대를 필두로 시작된 '권력감시'와 '시민입법'의 결합은 1990년대 후반 이후 다양한 연대 사업 등을 매개로 서서히 확산되기 시작했다. 예컨대 1999년, 2000년 국정감사 모니터링, 2000년 총선

스트'와 '워스트'를 정해 발표하려 했다는 이유에서였다. 이후 많은 의정감시활동들은 '걸림돌'과 '디딤돌' 등의 형태로 순위를 매겨 발표하게 되었다.

24 2000년 총선시민연대, 2004총선시민연대 등에서 전개한 낙천·낙선운동이 대표적 사례라고 할 것이다. 후보자들의 의정활동이나 발언, 행태 등을 조사한 후 그 결과를 발표할 뿐만 아니라 그것을 기반으로 직접 행동으로까지 이어졌기 때문이다. 2000년 당시 경실련은 이러한 낙천·낙선운동과 구분되는 '후보자 정보공개운동'을 벌였다. 모니터링한 결과를 '발표'하기는 하지만 더는 직접 행동은 포기한 것이다. 이후 선거법 위반 여부를 둘러싼 논쟁 및 유죄판결, 선거법의 개정, 중앙선관위를 통한 후보자 정보공개의 활성화, 인터넷 상에서의 공개와 발언의 범위 등을 둘러싼 논란이 계속되면서 감시와 행동의 한계를 둘러싼 논쟁은 현재 진행형으로 계속되고 있다.

25 한편 참여연대의 경우 '모니터링'과 '발표' 자체를 효과적으로 잘 이용했을 뿐만 아니라 여기에 '소송'litigation이라는 운동 레퍼토리를 추가하는 데 성공함으로써 모니터링의 효과를 극대화하게 된다. 2004년까지의 고소 및 고발 목록은 『참여연대 10년의 기록 1994~2004』(참여연대 2004)를 참조.

시민연대의 낙선운동과 2002년 대선유권자연대 등의 경험은 '무엇'을 '어떻게' 모니터링할 것인가에 대한 단체 간 상호 학습의 기회를 제공한 것이다.

그리고 권력감시가 단지 '모니터링'과 그 결과의 공표라는 '정치적 로비' 차원의 문제만은 아니었다. 1990년대 중반부터 다양한 정치적 쟁점과 입법적 쟁점들을 매개로 무수한 연대운동이 조직되기 시작했고, 이들은 단식과 농성, 서명, 집회 및 시위 등 다양한 '사회적 동원'을 통해 입법공간 외곽에서 그것을 압박하며 입법과정과 그것의 결과에 영향을 미치려 했다. 특히 김대중 정부가 내걸었던 '개혁'이 점점 약화되는 모습을 보이기 시작한 1999년경부터 '아래로부터의 개혁입법'을 내걸고 수십, 수백 개의 단체들이 공동행동을 전개한 것은 민주화 이후 한국의 시민입법운동이 강력한 '사회적 동원'과 효과적인 '정치적 로비'의 동원이 결합되는 양상으로 발전해 갔음을 보여 준다. 그리고 이는 제도정치에 대한 일방적인 종속이나 무비판적 협력이 아닌 '권력감시'와 합리적 대안의 제시로서의 '시민입법'이 결합되는 방식으로 이루어졌던 것이다. 참여연대에 의해 시작된 '권력감시'와 '시민입법'의 결합이라는 운동 레퍼토리의 혁신은 이 시기에 급속도로 확산되었으며 이는 이 시기에 제출된 제정청원들에 대한 분석결과를 통해서도 확인된다.

2) 시민입법운동의 '성장' : 1995~2002년까지 국회에 제출된 제정청원의 분석

1995년 1월부터 2002년 12월까지 총 160건의 제정청원이 국회에 제출되었다. 이는 앞선 시기(1988~94년)에 비해 네 배 가까이 늘어난 수치로 시민입법운동의 양적 팽창을 일단 확인시켜 준다. 160건 가운데 가장 많은 비중을 차지하는 영역이 '권력에 대한 감시 및 통제'(29건, 18.1%)이며 '사회적 약자 보호'(24건, 15.0%)에 관한 청원이 다음을 이었다. 이는 노태우 정부에서 김영삼 정부 전반기까지 시기와 비교해 볼 때 청원 건수나 전체에서의 비율 모두 상승한 것이라는 점에서 '권력감시'와 '사회적 약자 보호'가 이 시기의 중요한 시민입법의 영역이 되었음을 보여 준다.[26]

　김영삼 정부 후반기부터 김대중 정부 시기에 걸쳐 제출된 160건의 제정청원의 청원 주체들을 형태로 분류해 보면 우선 개별 단체가 57건(36%)으로 가장 많았고 다음으로 개인(연명)이 46건(29%), 단체가 주도한 서명을 첨부한 청원이 34건(21%), 단체 공동 23건(14%) 순이었다. 이를 앞 시기와 비교해 본다면 단체 주도로 이루어진 서명을 첨부한 청원과 단체 공동의 청원이 상대적으로 많이 늘어났음을 알 수 있다.[27] 이는 시민입법운동의 동원 규모가 커졌음을 보여 주는 변화라고 할 수 있다. 단체 간 연대가 활발해지고, 대중들과의 직접 접촉을 통해 그들을 서명에 참여하게 함으로써 입법운동의 동원역량을 키워 나갔던 것이다. 시민입법운동의 청원 주체의 성격에 따라 분류해 볼 때 '시민단체'의 비율이 높아졌다는 사실도 주목할 만하다. 이 시기 동안 '시민단체'는 51건(31%)의 청원의 주체로 등장하는데 이는 앞 시기의 7건(16%)에 비해 건수로는 일곱 배, 비율로는 두 배 이상 비율로 증가한 수치다. 시민단체들이 입법청원을 매개로 한 시민입법운동에 매우 적극적이었음을 보여 준다. 또한

---

[26] 이 시기 제출된 제정청원의 목록은 〈부록 2〉에 정리해 두었다.

[27] 앞 시기의 경우 단체 주도 서명이 7건(16%), 단체공동이 4건(9%)이었다.

그림 17 | 청원 주체 형태별·성격별 구분(1995~2002년)

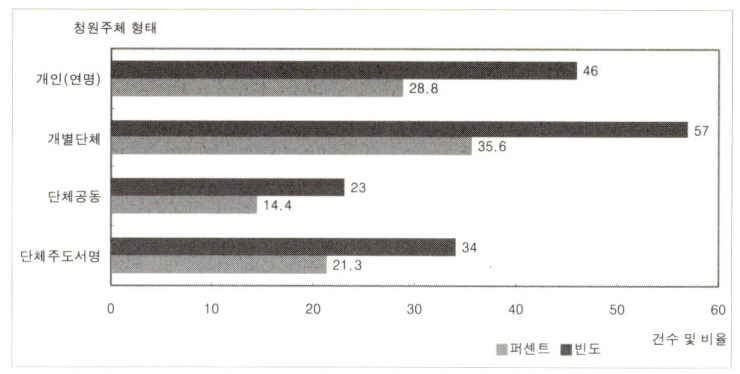

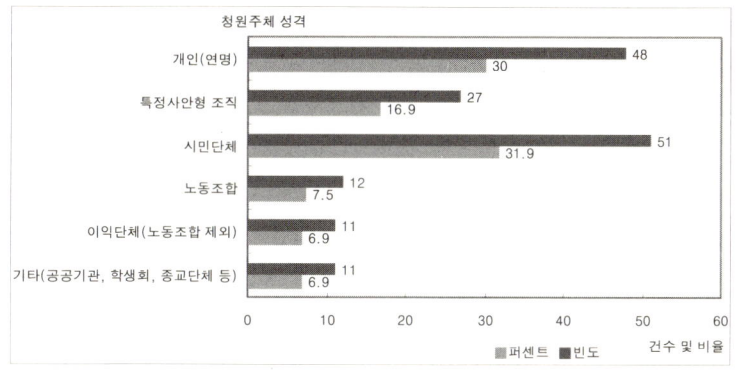

비율상으로는 크게 증가하지 않았지만 특정한 법률의 제정을 목적으로 일시적으로 결성된 사안형 조직들이 27건(17%)의 청원을 제출해 앞 시기의 6건(14%)에 비해 양적으로 크게 늘었음을 보여 주고 있다. 이러한 변화들은 시민운동이 입법운동을 주도적 이끈 사회운동이었으며, 다양한 시민단체들 사이의 활발한 연대가 입법운동의 동원 규모를 키웠음을 다시 확인시켜 주는 수치라 할 것이다.

2회 이상 청원한 단체들 가운데 가장 눈에 띠는 것은 역시 참여연대다. 13건의 제정청원을 단독으로 제출해 가장 압도적인 다수를 점했고, 이외에도 민변, 함께하는 시민행동, 5·18 관련 단체, 부패방지입법시민연대, 260여 개 시민사회단체 등과 공동으로 제정청원을 제출했다. 이 시기 참여연대 활동이 시민입법운동의 성장에 중요한 영향을 미쳤다는 사실을 다시 한 번 확인시켜 주는 수치다. 다음이 경실련 9건, 민주노총 6건, 민변 5건, 한국노총 4건, 언론개혁시민연대 4건이다. 이는 앞 시기 시민입법운동의 중심 세력이 노동계와 여성계였다는 사실과 비교해 볼 때 확연한 변화라고 할 것이다.

이 시기 국회에 제출되었던 160건의 제정청원 가운데 89건(56%)가 임기만료로 폐기되었고, 상임위에 상정되어 검토한 결과 10건(6%)이 실현 불가로, 그리고 61건(38%)이 반영된 것으로 조사되었다. 앞 시기의 경우 무려 86%가 임기만료로 폐기되었고 실제 법안에 반영된 것은 고작 7%에 불과했으나 이 시기의 반영률은 그것보다 다섯 배 이상 높아졌고, 상임위에 상정되어 검토된 비율 자체가 세 배 이상 증가한 것으로 나타났다. 이는 이 시기 국회의 입법공간이 실질적으로 복원되고 제한적이나마 그것이 개방되었고, '아래로부터의 개혁입법'에 대한 사회적 관심이 높아졌으며 이를 제도정치에 전달할 수 있는 운동정치의 동원역량이 강화되면서 나타난 중요한 변화라고 할 것이다.

이러한 변화는 청원 당시 관련 법안의 제출 여부와 그 유형을 통해서도 확인할 수 있다. 앞 시기의 경우 45% 정도의 제정청원 안의 경우에만 청원이 제출되었던 시점에 관련 법안이 함께 제출되었던 반면, 이 시기에는 무려 70% 정도로 그 비율이 급상승했음을 알 수 있다. 또한 앞선 시기의 경우 여야 모두 법안을 제출한 비율이 7%, 여당 단독 법안 제출이

그림 18 | 청원 당시 관련 법안 제출 여부 및 유형(1995~2002년)

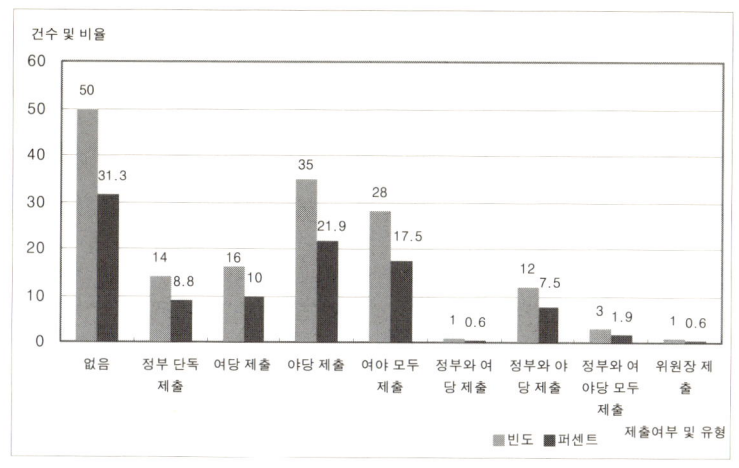

4.7%, 야당 단독 제출이 14%였던 반면 이 시기에는 여야 모두가 법안을 낸 경우가 17.5%, 야당 단독 제출 21.9%, 여당 단독 10% 등으로 각 정당들의 법안 제출 경쟁이 치열해졌음을 확인할 수 있다. 또한 흥미로운 것은 앞선 시기의 경우 정부와 야당이 각각 법안을 제출한 경우가 아예 없었던 것과 달리 이 시기에는 7.5%나 되어 입법을 둘러싼 다툼이 입법공간 내에서 다양한 구도로 치열하게 벌어졌음을 알 수 있다. 이러한 변화는 제정청원운동의 장기적이고 간접적 영향까지 고려한 '제정청원운동의 결과'에 대한 조사결과에서도 확인된다. 앞선 시기의 경우 성공(23%)과 제한적 성공(23%)을 합쳐 46%에 불과했으나 이 시기에 제출된 제정청원의 경우 무려 67%가 성공(34%, 55건)하거나 제한적으로 성공(33%, 52건)한 반면, 실패는 33%(53건)로 크게 줄어들었다.

그림 19 | 관련 법률 최종 통과 여부 및 유형(1995~2002년)

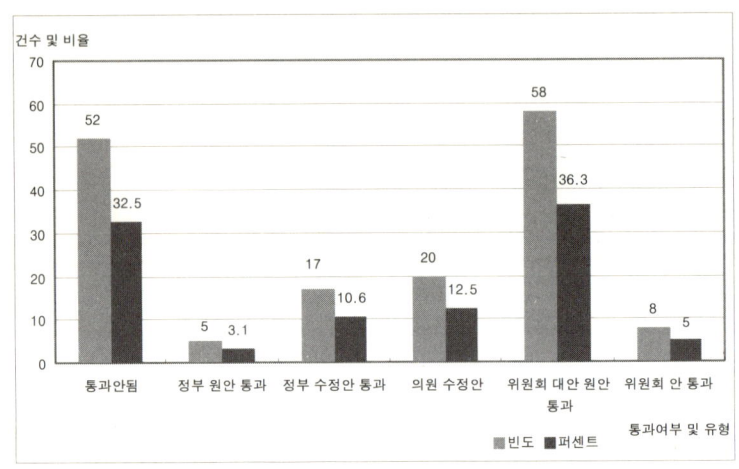

특히 이 시기에 제출된 청원과 관련해 최종적으로 통과된 법률들의 통과 유형을 살펴볼 경우, 위원회 대안이 36.3%, 의원 수정안이 12.5%, 정부 수정안이 10.6% 등의 비율로 입법과정을 거치는 동안 '경쟁'은 물론 '합의' 또한 강화되었음을 알 수 있다. 이는 원내 제1당인 거대 야당의 존재로 인해 정부나 여당 단독의 법안 처리가 쉽지 않음을 의미하는 것이며, 앞선 시기의 시민입법운동과 달리 정부, 여당, 야당 등 다양한 행위자들과의 관계를 통한 시민입법운동이 가능함을 보여 준다.

관련된 법률이 통과되는 기간도 비교적 빨라졌다. 통과된 107건의 법안의 평균 통과 기간은 25.29개월이고, 4년 임기 내에 통과된 법안이 88건으로 약 80%에 달한다. 청원 후 1년 이내에 통과된 법안도 33건으로 30%를 넘는 수치다. 아래로부터 제기되는 입법 요구가 이전 시기에 비해

그림 20 | 청원 사안별 통과 건수 및 비율(1995~2002년)

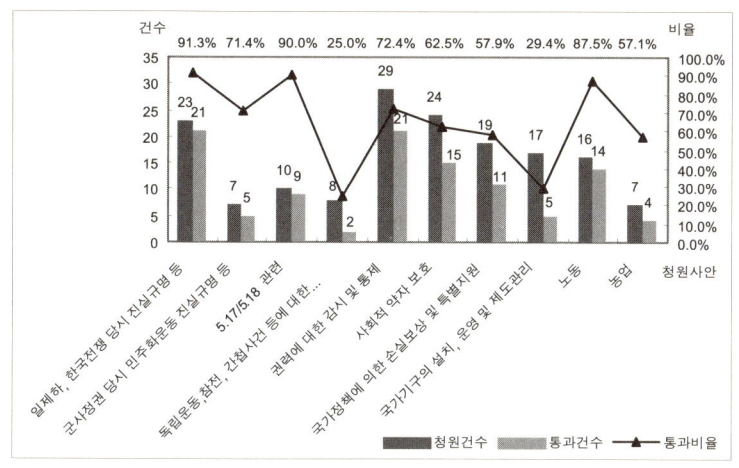

비교적 적극적으로 수용되고 있음을 보여 주는 수치라고 할 것이다. 이 기간 동안 제출된 전체 160건의 제정청원 가운데 107이 통과되었고, 일제하 한국전쟁 당시 진실규명과 관련된 사안이 21건(23건 청원), 권력감시 사안이 21건(29건 청원), 사회적 약자 보호와 관련된 사안이 15건(24건 청원), 노동 관련 14건(16건 청원)이 통과되었다. 특히 권력감시와 관련된 사안의 경우 청원 건수는 물론 통과 비율이 급격히 높아졌음(72.4%)을 알 수 있다. 법률의 통과 시기까지를 고려할 경우 일제하와 한국전쟁 당시 사건들에 대한 진상규명과 관련된 법안들은 이 시기(1995~2002년)에 한 건도 통과된 것이 없고, 권력감시 관련 사안이 16건, 사회적 약자 보호가 10건, 국가정책에 의한 손실보상과 특별지원 관련 사안이 9건, 5·17/5·18 관련 사안이 9건 등으로 나타났다. 이 기간 동안 이루어진 시민입법

운동의 가장 중요한, 그리고 가장 성공적이었던 분야는 권력에 대한 감시를 제도화하고 사회적 약자들을 보호하기 위한 입법이었음을 다시 확인할 수 있다.

이 시기에 제출된 제정청원과 관련된 법률이 통과된 비율은 앞선 시기의 그것에 비해 상당히 높아져 66.9%에 달한다. 특히 단체 공동으로 제출된 제정청원(16건/23건, 69.6%)이나 단체가 주도한 서명운동의 결과가 첨부된 제정청원의 경우(25건/34건, 73.5%)는 거의 대부분이 통과된 것으로 나타나고 있다. 개인(연명, 27건/46건, 58.7%)이나 개별 단체(39건/57건, 68.4%)가 제출한 제정청원의 최종적 통과 비율도 앞선 시기에 비해 훨씬 높은 것 등을 감안할 때 입법 양상 자체가 '배제적'인 것에서 '쟁투적'인 것으로 확연히 변화했음을 알 수 있다. 아래로부터 제기되는 다양한 입법적 요구들이 입법공간에서 적극적으로 다뤄져 실제 입법적 성과로 도출되는 이의제기적 입법 유형을 잘 보여 주고 있는 것이다. 청원 주체의 성격과 관련해서는 약간의 변화가 보인다. 우선 특정 사안형 조직(85.2%)이 전개한 시민입법운동의 통과율은 매우 높게 나타났다. 그리고 시민단체와 노동조합의 통과율 또한 상대적으로 높게 나타났는데 이러한 결과는 조직화되고 전략적 행동을 취하는 사회운동조직이 청원을 법안으로 통과시키는 데 효과적인 조직형태였음을 보여 준다.

이처럼 1995년부터 2002년 사이 기간 동안 국회에 제출되었던 160건의 제정청원 사례들을 통해 살펴본 바에 따르면 입법의 유형이 '이의제기적'인 것으로 변화했고 '권력감시'와 '시민입법'이 결합되면서 앞 시기에 비해 제정청원의 건수는 물론 실제 통과 건수 자체가 크게 늘어났음을 알 수 있었다. 시민입법운동의 차원에서 제정청원이 제출되면 그것에 대응한 정부나 정당 차원의 법안 제출도 크게 늘어났으며 결과적으로 새

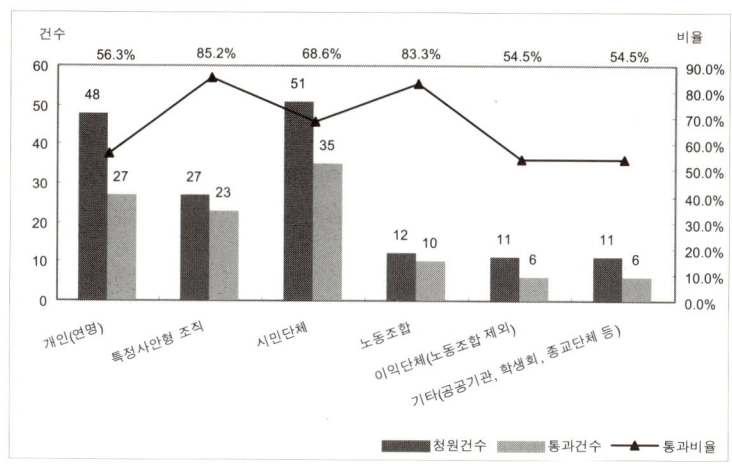

그림 21 | 청원 주체의 성격별 통과 건수 및 비율(1995~2002년)

로운 법률이 제정되는 비율 또한 앞 시기와 비교할 때 크게 높아졌던 것
이다. 이러한 입법적 결과들은 이 시기를 거치면서 시민입법운동이 사회
운동의 중요한 운동 레퍼토리로 '성장'했음을 분명히 보여 주는 것들이라
할 것이다.

4장 시민입법운동의 '정체'
노무현 정부 전반기(2003~2005년)

1. 새로운 '전환'인가, 과거로의 '회귀'인가?

노무현 정부의 임기 절반에 해당하는 2003년부터 2005년 6월 30일까지의 제정청원 건수는 총 37건으로 앞선 시기들과 비교할 때 제정청원의 제출 건수 자체가 크게 감소했으며 이러한 하락 추세는 앞의 〈그림 12〉에서 확연히 드러난다. 노무현 정부가 출범한 2003년부터 2006년 상반기까지 '사회적 약자 보호' 관련된 청원 건수가 11건(29.7%)으로 가장 많고, 국가기구의 설치·운영 및 제도관리가 9건(24.3%), 일제하 한국 전쟁 당시 진실규명에 관한 청원안이 7건(18.9%)[1]로 다음을 잇고 있다. 이러한 구성 비율은 앞선 시기들의 구성과 크게 다르다. 무엇보다 '권력에 대한

---

1 "한국전쟁전후민간인희생사건진상규명및피해자명예회복에관한특별법" 청원이 5건 제출되었다.

감시와 통제'를 목적으로 하는 제정청원의 비율이 크게 줄었다(3건, 8.1%). 이처럼 권력감시를 위한 제정청원이 줄어든 것은 이미 많은 제도들의 입법이 이루어졌기 때문일 수도 있지만 권력감시운동 자체가 약화된 것과 무관하지 않다고 할 것이다.

37건의 제정청원의 청원인을 형태별로 분류해 보면 개별 단체가 24건(64%)으로 가장 많고, 개인(연명)이 8건(22%)이 다음이다. 이 역시 앞 시기의 청원인 형태와 확연히 구분되는데 무엇보다 서명을 첨부한 청원이 1건(3%)에 불과하고, 단체 간 공동으로 진행한 청원 역시 4건(11%)으로 앞선 시기의 청원인 형태와 비교할 때 동원의 규모가 크게 줄어든 것을 확인할 수 있다. 연대와 대중 동원에 기반을 두었던 앞 시기와 달리 노무현 정부 이후의 제정청원은 개인이나 개별 단체 차원으로 다시 '분산'되는 양상을 보여 주고 있다. 시민입법운동의 성공을 위해 운동 주체들이 쏟는 노력과 열정이 전반적으로 약화되고 있다는 사실은 이와 같이 연대청원이나 서명 청원이 줄어든 것을 통해서도 알 수 있다. 청원 주체의 변화는 청원인의 성격을 기준으로 한 구분에서도 드러난다. 앞선 시기 '시민단체'의 비율(31%)이 가장 높았고 다음으로는 개인(연명, 30%), 특정 사안형 조직(17%) 순이었다. 그러나 노무현 정부 전반기의 제정청원을 분석한 결과 시민단체는 여전히 높은 비율(14건, 39%)이었지만, 특정 사안형 조직의 비율이 줄고(3건, 8%), 노동조합을 제외한 이익단체의 비율(6건, 16%)이 다소 높아졌다. 특정 사안형 조직의 비율이 줄어든 것은 입법운동이 사회운동의 중요한 결집의 계기가 되지 못하고 있음을 보여 준다고 할 것이다.

노무현 정부 시기에 제정청원을 제출한 청원인들 가운데 2회 이상 청원을 제출한 경우는 역시 참여연대가 가장 많았고(5회), 한국노총(3회), 경

그림 22 | 청원 주체 형태별·성격별 구분(2003~2005년 6월 30일)

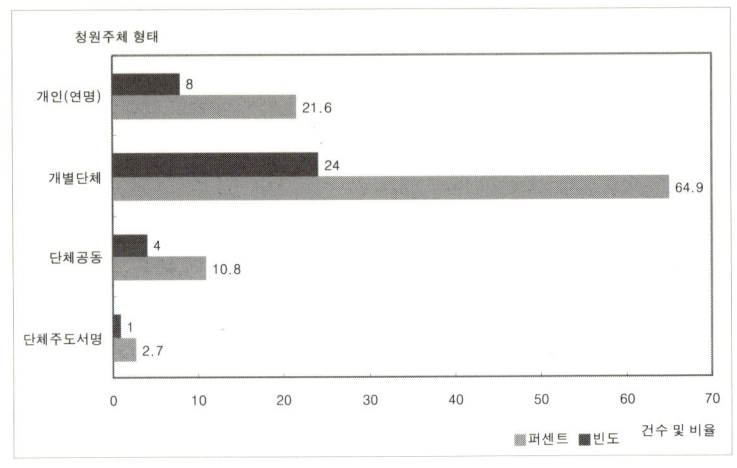

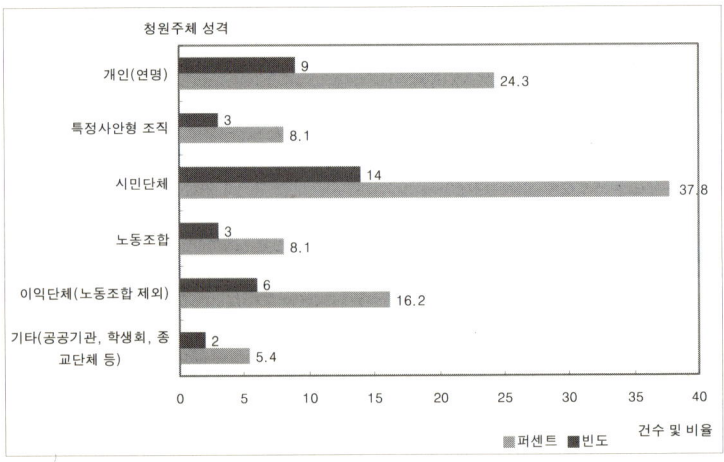

실련(2회), 바른사회를 위한 시민회의(2회), 언론개혁 시민연대(2회) 등이
해당된다. 앞선 시기 중요한 청원 주체들이었던 민주노총이나 한국여성

단체연합 등은 제정청원을 한 건도 제출하지 않았으며,[2] 보수적 시민단체로 분류되는 '바른사회를 위한 시민회의'가 2회의 제정청원을 제출한 것이 눈에 띤다. 시민입법이라는 운동 레퍼토리의 확산은 이데올로기의 장벽을 넘어섰지만 그것은 앞선 시기 '권력감시'와 '시민입법'의 결합과 같은 혁신을 동반한 확산으로 이루어지지는 않고 있다.

노무현 정부 출범 이후 시작된 시민입법운동의 결과에 대해서는, 17대 국회가 종료되지 않은 2005년 6월 30일을 기준으로 할 경우, 명확히 분석하기 어렵다. 그러나 37건 가운데 20건은 16대 국회에 제출되었던 것으로 이 가운데 12건이 임기만료 폐기되었고, 7건이 일부 반영, 1건이 실현 불가한 것으로 확인되었다. 2004년 5월 17대 국회가 개원한 이후 2005년 6월 30일까지 17건의 제정청원이 더 제출되었고 이 가운데 6건은 2005년 6월 30일 이전에 이미 일부 반영되었고 나머지는 '진행 중'인 것으로 확인되었다.

그러나 노무현 정부 출범 이후, 특히 17대 총선 이후 입법 영역에서 가장 두드러진 특징은 의원발의 건수는 폭발적으로 증가하는 데 비해 정부제출 건수는 완만한 감소를 보이고 더욱이 입법청원 건수 역시 급격히 줄어들고 있다는 사실이다. 다음 〈그림 23〉에서 확인할 수 있듯이 청원 건수는 큰 폭으로 하락하는 양상을 보여 주고 있으며 이는 제정·개정·폐지 청원에서 모두 유사하게 나타나는 현상이다〈그림 12〉 참조). 이러한 청원 건수의 변화를 통해서도 시민입법운동이 앞 시기에 비해 약화 또는

---

[2] 민주노총의 경우 민주노동당을 통해, 여성단체연합의 경우 여성의원 수의 증가와 여성가족부의 위상 강화 등을 통해 입법적 요구를 표출하는 통로가 다양화되고 제도화되었기 때문으로 해석된다.

그림 23 | 의원발의·정부제출·청원 제출건수 변동[3]

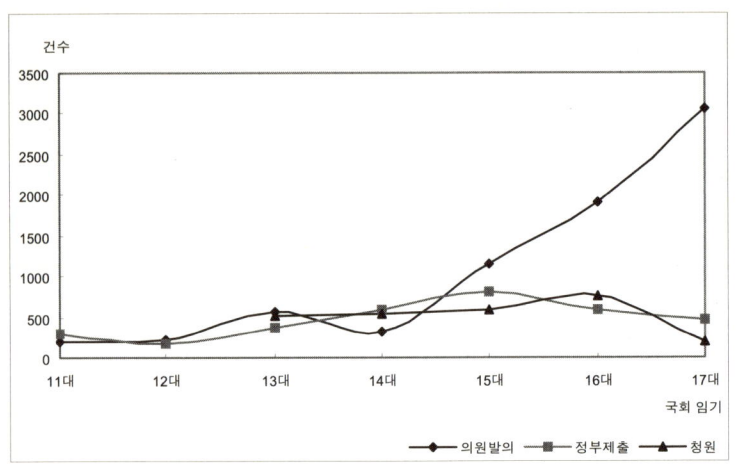

건수

```
3500
3000
2500
2000
1500
1000
 500
   0
     11대   12대   13대   14대   15대   16대   17대
```
국회 임기

◆ 의원발의　■ 정부제출　▲ 청원

정체되는 양상을 살필 수 있다.

그렇다면 이러한 변화가 '입법운동' 자체의 감소나 약화를 의미하는 것일까? 비록 '입법청원'을 매개로 전개되는 시민입법운동의 감소 추세는 부정하기 어렵지만 입법운동 그 자체는 여전히 활발하고 오히려 더욱 격렬하게 전개되는 모습도 발견되고 있다.[4] 그렇다면 이처럼 노무현 정부 출범 이후 시민입법운동이 '정체'되는 현상을 어떻게 이해하고 설명할 수 있을 것인가? 그리고 앞으로 시민입법운동의 향방은 어떻게 될 것인가?

---

3 국회 의안정보시스템을 활용해 작성되었다.

4 예컨대 노무현 정부 출범 이후 국가보안법 폐지, 사립학교법 개정, 비정규직 관련 법률 제정, 한미 FTA 등을 둘러싼 다툼은 앞선 어떤 시기의 그것에 비해 격렬하게 전개되었다.

시민입법운동의 등장과 성장이 결국 입법 유형의 변화와 맞물려 설명된 것과 마찬가지로 그것의 전망 역시 입법 유형이 어떻게 변화할 것인가의 문제와 연결시켜 보아야 할 것이다.

앞서 살펴본 바와 같이 민주화 이후 한국 사회에서 '입법'은 그것을 둘러싼 다양한 주체들의 전략과 세력이 맞부딪히는 쟁투적인 양상으로 진행되기 시작했다. 이러한 '쟁투적' 양상의 입법은 다시 시기에 따라 '갈등'과 '흡수' 그리고 '이의제기'의 유형으로 변화해 왔고, 그것과 맞물려 시민입법운동은 '등장'과 '성장' 그리고 '정체'의 궤적을 보여 주었다. 특히 1990년대 중반 이후 권력감시와 시민입법이 결합되면서 한국의 입법운동은 단순히 개별 법률들의 제·개정과 폐지에 대한 '청원'으로 그친 것이 아니라 입법 유형 자체를 변화시키는 '시민입법운동'으로 전개되었음에 더욱 주목했다. 즉, '대표' '경쟁' '참여'라는 대의민주주의의 가치(최장집 2002)가 정당과 의회를 중심으로 한 제도정치 차원에서 정상적으로 작동될 수 있도록 '감시'할 뿐만 아니라 제도정치에 의한 '정치 독점'이 아닌 '제도정치'와 '운동정치'의 적극적 소통이 이루어지기 위한 '이의제기'가 계속되어 왔던 것이다. 이러한 입법 유형의 변화는 다음 〈그림 24〉와 같이 'U자'형 곡선의 형태로 진행되어 왔다.

그렇다면 이러한 '이의제기적'인 입법 유형은 앞으로도 계속될 것인가? 아니면 이제까지 경험해 보지 못했던 '협력'적 입법 유형으로 전환해 갈 것인가? 2002년 대선과 2004년 17대 총선 등을 거치며 정치세력들의 성격과 구성이 변화했고('정치적' 기회구조의 변화), 입법운동을 둘러싼 담론 환경과 운동 지형의 변화('사회적' 기회구조의 변화) 역시 확연히 나타나고 있다는 사실을 고려할 때 입법 유형이 '변화할 것'임은 예측할 수 있다. 그러나 그것이 어떻게 변화할 것인가에 대해 쉽게 단정 짓기란 어렵다.

그림 24 | '쟁투적' 입법의 유형과 궤적 : 노태우 정부~김대중 정부 시기(1988~2002년)

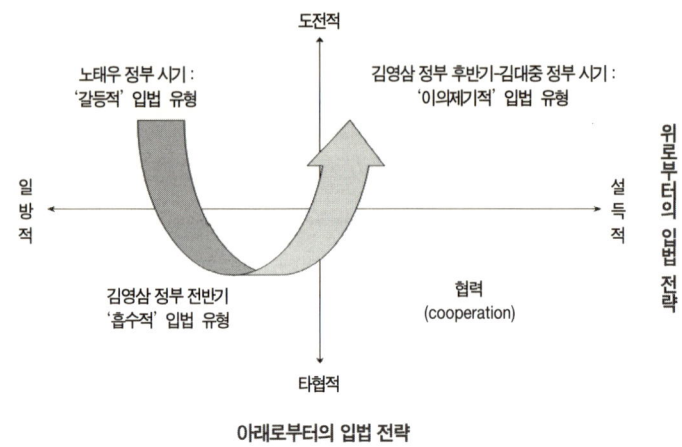

우선 '시민참여의 시대'를 내걸고 등장한 노무현 정부였고, 17대 총선에서는 그러한 지향을 전면에 내세운 여당이 과반수 의석까지 확보했기에 국가와 정치사회·시민사회 사이의 관계가 더욱 '협력적'인 것으로 변화될 것이라는 기대와 전망이 적지 않았다. 노무현 정부의 출범 과정 자체가 '시민사회로부터의 적극적 참여'를 이끌어 내는 방식으로 이루어졌고 정부의 별칭 자체를 '참여 정부'로 내걸 정도였으며 실제로 적지 않은 진보적 연구자나 활동가들 또한 '시민참여의 시대' '참여민주주의의 실현' 등에 대한 열망을 숨기지 않았기 때문이다. '협력적' 입법 유형으로의 전환은 분명 해 볼 만한 기대였던 것이다.

   그러한 기대에서 한 걸음 더 나아가 아예 '흡수적'인 입법 유형으로 다시 돌아가는 것에 대한 우려까지 제기되기도 했다. 실제로 노무현 정부 출범 이후 입법청원 건수는 확연히 줄어든 반면 의원발의 건수는 폭발적으로 증가했는데 이러한 변화 또한 '흡수적' 입법으로의 징후를 읽을 수 있다. 다만 노무현 정부 시기의 경우 과거 김영삼 정부 전반기의 흡수적 입법 유형과는 달리 정부·여당 차원에서 사회운동의 입법적 요구가 흡수되는 것이기보다 의원 개인 차원에서 이루어지는 개별화되고 분산된 형태의 '흡수적' 입법이라는 특징을 보인다.[5]

의원들의 입법활동이 강화되면서 입법청원을 제출하고 그것을 매개로 의원발의나 정부제출을 이끌어 내는 방식의 직접적 입법운동 즉 '시민입법운동'보다는, 곧바로 의원발의로 제출되도록 하는 간접적 입법운동이 더욱 활발해지는 양상을 보이고 있는 것이다.[6] 이처럼 '의원발의'가 쉽게 이루어진다는 것은 시민사회의 입법적 요구를 정치사회의 입법적 의제로 만드는 데 필요한 노력이 경감된다는 것을 의미한다. 그러나 그것과 실제 입법적 성과의 도출은 별개의 문제다. 더욱이 개별 의원들 사이에서 벌어지는 '입법 건수' 경쟁 등으로 입법발의에 적극적인 의원들은 많아진 반면 그것을 실제 입법적 성과로까지 이끌어 나가기 위한 노력은 상대적으로 부족하다는 지적이 많이 제기되고 있는 것이 현실이다.[7] 이

---

5 이는 17대 총선 결과 상대적으로 개방적이고 개혁적 입장을 가진 정당이 여당이자 원내 의석의 과반수를 넘는 '여대야소'의 국면이 된 것과, 16대 국회 이후 시민운동 차원에서 계속되어 온 국회의원들의 입법활동에 대한 모니터링과 그것의 발표라는 감시활동의 강화, 그리고 이에 대응한 의원들 개인의 입법 경쟁 등이 복합적으로 맞물려 나타나는 현상이라 할 수 있을 것이다.

6 이태호(2004)는 이러한 변화를 '입법운동의 패턴 변화'로 설명한다. 즉, 시민사회단체들이 독자적인 입법청원보다 의원과의 공동작업을 통한 의원입법발의에 치중하는 경향이 확산된 결과라는 것이다.

러한 이유로 노무현 정부와 17대 국회 출범 이후 나타나는 시민입법운동의 정체 현상에 대해 입법과정에 대한 '이의제기적' 역량만 상실한 채 다시 제도정치에 의해 개별적으로 '흡수'되어 버린 것은 아닌가라는 우려 섞인 비판도 제기되는 것이다.[8]

그러나 노무현 정부의 입법 유형은 '갈등적'인 것으로 후퇴하고 있다는 비판 또한 심각하게 제기되고 있다. 노무현 정부의 출범 직후부터 소위 '참여'정부의 개혁 의지와 능력은 좌·우 세력 양쪽으로부터 끊임없이 의심받고 비난받았다. 특히 노동, 농업, 평화, 환경 등 굵직굵직한 사회적 쟁점 사안들에 있어서 과거 정부들과 비교해 노무현 정부의 입법 전략은 '설득적'이라기보다 과거에 비해 오히려 더 '억압적'이거나 '일방적'인 것으로 보이기에 충분했고, 이로 인해 입법의 유형은 더욱 '갈등적'인 형태로 나타나는 경우가 적지 않았다. 집권 초기부터 화물연대·철도 노조 파업 등에 대한 강경 대응, 비정규직 노동자들에 대한 기업들의 천문학적 손해배상과 가압류, 그리고 자살, 부안 핵폐기장 사태 처리 과정의 비민

---

7 한편 의원발의가 급격히 늘어났다는 사실에 대해 당내 민주주의가 발전하고 의원 개개인의 독자적 입법 역량이 발휘되기 시작한 것으로 볼 수도 있으나 입법운동의 차원에서 보자면 과거보다 더욱더 힘이 드는 조건이라는 평가도 제기된다. "과거에는 정당 지도부와 면담을 통해 결정될 경우 개별 의원들에 대한 로비활동이 적극적으로 필요하지는 않았습니다. 하지만 17대 국회에 들어서는 정당 대표들과의 약속이 있었다고 하더라도 그것이 의원총회에서 뒤바뀌거나 개별 의원들 수준에서 전혀 다른 행동을 하는 경우가 적지 않습니다. 그래서 최근의 입법운동은 과거에 비해 더 힘들다는 생각도 듭니다"(김민영 참여연대 협동사무처장, 2005년 4월 27일).

8 "단기적으로 보면 현재의 정치구조는 시민단체의 역할을 활성화시킬 가능성이 많습니다 …… 그러나 길게 보면 원내에 입성한 개혁적 의원들과 이들을 구성원으로 하는 정당들의 적극적 입법활동과 아젠다 선점의 역할이 증대될 것으로 보여 상대적으로 시민단체들의 역할이 줄어들 가능성이 크다고 할 것입니다"(박원순, "위기의 시민운동, 즐거운 비명을 질러라", 『시민의신문』, 2004년 10월 14일).

주섬, 교육행정정보시스템NEIS, 이라크 파병, 새만금, 부동산 가격 폭등과 부동산 정책의 혼란, 양극화 심화, 비정규입법, 평택 대추리 미군기지 이전, 한미 FTA자유무역협정 협상 등 수많은 사안들에 대해 노무현 정부는 물론 여·야 정당들은 '설득적' 입법 전략을 취하기보다 '일방적'인 결정과 그에 대한 수용을 강요하는 양상을 반복하고 있는 것이다.

특히 '참여정부'라는 이름을 내건 노무현 정부였음에도 불구하고 수많은 갈등적 사안들을 해결하기 위해 '시민참여'를 통한 협력적 입법의 유형을 취하기보다 강경한 '진압'과 철저한 '배제'로 정부의 권위를 확인하려는 구태舊態를 반복하고 있다. 이러한 '위로부터의 입법 전략에 대응한 '아래로부터의 입법 전략' 역시 '도전적'인 형태로 이루어지는 경우가 많고 그 과정에서 심각한 수준의 폭력이 동반되는 경우 또한 적지 않게 발생하고 있다. 이처럼 노무현 정부에서의 입법 유형은, 김대중 정부 시기에 이루어진 '이의제기적'인 것을 유지하거나 새로운 '협력'의 모델로 전환하지 못한 채, 독자적 청원보다는 의원입법에 의존하는 방식으로 '흡수'되거나 위로부터의 억압적 입법 전략과 강하게 충돌하면서 더욱 '갈등' 하는 등, 오히려 과거로 '회귀'한 입법의 유형을 보여 주고 있다.

김대중 정부 시기의 경우 '아래로부터의 개혁입법'의 요구가 강력할 경우 정부가 어쩔 수 없이 그것을 수용하는 사례가 적지 않았다. 그러나 노무현 정부 시기 동안은 그런 사례가 거의 확인되지 않는다. 대통령과 정부(관료)의 '밀어붙이기'를 통제할 통로란 겨우 헌법재판소나 대법원의 판결이라는 사법적 개입이나 거대 야당에 의한 국회파행밖에 없는 것이 현재의 상황이다. 더욱이 보수 야당과 보수 언론, 보수적 사회운동세력들의 경우 상대적으로 이념과 정책적 일관성을 보여 주는 데 비해 대통령과 여당의 행보는 혼란스럽기 그지없다. 이에 맞물려 진보적 사회운동세력들 또한 지지와 비판의 갈피를 제대로 잡지 못하는 양상이다. 한미 FTA 협상이나 각종 국책사업, 노동문제 등에 있어서 대통령과 정부가 오히려 보수 야당의 지지를 받는 상황이 발생하고 있고, 대통령 스스로가 한나라당과의 정책적 차이가 크지 않다며 '대연정'을 제안하고, 한미 FTA 협상 타결에 대해 한나라당과 보수 언론은 환영하고, 여당 의원들이 단식까지 하며 그것을 반대하는 기괴한 상황까지 연출되고 있다.

　한국의 시민입법운동은 이제 '기로'岐路에 서 있다. 과거로의 '회귀'가 아니라 새로운 '전환'을 위해 정당의 주도적 역할이 요구되는 것은 당연하다. 그러나 현재 한국 사회의 정당들 가운데서 그러한 '전환적 역량'을 발휘할 정당을 찾기란 어렵고 새로운 정당이 그것을 돌파할 것을 기대하는 것 또한 요원하다. 그렇다면 결국 다시 사회운동인가? 한미 FTA 협상 과정을 거치며 진보적 사회운동이 새롭게 활성화되고 전열을 가다듬고 있지만 귀 닫은 정부와 무기력한 의회를 전혀 움직이지 못하고 있다. 반면 보수적 사회운동의 결집과 활성화는 빠른 속도로 진행되고 있으며 보수적 정치세력과의 연계는 더욱 강하다. 하지만 이들이 만들어 내는 협력관계가 새로운 전환의 모델이 될 가능성은 매우 낮으며 오히려 그것은 더 큰 '갈등'과 '배제'를 동반할 가능성이 높다. 따라서 한국의 시민입법운동이 현재의 교착국면을 뚫어 나가기 위해선, 잃어 가고 있는 '이의제기'contestability 역량을 되찾는 작업이 시작되어야 할 것이다. '다른 목소리 (異議)'야말로 민주주의의 가장 소중한 기초이기 때문이다.

제3부 구조적 조건

새로운 법률을 '제정'하거나 '개정'하고자 전개되는 입법운동의 경우 입법청원을 제출하거나 공청회나 청문회에 참여함으로써 입법과정에 개입할 수 있다. 그러나 그러한 제도적 통로는 매우 협소할 뿐만 아니라 실질적인 효과 또한 그리 크지 않다는 것이 일반적인 평가다. 이 책에서 주목하는 '시민입법운동'은 '입법청원'이라는 제도적 수단을 활용해 전개되는 입법운동의 한 유형이다. 청원제도 자체는 이미 일찍부터 도입되었던 것이지만,[1] 사회운동의 수단으로는 별로 활용되지 않았다. 권위주의 군사정권하에서 정부나 여당의 계획이나 이해와 충돌하는 '입법청원'을 국회에 제출한다는 것은 무의미한 것이었으며 민주화 이후에도 입법청원의 실질적 효과가 급격히 제고된 것은 아니었기 때문이다.

하지만 구체적인 정책대안을 완성된 법률안의 형식으로 청원하고, 이를 매개로 의회와 정부에 압박하고 사회적 여론을 형성할 수 있다는 점에서 '입법청원'은 입법운동에서 빼놓을 수 없는 제도적 수단임은 분명하다. 법치주의를 표방하고 있는 국가에서 사회운동이 제시하는 정책대안은 결국 법률의 형식으로 구체화될 수밖에 없기에 입법운동이 중요해질 수밖에 없고, 입법청원은 입법운동을 전개함에 있어 중요한 수단으로 사용되고 있는 것이다(하승수 2001, 381). 그러나 입법청원만으로 입법운동의 목표가 달성되는 경우는 거의 없다. 단순한 '청원'을 넘어서는 '운동'이

---

[1] 한국의 경우 대한민국임시정부·임시의정원 임시헌법에 처음으로 청원권이 명시되었다. 임시헌법(1919년 9월 11일) 제9조의 4에서 대한민국의 인민은 입법부, 즉 임시의정원에 청원할 수 있는 권리를 갖는다고 명시했다. 따라서 한국에서는 이때부터 국민청원의 권리가 헌법에 보장되기 시작했으며 남조선과도입법의원법과 헌법(1948)에도 청원권이 명시되어 왔다(김현우 2001, 474).

필요한 것이며 그래서 이를 '시민입법운동'이라 부르고 있는 것이다. 제3부에서는 이러한 시민입법운동의 '발생'과 '결과' 그리고 그것의 '지속'에 영향을 미친 구조적 조건을 통계적 방법을 사용해 실증적으로 분석해 볼 것이다. 본격적인 분석에 앞서 이하 5장에서는 시민입법운동을 가능케 하는 제도적 조건이라 할 수 있는 입법청원이 제공하는 '기회'와 '제약'을 검토해 본다.

5장 시민입법운동의 제도적 조건

1. 입법과정 참여의 제도적 통로

입법이란 "의식적이고 계획적인 법제정이며, 여기에서는 절차만이 아니라 절차의 결과로서 제정된 법률이 중요"하며, 그것은 "민주적 질서의 테두리 안에서 이루어지는 정치적 의사형성의 형식"이다(이한규 2001, 22-3). 이런 맥락에서 '입법과정'이란 국회가 법률을 제정하거나 개정·폐지할 때 거치게 되는 일련의 법률적·정치적 과정을 의미한다. 즉, 일정한 입법 정책적 목적 아래 작성된 법률안이 국회에 제출된 후 소정의 절차에 따라 심의를 거친 후 정부로 이송되어 대통령의 공포에 의해 법률로서 효력이 발생되기까지의 모든 과정이 법률적 입법과정이다(임종훈 외 2000, 3). 그리고 이러한 입법은 민주주의 체제에 있어서, 여러 가지 이해와 정치적 역학관계의 협력 작용을 통해 완성된다(구자용 1985, 186). 따라서 입법과정에 일반 국민을 포함한 다양한 주체들이 참여하고 그것에 영향을 미치려 하는 것은 민주주의 정치체에서 당연하다.

우리 헌법은 제40조에서 "입법권은 국회에 속한다"라고 국회입법의
원칙을 명문으로 선언하고 있으나(의원발의 법률안) 제52조에서 다시 "국
회의원과 정부는 법률안을 제출할 수 있다"고 정부 역시 입법에 참여할
수 있도록 해 주고 있다(정부제출 법률안). 뿐만 아니라 국회의 위원회도 그
소관에 속하는 사항에 관해 법률안을 입안해 위원장 명의로 제출할 수
있는 것으로 국회법 51조에서 정하고 있는데(위원회제안 법률안), 이 경우
는 크게 보아 의원발의법률안의 범주에 포함한다.[1] 이렇게 제안된 법률
안은 소관 상임위원회 또는 특별위원회에 회부된 후 관련 위원회 회부,
위원회 심사, 체계·자구 심사, 심사보고서 작성·제출, (전원위원회 심사),
본회의 심의와 의결을 거친 후, 정부로 이송된 이후 15일 이내 대통령이
공포한다(국회사무처 법제실 2000, 14-9).

따라서 법률안의 입법과정에 참여하는 공식적인 주체는 국회의원·국
회의장·원내총무·위원장·대통령이며, 이들은 입법의 모든 과정을 주도
해 자신의 의사를 법률안에 투입한다는 점에서 헌법을 구체화하는 주역
들이라 할 수 있다(이한규 2001, 51-63). 반면 일반 국민이나 이익단체, 사
회운동조직 등은 이러한 일련의 입법과정에 '공식적'인 주체로 참여하는
것이 법적으로 불가능하다.[2] 그렇다면 입법과정은 완전히 '닫힌 체계'이

---

[1] 영국과 독일, 일본의 경우에는 정부와 의원이 각각 법안제출과 발의가 가능한 반면, 미국은
오직 의원만이 법안을 제출할 수 있다. 대통령과 행정부가 입법권고나 의원입법의 형식을 빌
려 법률안을 제출하기는 하지만 형식적으로는 의원입법만이 존재한다(홍완식 2004, 6-7).

[2] 일반적으로 입법과정의 행위자는 의회, 정부, 행정기관, 사법부를 포함하는 공식적 참여자와
이익집단, 정당 및 개인을 포함하는 비공식적 참여자로 나눈다(Anderson 1984, 29-38).

며 입법과정에 개입할 수 있는 제도적 기회는 봉쇄되어 있는가? 그렇지
는 않다. 입법과정은 기본적으로 '공개성'을 그 특징으로 하고 있기 때문
에 입법과정에는 자신의 의사를 투입하는, 일반 국민, 정당, 이익단체, 시
민단체 등 다양한 참여자들이 있을 수 있다(이한규 2001, 63-79).

　　입법과정에서 국민의 다양한 참여를 위한 보장하기 위한 가장 대표적
제도들로는 입법청문회, 공청회, 청원제도 등이 있다(임종훈 외 1998, 22-3).
우선 법률안의 입안단계에 개입할 수 있는 제도로는 '청원'과 '입법예고'
가 있다. 의원발의 법안에 대한 입법예고제는 국민의 입법참여 기회를
보완하는 차원에서 14대 국회인 1994년에 도입되었다. 법률안 제출권을
가진 정부와 국회가 어떤 내용의 법률을 제정 또는 개폐하고자 하며, 언
제쯤 제출하게 될 것인지를 미리 안다면, 그에 대해 적절한 의견을 표시
해 참여할 가능성은 커질 수 있게 된다. 입법예고에는 행정입법예고와
국회입법예고가 있는데, 전자는 법률안 제출 이전 단계의 절차이고, 후
자는 법률안 제안 이후의 심사 단계라고 보아야 할 것이다(차병직 2002,
52). 그러나 국회입법예고의 경우 제도가 도입된 이후 아예 이루어진 사
례 자체가 없고(이한규 2001, 130), 이 자체가 법률안에 대한 성안이 끝난
상태의 법률에 대한 것이기 때문에 매우 형식적인 것이라 할 수 있다(박
민규 외 2004, 43).

　　따라서 법률안의 입안단계에서는 입법예고보다 청원제도가 제도적·
공식적 통로로 보다 적극적으로 활용될 수 있다. 우리나라에서는 의원입
법과 정부입법만 허용되고 국민발안제도는 인정되지 않고 있다. 다만,
헌법 제26조에 근거해 청원권이 국민 모두에게 보장되고, 이에 따라 모
든 국민은 국회에 입법과 관련해 청원할 권리를 가지게 된다(홍완식 2004,
3). 청원심의를 실질화하기 위해 청원은 문서로 해야 하며, 국회에 제출

하는 청원은 국회의원의 소개를 얻도록 했고, 상임위원회에는 청원심사 소위원회의 구성을 의무화했다. 그러나 청원심사의 정례화, 중요한 청원에 관해 청원자로부터 취지설명 청취, 사전조사 및 현지출장 강화, 심사 후 처리의 촉진과 입법에 반영, 정부의 대응확인 등 제반대책이 매우 미흡한 실정이다(이한규 2001, 136). 청원 기능을 강화하기 위해 검토할 만한 제도로는 의회옴부즈맨제도의 도입, 청원위원회의 신설, 전문가 집단이나 단체의 활용 등이 있다(이한규 2001, 136-8). 청원법에서는 청원을 접수한 기관이 그것을 신속히 심사·처리하고 그 결과를 청원인에게 통보해 줄 것을 규정하고 있다. 그러나 이러한 규정에도 불구하고 실제로 대부분의 청원들이 '임기만료 폐기'되고 있는 것이 현실이며, 설령 심사를 거친다고 하더라도 '본회의에 부의하지 않기'로 하는 결정이 대부분이다.

입법예고와 청원제도 이외에 시민이 입법과정에 참여할 수 있는 제도적 통로들로는 입법청문회, 공청회 제도가 있다. 이 제도들은 입법과정에 있어서 법안과 관련된 이해관계자 또는 학식·경험이 있는 자로부터의 의견을 청취함으로써 법안과 관련되는 정보를 제공하고, 또한 법안을 심의하는 의원들에게 국민의 의견과 지식을 알게 하고 그 운영에 따라서는 국민들에게 입법에 관한 관심을 높임으로써 정치참가의 기회를 제공하게 된다(임종훈 외 1998, 23). 즉, 법률안이 국회에 제출된 이후 위원회에 회부되어 법률안의 심사가 이루어지는 단계에서는 공청회나 청문회 등에 진술인 등의 자격으로 참여하는 것으로 공식적인 의견을 입법 주체들에게 전달할 수 있다. 다음 〈표 2〉에서 알 수 있듯이 공청회, 특히 입법 공청회는 제대로 개최되지 않다가 16대 국회를 기점으로 개최 건수가 급증하고 있다.[3] 청문회는 증인·참고인에 대해 신문(訊問)과 증언 등의 청취로 진행하게 된다. 현재 국회법에서는 제정 법률안이나 전문개정법률안

표 2 | 역대 국회 공청회의 개최 건수 및 사안별 분류

대별	헌법개정안		법률안		중요정책		청원		계	
	건수	횟수	건수	횟수	건수	횟수	건수	횟수	건수	횟수
제헌										
제2대	1	5	2	3					3	8
제3대			1	1					1	1
제4대	1	1	5	5					6	6
제5대			2	2					2	2
국가재건 최고회의			1	1					1	1
제6대			6	6	3	5			9	11
제7대			4	4					4	4
제8대										
제9대					1	1			1	1
제10대	1	6							1	6
제11대			5	5	1	2	1	2	7	9
제12대			1	2					1	2
제13대			11	10	10	16			21	26
제14대			14	10	21	22			35	32
제15대			31	33	13	13			44	46
제16대			117	107	16	16	1	1	134	124
계	3	12	200	189	65	75	2	3	270	279

* 출처 : 국회사무처, 2004, 476쪽.

3 한편, 17대 국회의 경우 2006년 3월 31일 현재 73건의 입법 공청회를 개최한 것으로 파악되었다(국회 홈페이지의 위원회 공지사항을 활용해 계산했다). 이러한 수치는 가장 많은 공청회를 개최했던 16대 국회 전체 기간 동안의 공청회 117건의 3분의 2에 해당하는 것으로 국회 임기가 2년 더 남았다는 사실을 감안하면 17대 국회의 입법 공청회는 역대 최다가 될 것으로 예측된다.

에 대해서는 공청회나 청문회의 개최를 의무화하고 있고, 둘 다 공개를 원칙으로 한다는 점에 있어서 동일하지만 청문회는 위원회의 의결로 일부 또는 전부를 공개하지 않을 수 있다.

이처럼 현재의 공청회·청문회 제도는 의회의 입법이나 조사활동과정에서 이해관계 있는 자를 직접 참여시켜 광범위한 정보를 수집하고 일반 국민의 정확한 여론을 파악하는 기능을 한다는 점에서 사회운동이 입법과정에 개입해 자신의 주장을 펼칠 수 있는 중요한 제도라 할 수 있다(이한규 2001, 168-9). 그러나 현실의 입법과정에서 공청회나 청문회가 차지하는 비중이 여전히 매우 낮다. 공청회의 경우 16대 국회를 거치며 개최 횟수가 급속히 늘어나고 있으나 청문회의 경우 입법청문회는 아직 한 차례도 개최되지 않고 있는 등 제도로서의 활용도 자체가 그리 높지 않은 것이 현실이다.[4]

이처럼 한국의 사회운동이 입법과정에 개입할 수 있는 제도적 통로는 매우 제한적이다. 입안단계에서의 청원과 입법예고(에 대한 의견 개진), 위원회 심사과정에서 개최되는 공청회나 청문회의 참석 정도가 있을 뿐이며 이러한 제도들마저도 제대로 운용되지 않고 있는 것이 현실이다. 그럼에도 불구하고 이미 많은 사회운동(조직)들은 제도적 수단들을 활용해 입법과정에 직접적으로 개입하고 있으며, 설령 헌법이나 국회법 등 법률에 명시되어 있지 않다고 하더라도 이슈 선도, 직접 행동, 의원압박 행위

---

[4] 우리나라 의회에서 입법과정에 이해관계를 갖는 해당 이익집단이 의견을 제시하고 참여하는 기회는 그리 많지 않다. 공청회는 행정부 수준에서 자주 행해지고 있으며 청문회는 정치적으로 예민한 사안에 대한 진실 규명 차원에서만 자주 이용되었다(황수익 외 2005, 23-4). 반면 미국의 경우 청문회가 입법과정에서 차지하는 비중은 매우 높다(유병곤 2000, 95).

등 다양한 활동들을 통해 입법과정에 개입하고 입법의 결과에 영향을 미치고 있다.[5]

2. 입법청원의 처리과정과 결과

국회에 대한 청원은 국민이 국회에 일정한 의견 또는 희망을 표시하거나 일정한 권리 또는 이익이 침해되었을 때 그 피해를 구제해 줄 것을 호소하는, 헌법으로 보장된 권리 가운데 하나다.[6] 청원은 국민의 뜻을 정부에 알리고 동시에 정부를 감시·감독하는 기회를 제공하는 구실을 한다. 그래서 청원권을 '공직생활에의 시민 참가의 가장 중요한 권리'로 평가하기도 한다(손혁재 외 2005, 25).[7] 청원은 반드시 국회의원 1인 이상의 소개가 있어야 하며 청원에 대해 위원회와 본회의에서는 가/부만을 결정할 뿐 그 내용을 수정할 수 없다. 그러나 청원 내용이 두 가지 이상인 경우에는 그 일부만을 채택할 수도 있다.

---

5 이남석(2003, 63)은 이러한 방식의 참여를 '광의의 입법과정 참여'로 명명하고, 입법청원이나 공청회, 청문회, 입법예고를 통한 참여는 '협의의 입법과정 참여'로 설명하고 있다.

6 헌법 第26條 ① 모든 國民은 法律이 정하는 바에 의해 國家機關에 文書로 請願할 權利를 가진다. ② 國家는 請願에 대해 審査할 義務를 진다.

7 청원권right to petition은 민주주의 나라에서 보편적으로 보장되고 있는 국민의 권리 가운데 가장 오래된 제도적 산물이다. 영국의 대헌장(Magna Carta 1215)에서 그 뿌리를 찾을 수 있는 청원권은 권리청원(Petition of Right 1628)에서 처음으로 보장되었다. 그 뒤 권리장전(Bill of Rights, 1689) 등을 거치면서 보편적이고 일반적인 국민의 기본권이 되었다(손혁재 외 2005, 25).

표 3 | 청원의 처리결과[8]

단위 : 건수, %

대별	접수	처리			소계		미처리	주요 유형별 접수 건수[9]	
		채택	본회의에 부의하지 않기로 함	철회	건수	처리율 (%)		입법사항 (제정, 개정, 폐지 등)	행정사항 (시정, 지원, 단속, 처벌 등)
제헌	226	29	119		148	65	78	22	198
제2대	225	13	86		99	44	126	21	192
제3대	545	14	307		321	59	224	36	479
제4대	307		62	2	64	21	243	36	221
제5대	250		123	1	124	50	126	29	169
제6대	998	89	688	23	800	80	198	120	682
제7대	293	5	152	18	175	60	118	44	140
제8대	94		2		2	2	92	24	35
제9대	230	5	125	19	149	65	81	76	83
제10대	29						29	10	13
국가보위 입법회의	3		1		1	33	2	2	1
제11대	276	2	186	37	255	82	51	24	129
제12대	132		68	12	80	61	52	47	29
제13대	550	13	317	61	391	71	159	175	162
제14대	535	11	184	33	228	43	307	261	168
제15대	595	4	178	16	198	33	397	356	118
제16대	765	4	316	19	339	44	426(426)	433	227
계	6,053	189	2,914	242	3,345	55	2,708(425)	1,716(28.3%)	3,046(50.3%)

* 출처 : 국회사무처, 2004, 691-2쪽을 재구성한 것임.[10]

8 17대 국회에서는 266건이 접수되어 1건 채택, 51건 본회의 불부의, 6건이 철회되었고, 208건 이 위원회에 계류 중이다(2006년 3월 4일 기준, 국회의안정보시스템 활용)

9 입법사항과 행정사항 이외에도 보상사항(토지수용, 가옥철거 등), 인허사항(허가, 인가, 면허 등), 조세사항(각종 세금, 공과금, 수수료 등), 기타(원호, 노사분쟁 재심 등) 유형의 청원이 접수되었다.

10 『의정자료집』(국회사무처 2004)과 국회 의안정보시스템(http://likms.assembly.go.kr/bill/jsp/ main.jsp)에서는 약간의 수치 차이가 발생하는 경우가 있다. 청원 건수에 있어서도 13대 국 회 청원 건수를 의안정보시스템에서는 503건, 14대를 534건으로 밝히고 있다. 13대 국회의 청원 건수의 경우 두 자료 사이에 약 50건 가까이 차이가 나타나고 이런 차이로 인해 전체

청원은 법률안에 비해 조건이 엄격하지 않지만 헌법과 국회법, 청원법을 통해 형식, 내용, 처리절차 등을 규정하고 있다. 따라서 일반 국민은 누구나 이러한 법률이 정하는 바에 따라 청원할 수 있고, 특히 법률의 제정·개정·폐지와 같은 입법청원 또한 가능하게 된 것이며, 이에 대해 해당 기관은 청원한 내용을 심사하고 그 결과를 청원인에게 통지해야 한다. 바로 이러한 규정을 매개로 사회운동은 청원을 중요한 입법운동의 수단으로 활용하고 있는 것이다. 그러나 현실에 있어서 법안이 발의되는 단계에서 입법청원이 제출된다고 하더라도 그것이 의원발의나 정부제출로 이루어지는 법안에 영향을 미칠 수 있을 가능성은 그리 높지 않다. 따라서 청원을 제출하는 것 이외에 다양한 제도적·비제도적 수단들을 함께 활용해야만, 기대했던 법률의 변화를 이끌어 낼 가능성을 높일 수 있다.[11]

청원제도는 최소한 법안 발의 단계에서 사회운동이 입법과정에 개입할 수 있는 중요한 수단이며 실제로 민주화 이후 국회에 제출된 청원 건수는 지속적으로 증가하고 있다. 그런데 〈표 3〉에서 나타나듯이 청원에는, 이 책에서 관심을 가지는 '입법'청원(법률의 제정·개정·폐지에 대한 청원) 외에도 다양한 행정적 요구사항을 담은 청원들도 포함되어 있다. 따라서 본 절에서는 전체 청원에서 입법청원만을 구분해 그것의 제출과 처리 추이를 검토하고 이를 다시 법률의 제정·개정·폐지로 나누어 살펴본다. 전

경향을 읽어내는 데도 주의를 필요로 한다. 이러한 차이는 국회 의안들에 대한 업데이트 과정에서 수정·보완이 동반되기 때문인 것으로 보인다.

[11] 한편, 일반 시민이 자신의 주장을 국회에 직접 전달할 수 있는 제도로는 청원 이외에 '진정'이 있다. 청원의 경우 국회의원의 소개를 받아야만 제출가능하다는 점에서 일반 국민이 쉽게 사용할 수 있는 제도는 아니다. 따라서 진정은 헌법적 권리인 청원권보호에 중요한 역할을 수행한다고 볼 수 있다(국회사무처 법제실 1998, 117-9).

그림 25 | 전체 청원 대비 입법청원의 건수 및 비율[12]

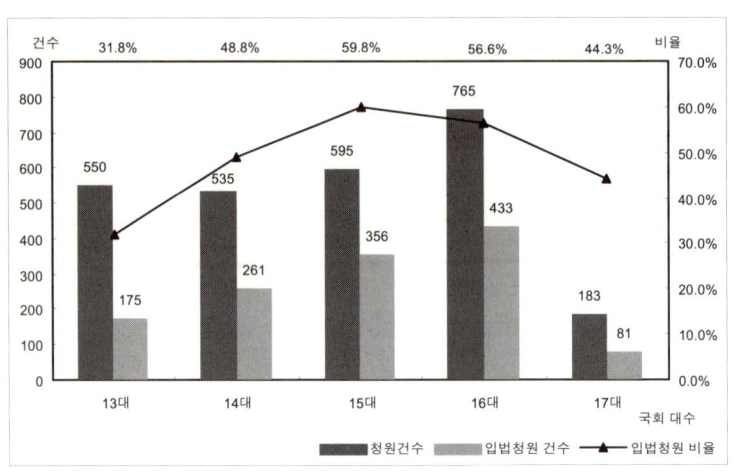

체 청원과 입법청원 사이의 비율을 다시 정리해 보면 그 결과는 위의 〈그림 25〉와 같다. 13대 국회 이후 입법청원의 건수 자체가 지속적으로 증가한 것과 더불어 전체 청원에서 입법청원이 차지하는 비중 또한 15대, 16대 국회의 경우 50%를 넘어서기까지 했다. 그러나 17대 국회에 들어서는 전체 청원 건수, 입법청원 건수, 전체 청원에서 입법청원이 차지하는 비율 모두 조금씩 하락하는 추세를 보여 주고 있다.[13]

[12] 13~16대 국회의 경우는 『의정자료집』(국회사무처 2004)을, 17대 국회는 국회 의안정보시스템(2005년 6월 30일 기준)을 활용해 재구성했다.

[13] 다만 17대 국회가 아직 종료되지 않은 상황이라 변화의 가능성은 열어둘 수밖에 없다. 2007년 1월 말을 기준으로 17대 국회 청원 건수는 336건, 입법청원은 171건, 입법청원 비율은 50.9%로 앞선 16대 국회와 비교할 경우 여전히 낮은 수치를 기록하고 있다.

한편 이 책에서는 입법청원을 제정·개정·폐지 청원으로 다시 나누어 그것의 변화를 추적해 보았다.[14] 그 결과 민주화 이후 13대 국회부터 16대 국회에 이르기까지 제정청원과 개정청원은 지속적인 증가 추세를 보이고 있는 반면 폐지청원은 건수 자체도 매우 적을 뿐만 아니라 다른 청원들과 달리 증가 추세를 나타내지 않고 있음을 발견할 수 있다. 그러나 17대 국회의 경우 제정청원과 개정청원 모두, 비록 전반기(2005년 6월 30일 기준)까지의 수치지만 16대 국회의 절반에도 크게 못 미치고 있음을 앞의 〈그림 12〉를 통해 확인할 수 있었다. 또 다른 특징으로는 제정청원의 감소폭이 특히 두드러진다는 사실을 들 수 있다. 이는 제정 법률안 발의건수는 줄지 않고 오히려 증가하는 추세라는 사실(김민엽·박은미 2004, 21)에 비추어 볼 때 흥미로운 수치라 할 것이다. 새로운 법률에 대한 사회적 요구가 결코 적지 않음에도 입법청원이 그것을 표출할 제도적 통로로 사용되지 않고 있음을 보여 주기 때문이다. 이처럼 제정청원의 제출 건수가 빠른 속도로 줄어들고 있는 것은 '청원'보다 직접적인 효과를 기대할 수 있는 의원발의의 형태로 그것을 표출하고 있기 때문이라 볼 수 있다. 실제로 17대 국회에 들어 의원발의 건수는 폭발적 수준으로 늘어났고, 이는 결국 개별 의원들이나 정당이 입법에 대한 다양한 요구를 적극적으로 반영하고 있기 때문이라 할 것이다.[15] 더욱이 의원발의는 청원보

14 국회 의안정보시스템의 청원검색 기능을 활용해 검색어를 각각 '제정' '개정' '폐지'로 해 제정청원·개정청원·폐지청원의 연도별 제출건수를 기록했고 여기서 '제정반대' '개정반대' '폐지반대' 청원은 다시 제외했다. 동일한 청원건이 다른 위원회로의 이관을 이유로 반복적으로 검색되는 경우 1건으로 처리했고 국회 임기의 시작과 종료일을 기준으로, 중첩년도(예를 들어 1992년, 1996년, 2000년, 2004년) 국회 대수를 재분류했다.

15 이는 의원 입법발의에 참여하는 의원 현황을 비교함으로써 쉽게 확인할 수 있다. 14대 국회

다 더 큰 제도적 효과를 발휘하기 때문에 본래의 취지가 훼손되지 않는 다면 청원보다 의원발의를 통해 입법과정에 개입하고자 하는 시도가 더욱 늘어날 수 있다.

그림 26 | 제정·개정·폐지 청원의 처리 및 폐기 비율[16]

제정청원 처리결과

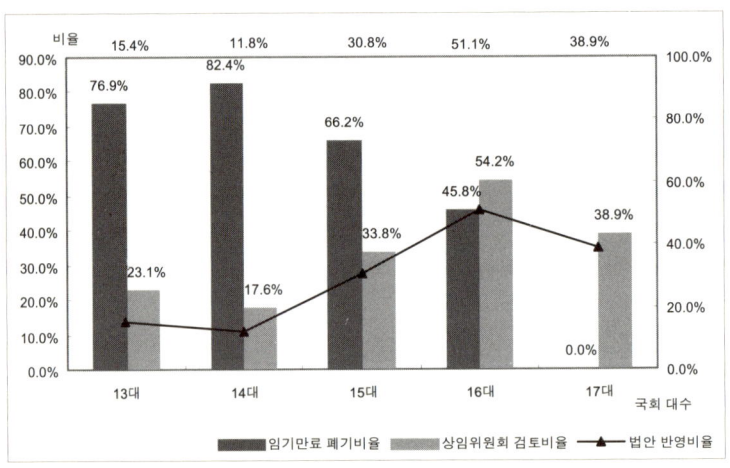

의 경우 전체 의원의 31.6%, 15대 57%, 16대 84%, 17대(2006년 1월 31일 현재) 92.9%의 원이 의원발의에 참여했다(이한길 2006, 73).

16 국회 의안정보시스템을 활용해 작성되었다.

148   제3부 | 구조적 조건

개정청원 처리결과

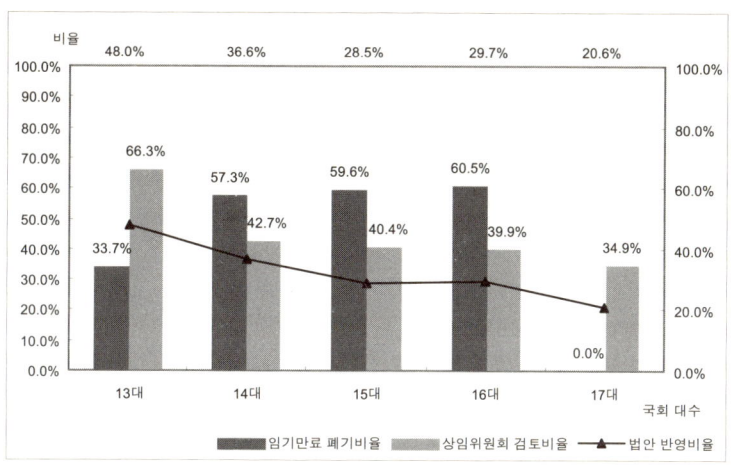

폐지청원 처리결과

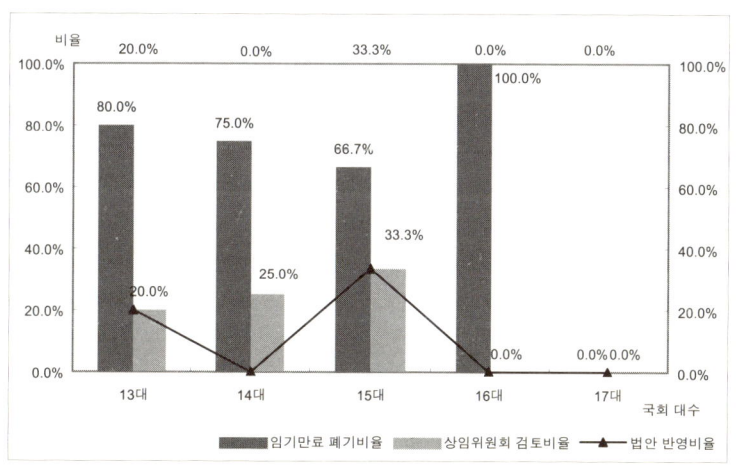

일반적인 청원의 처리결과는 위의 〈그림 26〉을 통해 확인할 수 있듯이, 청원이 그대로 채택되는 경우는 매우 적고 대부분 임기만료 폐기되거나 설령 상임위원회에서 검토된다고 하더라도 본회의에 부의하지 않는 것으로 처리되는 경우가 대부분이었다. 그러나 국회 의안정보시스템의 청원 검색을 활용해 추가적으로 분석해 본 결과 본회의에 부의하지 않기로 결정된 청원안들 가운데 적지 않은 비율의 청원안들이 관련된 의원입법이나 정부입법에 여러 가지 형태로 반영되었음을 알 수 있다. 특히 제정청원의 경우 13대 국회 이후 임기만료로 폐기되는 비율은 점점 낮아지고 상임위원회에서 검토되는 비율은 조금씩 상승하고 있다. 해당 청원안이 관련 법률의 제정에 반영('대체로 실현' '일부 반영' '취지달성')된 비율 역시 15대, 16대 국회로 갈수록 높아져 특히 16대 국회의 경우 제정청원의 절반 이상이 해당 법률의 제정에 반영된 것으로 나타났다.[17]

제2부에서 살펴본 바와 같이 시민입법운동이 가능한 제도적 조건은 입법청원제도이다. 법률의 제정·개정·폐지에 대한 요구를 국회의원의 소개를 얻어 문서로 국회에 제출할 경우 그것에 대한 처리가 법적으로 보장되어 있기 때문이다. 이를 통해 사회운동은 자신의 입법적 요구를 입법공간 내부로 진입시킬 수 있는 제도적 기회를 갖게 된다. 그러나 입법청원의 제도적 실효성은 매우 낮아 입법청원된 사안 대부분이 임기만

---

[17] 참여연대의 김기식 사무처장은 "새로운 의제를 설정할 경우 시간의 문제이지 입법화에 성공할 가능성이 높다. 시민단체가 제기한 법안이 국민들에게 신선하게 다가가고, 동시에 정치권도 다른 제도나 정책을 이유로 입법화를 전면적으로 부정하거나 회피하기 어렵다. 또 입법 논의 과정에서 의제를 제기한 시민단체가 주도권을 행사할 수밖에 없다"며 제정청원 운동의 성공 요인을 설명하고 있다(김기식 2005, 206).

료로 폐기되었고 청원안 그대로 본회의에서 다뤄진 경우는 거의 없었음을 확인할 수 있었다. 그렇기 때문에 시민입법운동의 발생·결과·지속에 영향을 미친 외부의 조건을 이해하기 위해서는 제도적 조건에 대한 분석만으로는 부족하고 그것을 넘어서는 구조적 조건에 대한 분석이 이루어져야 하는 것이다.

6장 시민입법운동의 구조적 조건

1. 시민입법운동의 '발생' '결과' '지속'

시민입법운동은 입법청원을 매개로 전개되는 입법운동이라는 점에서
시민입법운동에 대한 분석은 입법청원에 대한 분석에서 시작할 수밖에
없다. 물론 모든 입법청원이 시민입법운동의 차원으로 전개된 것은 아니
지만, 모든 시민입법운동은 입법청원의 제출을 전제로 하고 있기 때문이
다. 그리고 입법청원에는 제정청원·개정청원·폐지청원이 있으나 이 책
에서는 1988년 13대 국회 개원 이후 17대 국회 중반(2005년 6월 30일)까지
제출된 제정청원만을 대상으로 분석했다. 다음 〈그림 27〉을 통해 전체
입법청원의 제출 건수 추이와 이 책에서 다루는 제정청원의 제출 건수
추이가, 2002년의 경우를 제외하고는 크게 다르지 않음을 알 수 있다.

그림 27 | 연도별 청원 종류 청원 건수 변화(1988~2005년 6월 30일)

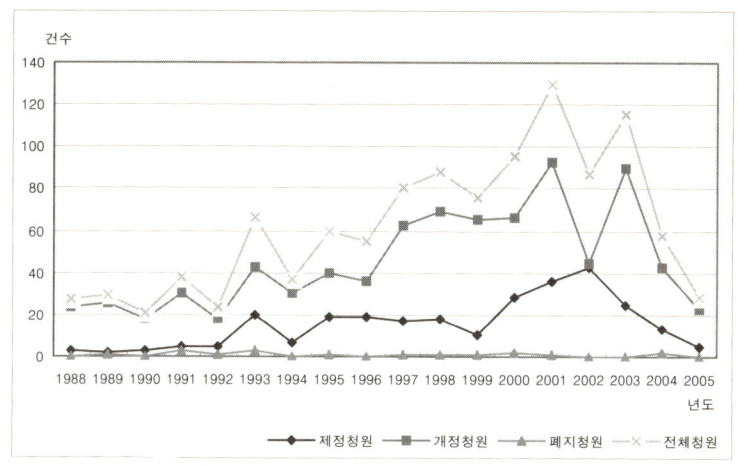

한편 이 책의 통계분석에 필요한 자료의 성격과 그것의 수집 방법은 다음과 같다. 우선 제정청원의 수집은 주로 국회 의안정보시스템을 활용했다. 국회 의안정보시스템(http://likms.assembly.go.kr/bill/jsp/main.jsp)에서는 제헌의회 이후 현재일까지 국회에 제출된 모든 의안(의원 발의안)의 명칭, 내용, 처리결과 등에 관한 정보를 얻을 수 있고, 13대 국회(1988~92년)부터 검색일까지 의원의 소개를 통해 제출된 청원안에 관한 정보를 얻을 수 있다.

다음으로 제정청원된 법률안과 관련된 법률의 통과 여부를 확인하기 위해서는 우선 의안정보시스템에서 '의안 검색'을 활용한다. 검색어로 해당 제정청원 법률명의 일부를 입력하면 그와 관련된 의원이나 정부가 제출한 법률이 있을 경우 해당 의안이 검색되며 그것의 최종 처리결과를 확인할 수 있다. 이에 덧붙여 현행 법률의 유무와 제·개정일자 등에 대한 정보는 국회 법률지식정보시스템(http://likms.assembly.go.kr/law/jsp/main.jsp)의 검색 기능과 법제처(http://www.moleg.go.kr/)의 법령 검색시스템을 활용했다.[1] 이렇게 함으로써 제정청원의 처리결과뿐만 아니라 최종적으로 관련된 법률의 통과 여부 및 유형과 법률 통과 시점까지 걸린 기간 등의 정보를 확보할 수 있었다.

또한 PDF 파일로 제공되는 청원소개서를 통해 청원 주체의 이름, 소속, 규모 등을 확인할 수 있다.[2] 그러나 처리결과에 대한 공식적 기록에도 불구하고 일부 청원안들에서 그것의 최종 결과에 대한 오류나 누락이 발견되고 있어, 이를 보완할 별도의 자료(예를 들어 언론이나 법령 정보시스템 검색자료, 각종 연감류)를 추가적으로 활용했다.

언론기사 자료의 경우 한국언론재단(http://www.kinds.or.kr)의 검색 기능을 사용했다. 한국언론재단이 제공하는 기사 검색 서비스 '카인즈'KINDS에는 2007년 1월을 기준으로 181개 매체가 연결되어 있다. 서울과 지방, 종이 신문과 인터넷 신문, 신문과 방송을 포괄하는 카인즈 검색을 활용함으로써 1990년 1월 1일 이후 현재까지의 모든 기사를 접할 수 있고, 주제어 검색 기능을 활용함으로써 청원 관련 기사까지 분류해 구할 수 있다.[3] 전체 언론을 대상으로 '빈도'의 확인이 필요한 경우에는 매체를 특정

---

1 국회 법령정보시스템과 달리 법제처 검색을 사용할 경우, 모든 법령의 제정에서부터 개정일자를 알 수 있다는 장점이 있다.

2 그러나 16대 국회에서부터는 청원소개의견서가 국회 의안정보시스템에서 제공되지 않고 있다. 따라서 이 경우는 한국언론재단의 기사 검색 및 인터넷 검색 사이트(주로 〈구글〉을 사용하였다)를 활용해 청원 주체를 확인하였다.

하지 않고 사용했고, '내용'에 대한 독해가 필요한 경우에는 매체를 특정해⁴ 검색했다. 검색일자는 전체 자료의 통일성을 기하기 위해 모두 1990년 1월 1일부터 2005년 6월 30일로 했다. 청원된 법률 및 그것과 관련된 통과 법률의 기사 검색어는 기본적으로 하나의 용어를 사용하지만, 필요에 따라 두세 가지의 용어를 결합해 사용했다. 특히 보도 건수가 한 건도 없는 것으로 확인될 경우 기타 자료를 활용해 검색어를 변경해 추가적으로 검색하기도 했다.

이렇게 해 검색된 제정청원 건수는 총 240건이다. 이는 본래 '제정'을 검색어로 해 검색된 제정청원 건수 293건에서 특정한 법률의 제정 반대를 목적으로 제출된 청원 및 '제정'이라는 검색어가 들어갔지만 실제로는 제정청원이 아닌 경우 등을 제외한 결과로서의 278건, 다시 거기서 다른 상임위원회로의 '이관'을 이유로 동일 청원건이 반복적으로 검색된 경우를 조사해 본래의 1건으로만 계산한 결과로 나온 것이다. 이렇게 선정된 240건의 제정청원에 대해 각각 '청원접수일' '청원 법안명' '청원 처리결과' '정부 및 의원 제출 법안 유무 및 법안명' '최종통과 법률명' '본회의 통과일' '청원인' '청원인 소속' '청원소개 의원' '소관 위원회' 등이 조사·정

---

3 단, 1990년 이전 기사의 경우, 카인즈 검색을 통해서는 불가능하고 동아일보, 한국일보, 서울신문, 경향신문의 날짜별 지면을 PDF 파일로 한국언론재단 웹사이트에서 직접 읽을 수 있다. 그러나 이 책의 분석대상이 1988년부터이기 때문에 '보도건수'와 관련하여서는 1988년, 1989년이 누락되어 있음을 미리 밝혀 둔다. 그리고 중앙일보는 카인즈 검색을 통해 기사 확인을 할 수 없다. 따라서 이후 본문에서 카인즈 검색 결과에서 중앙일보 기사는 전체 제외되어 있음을 미리 밝혀 둔다.

4 주로 한겨레신문과 조선일보를 사용하였다. 그러나 2000년 이후에는 인터넷 신문의 위상이 매우 중요해졌기 때문에 인터넷 매체에서는 오마이뉴스를 선택하였다.

리되었고, 언론검색을 통해 청원된 법률과 관련된 검색 키워드를 통해 전체 보도 건수를 조사했다.

1) 시민입법운동의 '발생' : 제정청원의 제출

이 책에서 확인하고자 하는 첫 번째 종속변수는 사회운동의 '발생', 여기서는 시민입법운동의 발생이며 이는 제정청원의 '제출'로 건수로 측정하였다. 따라서 제정청원이 제출된 시기와 건수가 문제가 되며 분석의 엄밀함을 위해 제정청원의 제출 년도가 아닌 제정청원의 제출 월을 기준으로 분석한다. 즉, 1988년 1월 이후 2005년 6월까지 각 월별로 제정청원이라는 사건이 몇 회 발생했던가가 첫 번째 종속 변수가 되는 것이다. 제정청원이 제출되는 것 자체가 하나의 사건이 '발생'되는 것이며 이러한 사건의 발생을 '월'을 기준으로 해서 세게 된다. 이렇게 해 시민입법운동이 '발생'하게 되는 구조적 요인을 분석하고자 했다.

시민입법운동의 '발생'에 영향을 미친 구조적 조건을 분석하기 위해서 음이항 회귀분석negative binomial analysis을 사용했다. 제정청원 제출(시민입법운동의 발생)의 시계열적 변화를 분석하기 위해 잠재적인 청원 주체들이 청원을 제출하기까지의 과정에 대한 확률적 모형을 구성하고, 이를 앞서 설명한 자료에서 측정된 변수들에 적용해 통계적으로 추정했다. 이러한 경우에 제정청원의 제출을 일종의 사건 발생으로 보고 그 발생 건수를 종속변수로 분석했다. 그러나 〈그림 28〉에서 확인되는 것과 같이, 청원의 제출이 특정 시기에 몰려서 나타나는 경향이 많이 발견되어 청원의 제출률의 분산이 평균보다 크게 되는 과대산포overdispersion의 문제가 나타난다. 이런 경우에는 조직 설립률이나 진입률 등의 연구에서 많이 사용되고 있는 음이항 회귀분석 모형이 더욱 적절하다고 설명되고 있다(한준 2004, 202).[5] 시민입법운동의 '발생'(즉 제정청원의 제출)은 전형적으로 과대 산포의 특징을 보이고 있기 때문에 이 책에서도 음이항 회귀분석 모형을 통해 제정청원의 제출 건수, 즉 시민입법의 발생에 영향을 미치는 구조적 조건을 분석했고 사용 프로그램은 〈Intercooled STATA 8.0〉이었다.

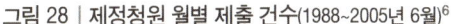

그림 28 │ 제정청원 월별 제출 건수(1988~2005년 6월)[6]

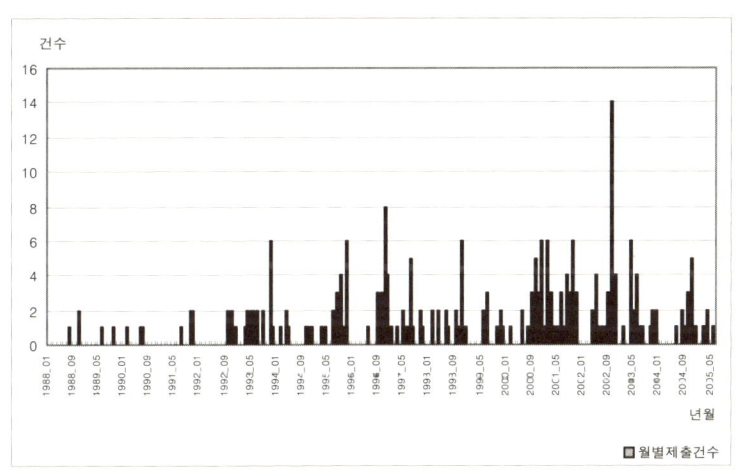

5 실제로 1955년부터 1985년 사이에 미국 시민권 운동 차원에서 발생한 저항을 분석한 마이어와 민코프의 연구(Meyer and Minkoff 2004)나 통일 독일에서 발생한 우익 사회운동에 의한 폭력 사건의 발생을 분석한 쿠프만스와 올작의 연구(Koopmans and Olzak 2004) 모두 같은 이유로 '음이항 회귀분석'을 실시하고 있다.
6 국회 의안정보시스템을 활용해 작성되었다.

2) 시민입법운동의 '결과' : 제정청원 안과 관련된 법률의 통과

다음으로는 시민입법운동의 '결과'가 종속변수가 되며 이는 단순한 청원의 처리결과와 구분된다. '입법운동'과 같이 제도 변화를 목적으로 하는 사회운동의 경우 제도 변화의 달성 정도에 따라 운동의 결과를 비교적 객관적으로 구분할 수 있다(임희섭 1999, 185). 사회운동이 목적으로 했던 제도의 변화가 이루어졌을 경우 그것은 '성공'이 될 것이며, 그렇지 못할 경우에는 '실패'이기 때문이다. 하지만 장기적인 관점, 간접적인 영향, 의도하지 않은 결과 등까지 고려할 경우에는 이러한 단순한 분류가 부적절한 것 또한 사실이다. 더욱이 하나의 사례에 대한 분석이 아니라 240건의 사례를 분석하고자 할 경우 개별 사례들에 대한 비교적 객관적인 공통의 기준을 제시해 결과를 분류하지 않을 경우 통계적 방법을 이용한 분석은 불가능하다고 할 것이다.

이러한 이유에서 이 책에서는 제정청원의 해당 국회 임기 내에서의 처리결과가 아니라 청원과 관련된 법안이 통과되었는지 여부를 기준으로 시민입법운동의 결과를 분류했다. 해당 청원안이 비록 당시 국회에서는 처리되지 못하고 임기만료 폐기되거나 실현 불가 등의 이유로 반영되지 않았으나 장기적으로 관련 법률이 새로이 제정·개정되는 사례가 적지 않게 존재한다. 즉, 청원운동 결과의 '장기 수렴 현상'(이남석 2003)을 감안할 때 단기적 청원 처리결과만을 가지고 입법청원운동, 즉 시민입법운동의 결과를 논하는 것은 부적절하기 때문이다.

그러나 지금까지의 많은 연구들에서는 입법청원이 제출된 해당 국회 임기 내에서의 처리결과만을 가지고 입법청원의 효과를 논하거나, 익히 알려진 몇몇 입법청원운동의 결과만을 가지고 해당 법률의 변화에 미친

그림 29 | 제정청원운동의 최종 결과(1988~2005년 6월 30일)

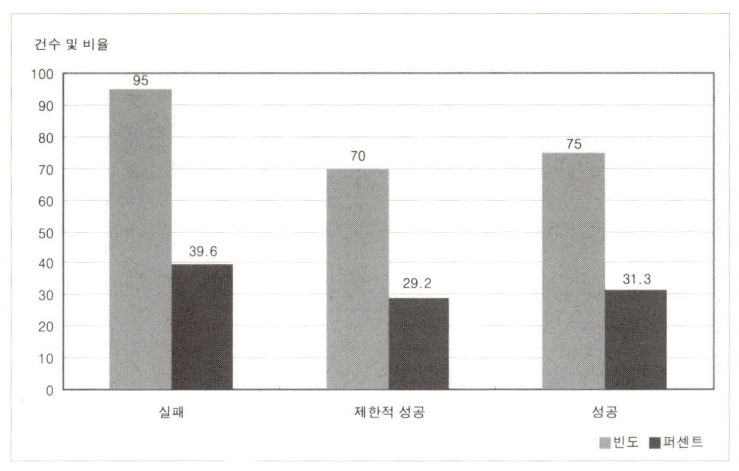

입법운동의 영향을 평가하는 경우가 대부분이었다. 이러한 기존 연구들의 한계를 극복하기 위해 이 책에서는 청원안의 처리결과뿐만 아니라 해당 청원안과 관련된 법률안 및 법률을 찾아냄으로써 입법청원의 최종적인 결과를 추적했다. 이렇게 함으로써 시민입법운동의 최종 결과를, 관련 법률안이 통과되지 않은 '실패'와 관련 법률안이 통과된 '성공', 그리고 법률안 통과 이후 본래 해당 법률의 제정을 요구했던 청원 주체에 의해 곧바로 '개정청원'이 제출되었거나 언론보도 등을 통해 청원 주체에 의해 전개된 '제정반대'운동이 구체적으로 있는 경우에 대해 '제한적 성공'으로 구분했다.[7]

시민입법운동의 '결과'에 대한 분석은 다항 로지스틱 회귀분석multi-nominal logistic regression을 사용했다. 종속변수가 연속변수가 아니고 비연

속 변수 또는 범주형 변수이므로 일반적인 선형linear 회귀 분석을 사용할
수 없게 되며 이런 경우 사용하게 되는 것이 로지스틱 회귀분석이다(홍세
희 2005, 7). 이때 종속변수가 다항형인 경우에는 다항 로지스틱 회귀분석
multinominal logistic regression 혹은 다항 로짓 모형multinominal logit model을
사용하게 된다. 이 다항 로지스틱 회귀분석의 주목적은 로짓 계수를 추
정해 이를 바탕으로 특정 범주를 선택할 확률 또는 특정 범주에 속할 확
률을 계산하는 것이다. 따라서 시민입법운동의 결과가 '성공' '제한적 성
공' '실패' 가운데 어떤 것에 속할 것이며 그것에 영향을 미치는 조건은
무엇인가를 분석하고자 할 때 적절한 통계방법이라 할 수 있다. 프로그
램 〈SPSS for windows(Version 12.0)〉를 사용했다.

3) 시민입법운동의 '지속' : 청원의 제출에서 법률의 통과까지의 기간

마지막으로 사회운동의 '지속' 기간을 종속변수로 한다. 시민입법운동
이 얼마나 오랫동안 지속되었는가를 분석하고자 하는 것이다. 국회에 제
출된 제정청원과 관련 있는 법률이 청원이 제출된 시기로부터 얼마나 빠

---

7 이는 비록 제정청원한 내용과 관련된 법률이 만들어지긴 했으나 그 내용이 오히려 청원목적
에 반하거나 매우 부족한 경우 청원 주체에 의해 제정반대운동이나 개정운동이 곧바로 시작
되었다는 사실을 고려한 것이다. 물론 제정 이후 '개정청원'을 내지 않고 의원발의나 정부제
출 등에 영향을 미침으로써 반대나 보완의견을 피력한 경우도 있을 것이나, 이 경우 언론에
보도된 경우에 한해 '제한적 성공'으로 분류했다. 17대 국회에 제출된 청원의 경우 아직 '진행'
중인 사안도 있다. 그러나 이미 통과된 것도 있다는 사실을 고려해 통과되지 않은 경우는 모
두 '실패'로 분류했다.

른 시간 내에 통과되었는지, 반대로 얼마나 긴 시간이 지난 후에 통과되었는지를 통해 해당 기간 동안의 사회운동의 '지속'과 '생존'을 분석하는 것이다. 청원의 발생에서 청원운동의 결과(법률의 통과)까지의 기간은 '개월'을 단위로 해서 관련 법률의 최종 통과 월에서 청원접수 월을 빼는 방법으로 계산했다. 따라서 이는 관련 법률이 통과된 경우, 즉 '제한적 성공'과 '성공'의 경우에 한해 이루어지는 분석이며 청원의 발생에서 법률의 통과까지의 기간이 짧은 경우가 곧 더 '빠르게' 법률이 통과된 것이며 반대로 기간이 길면 길수록 법률의 통과 시점이 '늦어졌다'는 것을 의미한다. 결국 지속(또는 생존) 기간이 길면 길수록 시민입법운동이 '어렵게' 성과를 거둘 수 있었다는 것이며, 반대로 지속 기간이 짧을수록 시민입법운동이 '쉽게' 성과를 거둘 수 있었다는 것을 보여 준다. 이를 통해 시민

그림 30 | 청원제출에서 법률통과까지 기간과 누적비율

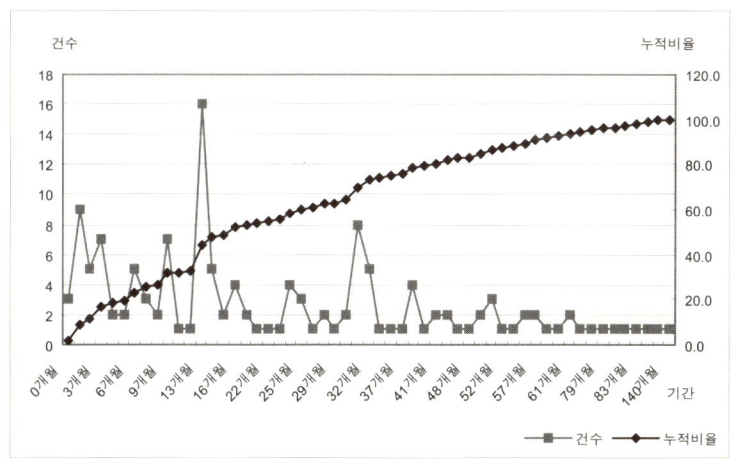

입법운동 전개 '과정'의 일단을 살필 수 있는 것이며 시민입법운동의 동원이 '지속'되는 데 영향을 미친 구조적 조건을 분석하게 되는 것이다.

시민입법운동의 '지속'에 영향을 미친 구조적 조건의 분석은 사건사 분석event history analysis을 활용한다. 사건사 분석에서 다루는 대상은 가역적일 수도 있고, 때로는 변화의 목표지점이 다수인 경우도 있다(한준 2005, 223). 이러한 맥락에서 시민입법운동이 '시작'된 이후 그것이 '종결'되는 시점까지의 '기간'을 측정하고 이러한 결과에 영향을 미친 조건을 분석하고자 할 때 사건사 연구는 중요한 연구 방법론으로 사용될 수 있다. 프로그램 〈SPSS for windows(Version 12.0)〉를 사용했고 콕스 회귀모형을 이용한 사건사 분석을 했다.

2. '정치적 기회구조' 모델과 '사회적 기회구조' 모델

기존의 사회운동 연구들은 주로 사회운동의 발생에 대한 정치적 기회구조의 영향을 분석하는 데 초점을 맞춰 왔다. 그러나 정치적 기회구조 이론이 사회운동의 발생을 설명함에 있어 중요한 성과를 거둔 것은 사실이지만, 사회운동의 결과와 지속 기간, 즉 과정에 대해서는 충분한 설명이 이루어지지 않고 있다는 것이 많은 연구자들의 공통된 분석이다. 정치적 기회구조라는 개념은 사회운동의 외부 요인에 대해 주목하기 시작했다는 점에서 중요한 이론적 진전이었음에도 불구하고 그 개념 자체가 모든 외부 요인을 스폰지처럼 빨아들여 버리는 위험이 크고(Gamson and

Meyer 1996), 이로 인해 제도정치와 운동정치, 저항과 정책 등에 대한 보다 풍부하고 광범위한 접근을 막아 버릴 가능성도 크다는 지적도 제기된다(Meyer and Minkoff 2004).

이러한 한계를 보완하기 위해 마이어와 민코프는 정치적 기회구조를 실제적인 구조적 변화에 주목하는 '구조적 모델'과 사회운동의 주체가 구조(의 변화)로부터 읽어 내는 신호signal에 주목하는 '신호적 모델'로 구분하고 이를 다시 해당 사회운동과 직결된 '이슈 특정'issue specific한 기회구조의 개방성과 보다 '일반적인 차원'에서의 개방성으로 나눠 정치적 기회구조 이론을 풍부하면서도 세밀하게 보완하기 위한 작업을 시도한 바 있다(Meyer and Minkoff 2004).[8] 이 책의 모델 구성과 방법론 등은 이들의 선행 연구에 힘입은 바 크다.

1) 정치적 기회구조 모델

정치적 기회구조를 분석함에 있어 '개방성'에 초점을 맞추고 있다는 점에선 유사하지만 연구자들에 따라 2~4개의 개념들을 추가하고 있고

---

[8] 마이어와 민코프는 미국 시민권 운동을 사례로 해 정치적 기회구조 이론을 풍부화시키는 작업을 시도한다. '누구에 대한 기회'political opportunity for whom이며, '무엇을 위한 기회'political opportunity for what인지, 그리고 '어떻게 정치적 기회가 작동하게 되는지'how do political opportunities work를 나눠서 살펴보고 있는 것이다. 그들은 1955년에서 1985년 사이에 발생한 시민권 운동(저항 사례), 관련 조직의 형성, 정책의 변화를 세 가지 종속변수로 하고 '구조적 모델'과 '인지적 모델'로 독립변수를 각각 구성해 음이항 회귀 분석negative binomial analysis, 시계열 회귀분석time series regression 등의 방법으로 그 관계를 분석하고 있는 것이다(Meyer and Minkoff 2004).

사용하는 용어 역시 다양하다(Meyer and Minkoff 2004, 1459-60). 그러나 많은 연구들에서 엘리트 간의 전열, 엘리트 동맹의 존재, 선거에서의 경쟁과 선거로 인한 불안정성, 정부의 구성, 국가 능력과 탄압도 등을 정치적 기회구조를 구성하는 변수로 삼는 맥아담의 규정(McAdam 1996)을 받아들여 사용하고 있다. 이 책에서도 역시 기본적으로 맥아담이 제시한 변수들을 수용하면서, 이를 실제 한국의 현실과 '입법운동'이라는 운동적 맥락, 그리고 일반적 차원의 구조적 조건과 특정 운동 이슈에 특정한 구조적 조건으로 구분해 정치적 기회구조의 변수들로 구성해 보았다.

우선 청원 당시 및 통과 시점에서의 정권과 국회 임기는 시민입법운동을 둘러싼 일반적 차원에서의 정치적 기회구조의 변수로 삼았다. 노태우 정부에서 김영삼, 김대중 그리고 노무현 정부에 이르기까지 상대적으로 더욱 '개혁'적인 성격의 정부들이 들어섰으며, 과거 민주화운동세력의 정부 및 의회로의 진출이 늘어났다. 마찬가지로 민주화 이후 개원한 13대 국회에서부터 17대 국회에 이르는 동안 의원, 정당 들은 이전 시기에 비해 점점 민주화되고 개방적으로 변화하고 있다는 것이 일반적인 평가다. 그리고 13대 국회 이후 꾸준히 의원입법이 늘어나고 위원회 안, 여·야 공동 발의안이 늘어나는 등 국회의 입법 역량도 점점 강화되고 있다.

또한 지배 엘리트 내부의 동맹과 균열의 구조를 드러낼 수 있는 일반적 차원의 변수로 청원의 제출 및 법률 통과 시점의 여야 구도를 택했다. '여대야소'일 경우 정치체제가 안정적인 반면 정부·여당 단독의 입법 주도로 오히려 입법공간이 형해화될 수 있고, '여소야대'일 경우에는 야당이 정부·여당에 대한 견제를 발휘함으로써 일방적으로 이루어지는 입법과정을 제어할 수 있고 야당의 입법적 영향력이 발휘될 수 있는 반면 여·야당의 갈등으로 인해 입법이 지연되거나 무산될 가능성 역시 존재한다.

한편 청원이 제출되거나 법률의 통과가 이루어지는 시점의 선거 여부도 입법운동에 '기회'를 제공하는 구조적 조건이 될 수 있다. 선거에서의 대중적 지지를 이끌어 내기 위해 정치세력들은 더욱 적극적으로 시민사회로부터의 입법적 요구에 반응할 수 있기 때문이다. 선거는 지방 선거를 제외하고 대통령 선거와 국회의원 선거만 검토했고, 청원 시점에 대해선 선거의 유무와 종류를, 통과 시점에 대해선 선거가 있는 해, 선거 1년 전, 선거 1년 후, 선거가 없는 해로 구분해 검토했다.

이상의 내용들이 주로 일반적 차원에서의 정치적 기회구조의 변수들이라면 해당 청원과 직결된 정치적 기회구조를 별도로 상정해 볼 필요가 있다. 즉, 일반적 차원에서의 정치체제의 개방성이 물론 중요한 구조적 조건이 될 것이지만 그것이 모든 사회운동, 그리고 입법운동에 대해 동일한 효과를 갖는 것은 아닐 것이다. 이에 이 책에서는 제정청원은 국회의원의 소개를 통해 국회에 제출된다는 사실에 주목해 얼마나 많은 국회의원이 해당 청원의 소개에 참여했는가로 제도정치 내에서의 입법동맹의 존재와 규모를 파악할 수 있을 것으로 상정했다. 또한 해당 청원을 적극적으로 소개한 의원이 여당, 야당, 무소속 등 어떤 정치적 소속을 갖는가를 변수로 설정했다. 소개한 의원이 여당일 경우나 여·야당 공동으로 청원이 소개되었다면 그것은 야당 의원의 소개나 무소속 의원의 소개를 얻어 청원되는 것보다 더 강한 동맹세력을 지배엘리트 내부에 둔 것으로 볼 수 있을 것이기 때문이다.[9]

---

[9] 청원 소개 대표의원의 소속은 『의정자료집』(국회사무처 2004)에 수록된 역대 국회의원 명단과 그의 소속정당, 그리고 해당 시기 집권여당 등을 비교해 정리했다.

2) 사회적 기회구조 모델

'정치적'인 기회의 구조가 과연 사회운동의 동원 전략·규모·강도 등에 대해 직접적인 영향을 미친다고 볼 수 있을 것인가? 예컨대 보다 민주적인 정권의 등장이나 사회운동에 대해 보다 우호적이고 개방적인 정당이 의회를 지배할 경우, 이는 사회운동의 주체로 하여금 입법적 요구를 관철시킬 수 있는 기회라고 여기게 할 가능성은 분명 높을 것이다. 그러나 그러한 정치적 조건의 도래가 곧바로 해당 사회운동의 동원 규모나 강도를 높일 수 있는 구조적 조건으로 작용한다고 보기는 어렵다. 더 큰 규모의 연대, 더 강력한 동원이 이루어지기 위해서는 많은 사회운동들이 활발하게 활동을 전개하고 있고 그들 간에 비교적 긴밀하고 긍정적인 소통관계가 있을 때에야 가능하다. 또한 사회운동에 대한 대중들의 신뢰와 지지가 높을 때 그들의 주장에 대한 대중적 공감 또한 커질 수 있을 것이다. 특정한 사회운동이 한 사회 내에서 철저히 외면되거나 배제될 경우 그들 주장의 '옳고 그름'과는 상관없이 가용할 수 있는 동원의 규모는 작을 수밖에 없다.

따라서 이 책에서는 이러한 사회운동이 처한 '담론 환경'과 그것이 속한 '운동 지형'의 성격이 사회운동의 발생과 결과, 그리고 그것의 지속에 영향을 미칠 것으로 보는 것이며 '담론 환경'과 '운동 지형'을 '사회적 기회구조'의 구성 요소로 보는 것이다. 그렇다면 이러한 사회적 기회구조는 어떻게 측정 가능한 변수로 조작화할 것인가? 이 역시 일반적 차원의 사회적 기회구조와 이슈 특정의 사회적 기회구조로 구분해 살펴보았다.

우선 일반적 차원에서의 사회적 기회구조는 역시 '시기'에 따른 구분을 사용했다. 정치적 기회구조의 경우 정권이나 국회의 임기 등 명확한 시기 구분이 가능한 반면 사회적 기회구조는 그러한 방식으로 나누는 것은 불가능하다. 하지만 앞서 이 책의 제2부의 역사적 분석을 통해 민주화 이후인 1988년부터 1994년까지의 담론 환경과 운동 지형이 이후 1995년부터 2002년까지의 그것과 뚜렷이 구분되는 특징을 보이고 있음을 밝힌 바 있다. 또한 2003년 이후의 상황 역시 앞선 시기와 담론 환경 및 운동 지형에서 차이를 나타냈다. 따라서 이 책에서는 1988년부터 1994년까지의 시기, 1995년부터 2002년까지의 시기, 그리고 2003년 이후 시기(실제 분석에서는 2005년 6월 30일까지)로 나누어 사회적 기회구조의 일반적 차원을 분석했다.

앞서 정치적 기회구조의 경우 이슈 특정의 기회 구조를 드러내는 변수로 청원 소개 의원의 수와 대표 소개 의원의 정당 소속을 선택했다. 사회적 기회 구조에 있어서는 해당 청원에 대한 사회적 관심을 나타내는 지표로 언론의 보도 빈도를 우선 꼽을 수 있다(Koopmans and Olzak 2004). 제정 청원으로 제출된 해당 이슈와 관련해 언론이 얼마나 많은 보도를 했는가는 시민입법운동이 처한 담론 환경의 상황을 보여 줄 수 있다.[10] 보도 건수가 많으면 많을수록 해당 이슈에 대한 관심이 높은 것이며, 적거나 아예 없다면 그것에 대한 사회적 관심이 낮다는 사실을 나타낸다고 할 것이다.

---

[10] 담론 환경의 분석이 지나치게 언론, 특히 언론의 보도빈도에 제한되어 있다는 한계를 미리 밝히고자 한다. 이러한 한계는 우선 통계적 분석이라는 방법론적 제약으로 인해 발생했다. 현실적으로 언론보도 이외의 다른 담론 환경의 특성을 변수로 조작하기란 거의 불가능하며 (Koopmans and Olzak 2004), 이로 인해 일반적으로 저항사건분석protest event analysis의 경우 신문이나 방송 등에 보도된 기사들의 내용 분석contents analysis이나 양적 분석으로 이루어지는 것이 현재의 연구 수준이라 할 것이다(Koopmans and Ruch 2002). 이 책에서도 담론 환경의 내용과 형식을 밝히기 위해 주로 언론에 보도된 기사들을 중심으로 할 수밖에 없었다.

표 4 | '정치적 기회구조' 모델과 '사회적 기회구조' 모델[11]

	정치적 기회구조 모델		사회적 기회구조 모델	
	이슈 특정	일반	이슈 특정	일반
청원 소개 의원 수	×			
청원 소개 대표의원 소속	×			
청원 당시 정권		×		
법률 통과 당시 정권		×		
청원 당시 국회 임기		×		
법률 통과 당시 국회 임기		×		
청원 당시 여야 구도		×		
법률 통과 당시 여야 구도		×		
청원 당시 선거와의 관계		×		
법률 통과 당시 선거와의 관계		×		
관련 보도 건수 전체			×	
청원 당시 연대의 형성			×	
청원 당시 운동 지형과 담론 환경				×
통과 당시 운동 지형과 담론 환경				×

이와 더불어 해당 청원이 제출될 때 여러 단체들이 공동으로 그것을 청원했는지 아니면 개인이나 개별 단체가 개별적으로 청원했는지에 따라 해당 이슈를 둘러싼 운동의 지형을 파악할 수 있다고 본다. 여러 단체들이 공동으로 청원에 참여했거나 대중들의 서명을 첨부해 이루어진 청원의 경우 해당 이슈에 대한 사회적 지지와 호응이 큰 상태에서 운동이 전개됨으로 의미하고, 개인이나 개별 단체가 단독으로 청원을 제출했을 경우에는 아직 해당 이슈에 대한 운동적 관심이나 대중적 지지가 그리

11 변수와 코딩 내용은 〈부록 4〉로 제시해 두었다.

높지 않은 상황에서 운동이 전개된 것으로 볼 수 있는 것이다. 따라서 이슈 특정의 사회적 기회구조는 해당 청원과 관련된 언론의 보도 건수와 청원이 제출될 당시의 연대 형성 여부를 변수화해 측정했다.

3. 정치적 기회구조와 사회적 기회구조의 복합적 영향

1) 시민입법운동의 '발생' : 일반적 차원의 정치적 기회구조

1988년 1월부터 2005년 6월까지 210개월 동안 매월 국회에 제출된 제정청원의 건수를 통해 시민입법운동의 발생을 분석했다. 제정청원은 월 평균 1.15건가량이 제출된 것으로 나타났지만 앞의 〈그림 28〉을 통해 알 수 있듯이 제정청원의 제출 건수는 시기에 따라 큰 차이를 보이고 있다. 따라서 이러한 과대산포를 고려해 음이항 회귀분석을 사용해 시민입법운동의 발생에 영향을 미친 구조적 조건을 분석했고 그 결과는 다음 〈표 5〉와 같다. 음이항 회귀분석에서 독립변수는 일단 '시간' 변수들이다. 따라서 정치적 기회구조와 사회적 기회구조에서 '이슈 특정'의 변수들로 분류된 청원소개 의원 수, 청원소개 의원의 소속, 관련 보도 건수, 연대의 형성 여부 등은 독립변수에서 제외되고 '일반적 차원'의 변수들로 음이항 회귀분석이 이루어졌다. 그 결과 시민입법운동의 '발생'에 대해 통계적으로 유의미한 영향을 미치는 변수로는 청원이 이루어진 시점의 국회 임기만 해당했다.

표 5 | 시민입법의 '발생'(제정청원의 월별 제출 건수)에 대한 음이항 회귀분석 결과

Negative binomial regression
LR chi2(13) = 60.55
Dispersion = mean
Log likelihood = -280.14411

Number of obs = 210

Prob 〉chi2 = 0.0000
Pseudo R2 = 0.0975

tot_count	Coef.	Std. Err.	z	P〉z	[95% Conf. Interval]	
전월 청원 건수(tot_c_1)	.0942762	.0495274	1.90	0.057	-.0027957	.1913481
김영삼 정부(reg1)	.18038	.6895687	0.26	0.794	-1.17115	1.53191
김대중 정부(reg2)	-.3713429	.9615961	-0.39	0.699	-2.256037	1.513351
노무현 정부(reg3)	.496463	1.515556	0.33	0.743	-2.473971	3.466897
14대 국회(parl_1)	1.11441	.6964068	1.60	0.110	-.2505228	2.479342
15대 국회(parl_2)	1.796035	.8779169	2.05	0.041	.0753491	3.51672
16대 국회(parl_3)	2.856898	1.014132	2.82	0.005	.8692363	4.84456
17대 국회(parl_4)	2.77483	1.278681	2.17	0.030	.2686609	5.280999
여야 구도(imcumbent)	-.2463172	.4908814	-0.50	0.616	-1.208427	.7157927
청원 당시 총선(elect_1)	-.2598684	.2460168	-1.06	0.291	-.7420523	.2223156
청원 당시 대선(elect_2)	-.4072381	.3062308	-1.33	0.184	-1.007439	.1929633
담론 환경과 운동 지형. 1995-2002(soc_opp1)	-.0932754	.4049829	-0.23	0.818	-.8870273	.7004764
담론 환경과 운동 지형. 2003-2005(soc_opp2)	-1.741638	1.24323	-1.40	0.161	-4.178323	.695048
_cons	-1.226965	.3691577	-3.32	0.001	-1.950501	-.5034293

/lnalpha   -.4428731   .2701169   -.9722924   .0865463
alpha   .6421887   .173466   .378215   1.090402
Likelihood-ratio test of alpha = 0: chibar2(01) = 41.50 Prob〉= chibar2 = 0.000

위의 〈표 5〉에서 알 수 있듯이 14대 국회를 제외하고 15대, 16대, 17대 국회는 13대 국회 시기와 비교해 청원의 제출이 증가했으며, 특히 16대 국회에서의 제정청원 제출이 가장 높은 비율로 증가했음을 알 수 있다. 국회의 임기가 제정청원 발생에 통계적으로 유의미한 영향을 미치는 것으로 나타난 반면, 나머지 변수들에선 통계적인 유의미한 영향이 발견되지 않는다. 또한 일반적 차원에서의 사회적 기회구조는 시민입법운동의 '발생'에 있어서는 통계적으로 유의미한 수준의 영향을 미치지 못하고 있음이 확인되었다. 이상의 결과를 종합해 보면 제정청원의 제출, 즉 시민입법운동의 '발생'에는 사회적 기회구조가 별다른 영향을 못 미친 반면, 국회 임기를 기준으로 구분되는 일반적 차원의 정치적 기회구조는 통계적으로 유의미 한 것으로 나타났다.

이러한 결과는 이 책의 제2부에서 살펴보았던 시민입법운동의 역사적 궤적을 통해 살펴본 사실과도 거의 일치한다. 민주화 이전의 '배제적 입법'에서 민주화 이후 '쟁투적 입법'으로 입법의 양상이 변화하면서 입법을 둘러싼 다양한 행위자들의 다툼이 본격적으로 전개되기 시작했다. 그러나 1990년 3당 합당으로 거대 여당이 주도하는 '여대야소' 정국으로 전환된 이후 14대 국회까지 이루어진 다양한 입법들은 '흡수적' 유형을 벗어나지 못하다가 김영삼 정부 후반기부터 서서히 변화하기 시작하면서 15대 국회 이후의 입법은 '이의제기적'인 유형으로 전개되었던 것이다. 이러한 역사적 전개 과정과 통계 분석결과를 종합해 볼 때, 시민입법운동의 '발생'은 입법공간이 제한적으로나마 개방되어야 이루어지기 시작하며 어느 하나의 정치세력에 의해 입법공간이 압도적으로 장악되기보다는 정치세력들 사이의 일정한 힘의 균형이 유지될 때 시민입법운동이 발생할 가능성이 더 높다는 사실을 알 수 있다.[12]

2) 시민입법운동의 '결과' : 이슈 특정의 사회적 기회구조

시민입법운동의 '발생'에는 일반적 차원의 정치적 기회구조가 영향을 미치고 사회적 기회구조는 영향을 못 미쳤다. 그렇다면 시민입법운동의 '결과'에는 어떠한 구조적 조건이 영향을 미치고 있는가? 이 책에서는 앞서 정리한 바와 같이 국회에 제출된 제정청원과 관련된 법률의 통과 여부를 기준으로 시민입법운동의 '결과'를 '성공' '제한적 성공' '실패'로 구분했고 이러한 결과에 정치적 기회구조와 사회적 기회구조는 각각 어떠한 영향을 미치는가를 '다항 로지스틱 회귀분석'을 통해 분석해 보았다. 1988년부터 2005년 6월 30일까지 국회에 제출된 240건의 제정청원을 결과에 따라 구분해 보면 '실패'가 95건(39.6%), '제한적 성공'이 70건(29.2%), '성공'이 75건(31.3%)으로 나타났다.

참조 범주를 '실패'로 설정해 다항 로지스틱 회귀분석을 실시한 결과 '제한적 성공' '성공'에서 모두 '연대의 형성' '관련 보도 건수 전체'만이 통계적으로 유의한 것으로 나타났다. 즉, 관련된 보도 건수가 많을수록 성공할 가능성이 높아지고 연대가 형성되지 않을수록 성공할 가능성이 낮아진다는 것이다. 결국 이는 시민입법운동의 '결과'에 정치적 기회구조는 통계적으로 유의미한 영향을 못 미친 반면, 사회적 기회구조는 통계적으로 유의한 영향을 미치고 있으며 그 가운데서 '이슈 특정'의 사회적 기회구조만이 시민입법운동의 '결과'에 유의미한 영향을 미친다는 사실을 보

---

12 실제로 여당이 과반수 의석을 획득한 17대 국회에서 제정청원 건수는 오히려 감소하고 있음 또한 확인할 수 있다.

표 6 | 시민입법운동의 '결과'와 관련된 모수 추정값

청원운동의 최종 결과(a)		B 추정값	표준오차	Wald	자유도	유의확률	Exp(B)	Exp(B)의 95% 신뢰구간	
								하한	상한
제한적 성공	절편	1.392	1.800	.598	1	.439			
	청원 소개 의원 수	.195	.196	.993	1	.319	1.216	.828	1.786
	청원 당시 정권	.675	.730	.857	1	.355	1.965	.470	8.213
	청원 당시 국회 임기	-.994	.628	2.510	1	.113	.370	.108	1.266
	청원 당시 담론 환경과 운동 지형	-.028	.651	.002	1	.966	.973	.271	3.487
	관련 보도 건수 전체	.002	.001	7.004	1	.008	1.002	1.001	1.004
	관련 보도 건수 전체의 제곱	.000	.000	2.465	1	.116	1.000	1.000	1.000
	[청원 소개 대표의원 소속=0]	-20.114	.000		1		1.839E-09	1.839E-09	1.839E-09
	[청원 소개 대표의원 소속=1]	.104	1.009	.011	1	.918	1.109	.153	8.021
	[청원 소개 대표의원 소속=2]	-.803	1.011	.632	1	.427	.448	.062	3.245
	[청원 소개 대표의원 소속=3]	0(b)			0				
	[청원 당시 여야 구도=0]	.368	.525	.489	1	.484	1.444	.516	4.044
	[청원 당시 여야 구도=1]	0(b)			0				
	[청원 당시 선거 여부=0]	.896	1.372	.427	1	.514	2.449	.167	36.016
	[청원 당시 선거 여부=1]	.794	1.500	.281	1	.596	2.213	.117	41.828
	[청원 당시 선거 여부=2]	1.153	1.525	.571	1	.450	3.167	.159	62.961
	[청원 당시 선거 여부=3]	0(b)			0				
	[연대의 형성=0]	-3.228	.511	39.963	1	.000	.040	.015	.108
	[연대의 형성=1]	0(b)			0				
성공	절편	1.502	1.696	.784	1	.376			
	청원 소개 의원 수	.127	.188	.457	1	.499	1.136	.785	1.642
	청원 당시 정권	-.801	.693	1.335	1	.248	.449	.115	1.746
	청원 당시 국회 임기	-.022	.532	.002	1	.967	.978	.345	2.776
	청원 당시 담론 환경과 운동 지형	.645	.612	1.111	1	.292	1.906	.574	6.324
	관련 보도 건수 전체	.012	.003	19.744	1	.000	1.012	1.007	1.018
	관련 보도 건수 전체의 제곱	-.001	.000	15.880	1	.000	.999	.998	.999
	[청원 소개 대표의원 소속=0]	-.821	1.524	.290	1	.590	.440	.022	8.730
	[청원 소개 대표의원 소속=1]	-.132	.914	.021	1	.885	.876	.146	5.257
	[청원 소개 대표의원 소속=2]	-.683	.910	.563	1	.453	.505	.085	3.008
	[청원 소개 대표의원 소속=3]	0(b)			0				
	[청원 당시 여야 구도=0]	.103	.493	.044	1	.834	1.109	.422	2.917
	[청원 당시 여야 구도=1]	0(b)			0				
	[청원 당시 선거 여부=0]	.494	1.311	.142	1	.706	1.639	.125	21.415
	[청원 당시 선거 여부=1]	-.387	1.433	.073	1	.787	.679	.041	11.265
	[청원 당시 선거 여부=2]	.077	1.498	.003	1	.959	1.080	.057	20.340
	[청원 당시 선거 여부=3]	0(b)			0				
	[연대의 형성=0]	-2.450	.470	27.173	1	.000	.086	.034	.217
	[연대의 형성=1]	0(b)			0				

a 참조 범주는 '실패'입니다.
b 이 모수는 중복되므로 0으로 설정됩니다.

여 준다. 이처럼 시민입법운동의 '결과'에 정치적 기회구조가 통계적으로 유의미한 영향을 전혀 미치지 못한다는 사실은 흥미로운 결과라고 할 것이다.

제정청원을 소개한 의원의 숫자나 대표 소개 의원의 소속과 같은 '이슈 특정'의 정치적 기회구조는 물론 정권, 국회 임기, 선거 여부, 여야 구도와 같은 '일반적 차원'의 정치적 기회구조까지 어떠한 변수도 시민입법운동의 '제한적 성공'이나 '성공'과 같은 결과에 유의미한 영향을 못 미쳤다. 반면 사회적 기회구조가 시민입법운동의 결과에 영향을 미친 것으로 나타났는데, 이 경우 '일반적 차원'의 사회적 기회구조가 아니라 언론의 보도 건수나 연대의 형성 여부와 같은 '이슈 특정'의 사회적 기회구조만이 유의미한 영향을 미치는 것으로 확인되었다.

이러한 결과를 통해 시민입법운동이 성공 또는 제한적인 성공을 거두기 위해서는 정치적 지지 세력의 존재나 정치적 개방의 정도와 같은 정치적 조건보다 해당 이슈에 대한 사회적 관심과 여론의 지지가 더욱 중요하다는 사실을 확인할 수 있었다. 사회적 관심과 여론의 지지는 동원의 규모와 강도에 영향을 미치게 되고, 이를 기반으로 시민입법운동이 강한 동원 역량을 발휘할 수 있는 경우에 제도정치가 이에 민감하게 반응하면서 그러한 입법적 요구를 수용하게 됨을 보여 준다고 하겠다. 결국 시민입법운동의 성공과 실패라고 하는 결과의 차이는 운동이 발생하게 되는 시점의 정치적 기회구조의 영향보다는 해당 이슈에 대한 사회적 관심과 여론의 지지 여부라고 하는 사회적 기회구조가 더욱 중요한 영향을 미친다는 사실이 통계적으로 규명된 것이다.

3) 시민입법운동의 '지속' : 일반적 차원의 정치적 기회구조와 사회적 기회구조

마지막으로 제정청원이 국회에 제출된 이후 관련된 법률이 통과되는 시점까지 걸리는 기간, 즉 시민입법운동의 지속에 영향을 미치는 구조적 조건은 무엇인지를 분석했다. 따라서 이 경우는 관련된 법률이 통과되지 않은 경우, 즉 '실패'한 경우는 분석에서 제외되며 제정청원의 제출에서 관련된 법률의 통과까지의 기간은 '개월'을 단위로 측정되었다. 다음 〈그림 31〉에서 알 수 있듯이 청원 이후 관련 법률이 본회의 통과할 때까지의 기간이 약 2년(24개월)을 넘을 경우에까지 운동이 지속되고 있을 누적 확률은 50% 정도이고, 30개월 정도 지속될 누적 확률은 20%로 급격히 떨어진다. 그리고 40개월 이상 운동이 지속될 누적 확률은 거의 0%에 가까운 것으로 나타난다. 그렇다면 이러한 생존 기간, 즉 시민입법운동의 지속 기간에 영향을 미친 구조적 조건은 무엇인가?

시민입법운동의 발생(즉 제정청원의 제출)에서 그것의 완료(즉 관련 법률의 통과)까지의 지속 기간에 영향을 미친 구조적 조건을 분석하기 위해 사건사 분석을 시도했다. 분석을 위해 사용되는 변수는 앞서 시민입법운동의 '결과'를 분석하기 위해 사용된 변수와 농일하지만 사건사 분석의 성우 청원 당시뿐만 아니라 관련 법률이 통과되는 시점까지 포괄해야 하기 때문에 법률 통과 당시의 정치적 기회구조와 사회적 기회구조에 해당하는 변수들을 추가적으로 사용했다. 이렇게 분석한 결과 시민입법운동의 '지속'에는 정치적 기회구조와 사회적 기회구조가 모두 영향을 미치며, 이들 모두 '이슈 특정'의 기회구조가 아니라 '일반적 차원'의 기회구조가 통계적으로 유의미한 영향을 미친다는 사실이 밝혀졌다.

그림 31 │ 시민입법운동의 지속 기간과 관련된 평균 공변량 생존함수

평균 공변량 생존 함수

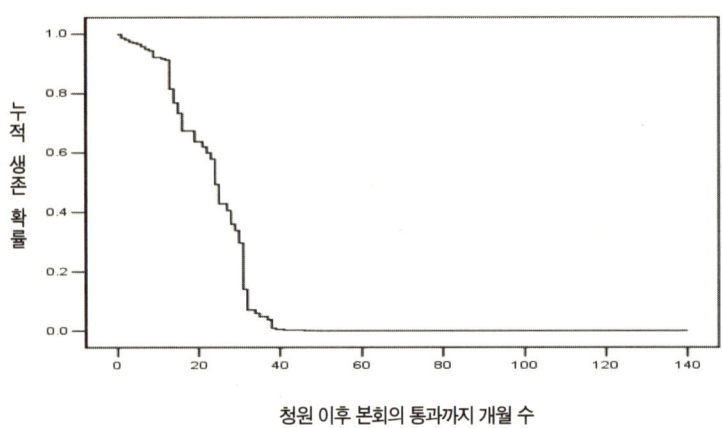

청원 이후 본회의 통과까지 개월 수

　우선 정치적 기회구조의 경우 청원 당시 정권과 국회 임기, 선거여부, 통과 당시의 여야구도, 통과 당시 정권과 국회 임기 등이 통계적으로 유의미한 영향을 미치고 있다. 청원 당시 정권이 노태우 정부에서 노무현 정부로 갈수록 운동의 지속 기간이 짧아져 더 빠른 속도로 처리되고 국회 임기도 마찬가지다. 그러나 통과시점의 정권이나 국회 임기의 차원에서 보자면 통과시점이 뒤로 늦어지면 늦어질수록 운동의 지속 기간이 길어진 것을 의미하고 이는 곧 시민입법운동의 결과가 더욱 늦게야 나타났음을 의미한다고 하겠다. 이는 앞 시기에서 일찍 제출되었던 제정청원이 처리되지 못한 채 오래 지속되다가 한참 뒤에서야 비로소 통과되었음을 의미하는 것이다.

표 7 | 시민입법운동의 '지속'과 관련된 방정식의 변수

	B	표준오차	Wald	자유도	유의확률	Exp(B)
청원 소개 의원 수	-.110	.074	2.234	1	.135	.896
청원 소개 대표 의원 소속	.083	.179	.216	1	.642	1.087
청원 당시 정권	1.462	.295	24.480	1	.000	4.315
청원 당시 국회 임기	3.023	.355	72.387	1	.000	20.546
청원 당시 여야 구도	-.190	.228	.696	1	.404	.827
청원 당시 선거 여부	-.473	.149	10.088	1	.001	.623
법률통과 당시 정권	-1.459	.432	11.427	1	.001	.233
법률통과 당시 국회 임기	-2.700	.350	59.579	1	.000	.067
법률통과 당시 여야 구도	-1.549	.285	29.609	1	.000	.212
통과시점과 총선과의 관계	-.319	.127	6.279	1	.012	.727
통과시점과 대선과의 관계	.170	.090	3.592	1	.058	1.186
청원 당시 담론 환경과 운동 지형	2.477	.370	44.723	1	.000	11.904
통과 당시 담론 환경과 운동 지형	-1.527	.459	11.068	1	.001	.217
관련 보도 건수 전체	.000	.000	.825	1	.364	1.000
관련 보도 건수 전체의 제곱	.000	.000	.277	1	.599	1.000
연대의 형성	.386	.272	2.013	1	.156	1.472

사회적 기회구조의 경우 역시 청원 당시 담론 환경과 운동 지형, 통과 당시의 담론 환경과 운동 시형은 모두 통계석으로 유의미한 영향을 미치는 반면, 관련된 보도 건수나 연대의 형성 여부와 같은 변수들은 시민입법운동의 지속 기간에는 유의미한 영향을 못 미친 것으로 나타났다. 그리고 정치적 기회구조에서와 마찬가지로 청원 당시를 기준으로 본다면 뒷 시기로 갈수록 지속 기간이 짧고 결과가 빨리 발생하는 경향이 확인되었다.

결국 시민입법운동이 얼마나 지속하는가에 대해서는 정치적 기회구조와 사회적 기회구조 모두가 영향을 미치며 둘 다 '일반적 차원'의 기회구조만이 통계적으로 유의미한 영향을 미친다는 사실이 확인되었다. 다시 말해 해당 사안 자체에 대한 정치적 동맹세력의 존재나 언론의 보도, 연대의 형성 여부 등 해당 이슈 자체와 직결된 정치적·사회적 기회구조가 시민입법운동의 지속 기간에 영향을 미치는 것은 아니었던 것이다.

즉, 정치체제가 비교적 개방적이고 입법운동에 대한 사회적 관심과 지지가 클 경우에는 시민사회로부터 제기되는 다양한 입법적 요구들에 대해 정치권이 보다 민감하게 반응해 적극적으로 해결하려 하게 됨으로써, 시민입법운동이 보다 빨리 결과를 낼 수 있게 되는 것이다. 다만 그 결과가 '성공'일지 '실패'인지는, 앞서 살펴본 바와 같이 해당 사안에 대한 여론의 지지와 사회적 관심의 정도가 다시 영향을 미치게 되고, 그러한 구조적 조건과 더불어 시민입법운동의 주체가 그러한 조건에 대해 어떻게 대응하는가에 따라 달라질 것이다.

이상의 분석결과는 민주화 이후 한국 시민입법운동이 입법 유형 자체를 변화시키고 이를 통해 민주주의를 진전시키려 한 것과 맥락을 같이 한다. 그 사회가 보다 민주화되면 될수록 시민들의 다양한 입법적 요구가 정부와 정당들에 의해 적극적으로 수용될 가능성이 높아진다. 따라서 개별 입법적 성과를 거두기 위한 운동에만 집중할 뿐 입법 유형 자체를 보다 민주적으로 전환시키기 위한 노력을 소홀히 할 경우 입법운동의 부담과 비용이 더욱 커질 수 있음을 보여 주는 결과다. 이는 노무현 정부 출범 이후 입법청원보다는 의원발의 활용에 주력하면서 보다 쉬운 길로만 향하는 입법운동의 주체들이 새겨야 할 대목이다.

한편 제3부의 분석결과 가운데 시민입법운동이 구체적 성과를 내는 데 있어서 제도정치의 동맹세력 — 본 연구에서는 청원소개 의원의 숫자와 소속으로 분석했다 — 의 존재를 포함한 정치적 기회구조는 별다른 영향을 미치지 못한다는 사실은 새겨볼 필요가 있다. 사회운동의 '결과'에 영향을 미치는 구조적 조건에 대한 분석에 있어서, 일반적인 통념과 달리 정치적 기회구조의 영향이 거의 없는 것으로 확인된 것이다. 물론 현행 청원제도 자체가 실효성이 떨어지고, 의원발의에 비해 청원 소개에 대한 의원들의 책임감이 약한 것 등은 사실이지만, 제도정치 내부의 동맹세력의 존재를 비롯한 정치적 기회구조가 운동의 성공과 관련이 없다는 것이 통계적으로 확인된 사실은 자못 흥미롭다고 할 것이다.

이는 그동안 한국 시민입법운동이 여론의 형성과 연대의 결성 등 '사회적 동원'을 중시해 왔던 전략이 유효한 것임과 동시에 상당 부분 불가피했던 것이었음을 다시 확인시켜 준다. 시민입법운동이 의원이나 정당에 의지하거나 '정치적 로비'를 벌이는 것만으로는 구체적 성과를 낼 수 없는 것이 한국의 현실이었다. 이러한 현실에서 구체적인 성과를 내기 위해서는 광범위한 여론의 지지를 이끌어 내는 작업이 무엇보다 필요했고 언론을 중시할 수밖에 없었던 것이다. 만약 다양한 입법적 요구에 대해 의원이나 정당이 훨씬 적극적으로 대응하여 그들이 입법운동의 구체적 성과에 중요한 영향을 미쳤다면 입법운동이 구사하는 레퍼토리는 많이 달라졌을 것이다. 하지만 현실은 그렇지 않았고 결국 시민입법운동의 주체들은 더 많은 '언론보도'와 더 큰 '연대의 결성'에 주력할 수밖에 없었던 것이다.

제4부 주체적 대응

7장 부패방지법 제정운동 이전의 반부패운동
(1988~1994년)

1. 입법동맹 구도의 미형성[1]

1) 제도정치의 입법동맹 구도

한국에서는 새 정부가 출범할 때마다 부정부패의 척결을 최우선적인 국정 과제로 내걸면서 나름의 반부패 정책을 추신해 왔다. 제3공화국에서는 '부정축재자처벌법'이 제정되었고, 제4공화국에서의 서정쇄신운동, 제5공화국의 사회정화운동, 제6공화국의 새질서·새생활 운동에 이어 김

---

[1] 이하 제4부에서 서술하는 입법동맹 구도와 그것에 영향을 미친 구조적 조건은 제3부의 분석에 따르면 모두 '이슈특정'의 기회구조라고 할 수 있다. 반부패 정책 또는 부패방지법 제정에 영향을 미치는 정치적·사회적 기회구조들만을 제한적으로 언급하고 있는 것이다. 그리고 이러한 정치적·사회적 기회구조가 '쟁투적'인 입법공간 내부의 입법동맹과 반입법동맹의 구도에 영향을 미친다고 보는 것이다.

영삼 정부에서는 신한국 창조의 기치하에 공직자 사정 활동을 중심으로 한 공직부패 척결 노력이 전개되었다(조창연·유기삼 2003, 163). 민주화 이후 등장한 노태우 정부의 경우, 임기 전반기에는 역대 정부들과 달리 '민주적' 부패통제전략을 채택하려 시도했으나 결국 임기 후반기로 갈수록 다른 역대 정부들과 마찬가지로 단속과 처벌 중심의 부패방지정책으로 변화했다. 노태우 정부의 부패에 대한 기본적인 시각은 여전히 '공직자들의 도덕성과 책임성 결여'의 문제로 보아 '공직 기강 확립'을 위한 사정 과제 및 '의식개혁'의 차원에서 부패를 통제하려 했던 것이다(박영호 1999, 223-4). 따라서 집권 후반기 '새질서·새생활 운동' '공직자 새정신 운동'을 주창한다거나 비위공직자에 대한 '중점단속' '집중단속'에 초점을 맞출 뿐 새로운 부패통제 관련 법·제도에 대한 도입은 이루어지지 않았다(김태룡 2003, 10).

김영삼 정부는 출범 이후 부패 통제를 '신한국 창조'라는 개혁의 시발점과 더불어 가장 핵심적 내용으로 삼았다(박영호 1999, 250). 국가정책의 초점을 부패방지정책에 두었고, 역대 정부와 달리 광범위하고도 강력한 부패방지정책의 전략과 수단을 채택했다. 그러나 김영삼 정부 후반기 한보 스캔들과 대통령 아들의 비리연루, IMF 관리체제의 초래로 부패방지정책의 결과는 큰 성과를 거두지 못한 채 끝이 나게 된다(김태룡 2003, 11). 김영삼 정부는 출범 직후 이전 정부들과 달리 정경유착이 부패의 가장 중요한 원천이라는 점을 명확히 제시했고, 국가의 최고지도자가 정경유착에 의한 권력형 부패, 특히 대통령을 정점으로 한 최고위층의 부패와 한국 사회 다양한 부조리와의 관계를 분명히 지적했다(박영호 1999, 251).

또한 김영삼 정부는 앞선 정부들과 달리 부패 통제 문제에 대해 체제·제도론적 시각에 접근하기 시작했고 이를 계기로 한국 정부의 부패 접근 시각이 한 차례 중대한 비약이 이루어지게 되었다(박영호 1999, 250-7). 하지만 각종 부패통제와 관련된 조치들이 김영삼 대통령의 결단에 의존해 이루어진 것들이 많았다(김태룡 2003, 11). 공직자 재산등록제의 개정과 실행, 공무원범죄에 관한 몰수 특례법 제정, 금융실명제의 실시 등 많은 '개혁정책' '반부패 정책' 들이 대통령의 결단 차원에서 이루어졌던 것이다(박영호 1999, 268-81).[2] 한편 김영삼 정부 시기에는 〈부정방지대책위원회〉가 설치·운영되는 등 감사원의 기능이 강화되었고[3] 내각 자체의 사정 기능을 활성화했다. 그러나 집권 초반 부패방지법 제정에 대해 적극적인 태도를 취하는 듯 보였던 김영삼 정부는, 실상 1994년 말까지 부패방지법 제정과 관련된 아무런 조치도 취하지 않았고, 다만 공무원윤리법의 개정과 감사원 자문기구로 부정방치 대책위원회를 설치하는 정도에 그쳤다.

이와 같이 김영삼 정부 전반기는 반부패 정책을 위한 다양한 법과 제도를 만들어 운영했다는 점에서 이전보다는 진일보했다고 할 수 있으나, 대통령의 의지가 반부패 정책의 방향·내용·강도를 결정하는 가장 주요한 수단이었고 반부패에 대한 지도방식은 여전히 권위주의적 성격을 가지고 있었다. 한편 노태우 정부에서부터 김영삼 정부 전반기까지 정당 차원의 부패방지 관련 법안의 제출이 없었다는 점은 이후 시기와는 구분

---

[2] "문민정부의 부패통제는 김영삼 대통령이 기획과 연출을 도맡아 한 것이었다"(김창국 1997, 72-3).

[3] 문민정부의 부패통제기구는 대표적인 것으로 "부정방지대책위원회"를 들 수 있다. 부정방지대책위원회는 부정부패 방지활동에 국민의견을 반영하기 위해 감사원장의 자문기구로 설립되었다(〈국가청렴위원회 청렴교육센터〉 http://edu.kicac.go.kr).

되는 중요한 특징이라 할 것이다. 이처럼 반부패 정책은 여전히 대통령과 정부의 몫이었고 정당의 독자적인 입법 역량은 발휘되지 못했기 때문에 제도정치 차원의 입법동맹의 구도는 형성되지 않았다. 이런 정치적 조건은 부패방지법 제정운동의 시작을 어렵게 만들었다.

2) 운동정치의 입법동맹 구도

(1) 반부패 담론 환경

노태우 정부 시기까지는 '반부패'와 관련된 담론 자체가 거의 형성되지 못했고, 김영삼 정부에 들어서야 조금씩 '반부패'와 관련된 보도들이 언론에서 늘어나기 시작한다. 그러나 '반부패'와 그것의 제도적 해결이라는 쟁점에 대해 사회적 관심은 여전히 미약한 수준이었다고 할 것이다. 1990년 1월 1일부터 1994년 12월 31일까지 총 34건의 부패방지법 관련 보도가 있었는데,[4] 특이한 것은 이 시기 보도 가운데 절반에 가까운 16건이 해외의 '부패방지법' 관련 기사들이라는 사실이다. 다음 〈그림 32〉에서 알 수 있듯이 노태우 정부 시기까지는 '부패방지법'은 물론 '부패청산'이나 '반부패'라는 용어조차 거의 언론에 보도되지 않았고, 김영삼 정부에 들어서면서 반부패와 관련된 보도들이 조금씩 늘어나기 시작했으나 부패방지법에 대한 보도는 여전히 거의 이루어지지 않았다.

[4] 한국언론재단 기사 검색. 검색 언론 : 한겨레신문, 조선일보, 오마이뉴스, 시사저널, KBS. 검색 기간 : 1990년 1월 1일~94년 12월 31일. 검색어 : '부패방지법'.

그림 32 ｜ 반부패 관련 기사의 보도 건수(1990~1994년)[5]

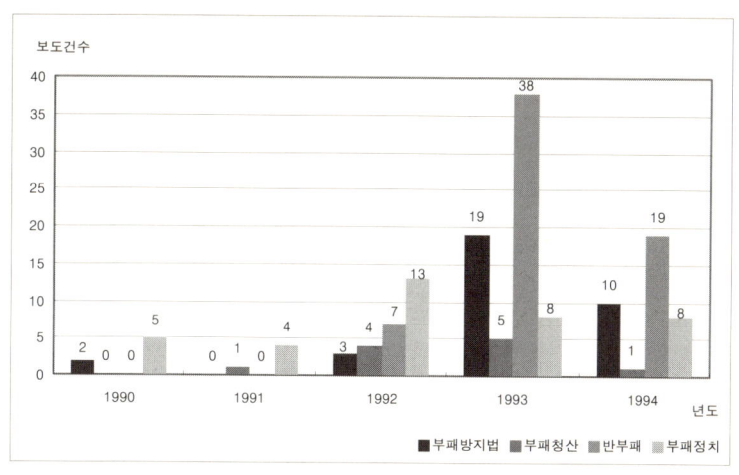

(2) 반부패운동 지형

노태우 정부를 거쳐 김영삼 정부 전반기까지의 기간 동안 반부패운동
을 이끌어 온 단체는 역시 경실련이었다. 경실련은 설립 이후 과거 정권
및 노태우 정권의 부정부패와 경제 실정에 초점을 맞추어 시민사회의 호
응을 얻기 위해 반부패운동에 나섰다(전영평 2003, 107). 경실련은 1990년
6월 9일 〈경제부정고발센터〉를 개설했고 이후 1993년 3월 10일 〈부정
부패추방운동본부〉로 개칭하면서 반부패운동을 전개해 나갔다. 경실련

---

5 한국언론재단 기사 검색. 검색 언론 : 조선일보, 한겨레신문, 오마이뉴스, 시사저널, KBS. 검
 색 기간 : 1990년 1월 1일~94년 12월 31일. 검색어 : '개혁입법' '부패방지법' '정치개혁' '부패
 청산' '반부패' '부패정치'.

은 모든 공직자의 각종 부정부패 행위, 기업의 각종 불공정 경제 행위, 음성적 정치자금의 수수 등 정경유착 행위를 고발·감시하는 시민운동을 벌였다(김병진·권해수 2002, 9). 그러나 당시 경실련의 반부패운동은 김영삼 정부에 의해 주도되는 '반부패 정책'에 대한 소극적 대응 수준을 넘어서지 못했고, '반부패'는 여전히 개별적이고 수동적인 차원에서 다뤄질 뿐 독자적인 의제로 부각되지 못했다. 또한 1993년 출범한 〈정의로운 사회를 위한 시민운동 협의회〉(약칭 정사협) 역시 부패방지법 제정의 필요성을 제기하긴 했으나 이들에게 보다 더 중요한 핵심은 '제도개혁'보다는 '의식개혁'에 있었다.[6]

이처럼 이 시기 반부패운동은 매우 초보적인 수준에서 시작되는 단계였으며 독자적인 반부패운동 영역을 형성하지도 못했다. 각 단체들이 부분적으로 반부패 과제들을 다루기 시작했으나 아직 연대나 협력의 계기를 갖지 못한 채 개별화된 수준으로 운동이 전개되었다. 제도정치 영역의 입법동맹 구도가 아직 형성되기 전이었던 것과 마찬가지로 운동정치 차원의 입법동맹 구도는 아직 형성되지 않은 상황이었다고 할 수 있다.

---

6 한편, 1994년 창립한 참여연대는 내부고발자보호센터를 부서로 두면서 향후 반부패운동의 중요한 한 축이 되는 '공익제보운동'의 출발을 선언했다. 참여연대의 공익제보자지원운동은, 이후 부패방지법 제정운동을 포함한 참여연대 반부패운동의 중심이 되는 맑은사회만들기본부가 만들어지면서 여기에 통합되면서 공익제보지원단으로 명칭을 변경하게 된다(최한수 ·우필호 2004).

2. '약한 사회적 동원'의 운동 레퍼토리

〈경실련 부정부패추방운동본부〉의 경우, 출범 이후 얼마 동안은 부
패통제를 위한 참신한 아이디어와 강력한 의지를 보여 주었으나, 1990년
대 중반 이후 경실련 지도층의 내부 분열 등이 있은 이후 이 분야에 대해
특별히 주목할 만한 프로그램을 내놓지 못했다(전영평 2003, 111). 경실련
부정부패추방운동본부는, 출범 첫해인 1993년에 고위공직자 재산공개
관련 고발 처리, 시민상담실 개소, 부패추방과 행정쇄신을 위한 만민공
동회 개최, 특허심판제도 개선활동, 세무부정 고발창구 개설 및 세무비
리대책위원회 구성 등의 활동을 한 것으로 조사되었다(남궁근 2000, 6). 이

표 8 | 경실련 부정부패추방운동본부의 운동방식

단위 : 회수, %

연도/활동방법	1993년	1994년	1995년	1996년	1997년	1998년	1999년	2000년	합계
공청회, 토론회	1	2	2	-	-	1	1	4	11(18)
고소, 고발, 소송	3	2	-	8	1	3	-	-	18(30)
성명, 논평발표	-	-	5	-	-	4	-	-	9(15)
집회, 시위, 캠페인	-	-	-	-	-	-	-	-	-
매스컴	-	-	-	-	-	2	-	-	2(3)
청원, 청구, 요청	-	3	1	-	-	2	2	1	8(13)
교육, 홍보	-	.	-	-	-	-	-	1	1(2)
조사, 연구	-	-	2	-	-	-	1	2	5(8)
기타	1	-	3	-	-	1	1	1	7(11)
합계	5	7	13	8	1	13	5	9	61(100)

* 출처 : 이영모, 2000, 73쪽.

시기 경실련 부정부패추방운동본부의 활동은 주로 공청회·토론회·고소·고발과 같은 사회적 동원의 운동 레퍼토리들로 전개되었다. 그러나 사회적 동원 가운데서도 집회·시위와 같이 강한 사회적 동원은 거의 이루어지지 않았고, 성명·논평·매스컴 활용과 같은 언론 동원 역시 많이 이루어지지 않았다. 이런 맥락에서 이 시기 경실련 부정부패추방운동본부의 운동 레퍼토리는 약한 사회적 동원들이 주축을 이루었고 정치적 로비는 거의 이루어지지 않았다고 할 수 있다.

이러한 특징은 참여연대의 내부고발자보호센터의 이 당시 활동에서도 유사하게 발견되며, 반부패 또는 부패청산을 매개로 한 운동조직 간 연대도 이루어지지 않았기에 동원의 규모나 강도가 클 수 없었다. 그리고 정부나 정당 차원의 부패방지법 제정 시도 자체가 아예 이루어지지 않는 상황에서 입법청원을 통한 법률의 제정이 곧바로 이루어지기란 어려운 조건이었다고 할 것이다. 실제로 참여연대의 부패방지법 제정청원 역시 1995년부터 준비되기 시작해 1996년 1월부터 언론 캠페인, 국회의원 후보 및 당선자 서명, 국민 서명 등의 사전 작업을 거쳐 1996년 11월에서야 이루어졌던 것도 이러한 정치적 기회구조의 미약한 개방에서 그 원인을 찾을 수 있을 것이다.

부패방지법 제정운동이 시작되기 전 반부패운동은 역시 경실련의 역할이 중요했습니다. 그러나 당시 경실련의 반부패운동은 부패에 대한 체계적 접근이기보다 주로 '양심선언'과 관련된 것들이었습니다. 이문옥 감사관이나 이지문 중위 등의 양심선언 등에 경실련이 관련되어 있었고 이를 계기로 양심선언자보호를 위한 법률 제정에 대한 움직임은 서서히 늘어나기 시작했습니다. 이 과정에서 미국의 내부고발자보호제도, 돈세탁방지법, 특별검사제 등의 제도가 검토되었고, 싱가폴의 강력한 부패방지법이 주목을 받기 시작했습니다. 이후 1994년 참여연대에 내부고발자보호센터가 생기고 내부고발자보호에 관한 법률을 제정청원했습니다만, 주제가 다소 어려울 뿐만 아니라 그것을 제기하는 방법에 있어서도 대중적이지 못했던 것 같습니다(이태호 참여연대 협동사무처장과의 인터뷰, 2006년 4월 27일).

이처럼 부패방지법 제정운동 이전에는 약한 '사회적 동원'을 구사하는 반부패운동은 시작되었으나, 부패방지법 제정이라는 입법적 의제 자체가 아직 제시되지도 않았다. 이는 당시의 정치적·사회적 기회 구조 자체가 반부패운동에 있어서 개방적이거나 유리한 기회를 제공하지 않았던 것과 관련 있다고 할 것이다. 입법공간 내에서 반부패입법 또는 부패방지법의 제정을 둘러싼 입법동맹의 구도 자체가 형성되지 않았다. 더욱이 반부패운동의 주체 또한 '부패방지법'과 같은 종합적 반부패 대책의 내용을 아직 확보하지 못한 상태였기 때문에 '정치적 로비'가 구사될 계기 또한 없었다. 하지만 이러한 상황은 1995년을 거치며 변화되기 시작한다.

8장 '절반의 실패'로 마감한 부패방지법 제정운동 1기(1995~1999년)

1. 입법동맹을 억누른 반입법동맹

1) '느슨한' 입법동맹과 '강고한' 반입법동맹의 경합 : 제도정치의 입법동맹 구도

김영삼 정부 후반기(1995~97년) 동안 반부패 정책에 있어 특별한 정책적 변화는 없었다. 오히려 연속된 각종 부패사건들로 인해 정부의 반부패 정책이 크게 신뢰를 상실하게 되었음에도 불구하고 이를 해결하기 위한 종합적인 부패방지대책을 수립하려 하지 않았다는 것 자체가 특징이었다고 할 것이다. 예컨대, 정부·여당 차원에서 참여연대가 1996년 11월 제정청원한 부패방지법에 대해 검토가 이루어지긴 했으나, 결국 '반대' 입장을 분명히 밝히는 것으로 결론 내려졌다. 그러나 이후 정권 교체와 IMF 경제위기 극복 과정에서 국내외적으로 보다 종합적인 반부패 정책에 대한 요구가 증폭되기 시작한다. 김대중 대통령이 국정개혁 과제로 내세운 부패개혁은 IMF 경제위기로 인한 국내의 복잡한 사회 혼란과 정치 불안 그리고 공직 부패에 대한 국민들의 개혁 요구가 그 어느 때보다 높았던 상황과 맞물려 있었다(김택 2000, 6). 더욱이 1999년 2월 OECD경제협력개발기구 부패방지 협약 발효와 함께 부정부패에 대한 국제적 규제 강화에 대비할 필요성이 대두되면서 부패척결은 더는 미룰 수 없는 과제로 등장하게 되었다.[1]

1999년 9월 1일 국무회의 심의를 거쳐 대통령 직속 반부패특별위원회가 설치되었고, 그 외에 부패방지기본법, 내부고발자보호법, 공직자재산등록강화, 부패사범처벌, 퇴직자 전관예우 규제, 시민감사관제도, 공무원 보수 조정 등이 시도되었으나, 부패방지기본법, 돈세탁방지법, 내부고발자보호법, 특별검사제 등은 여야의 첨예한 대립으로 결실을 보지 못한 채 사장되고 말았다(김택 2000, 9-14). 그러나 여·야 간의 대립뿐만 아니라 법무부와 검찰·감사원이라는 기존 사정기구들이 특별검사제 등을 포함하고 있는 부패방지법 제정에 대해 격렬하게 반대했던 것이 이 시기 법 제정 실패의 중요한 요인이라 할 것이다. 국민회의가 야당 시절부터 주장해 왔던 '고위공직자비리조사처 신설과 특검제' 방안에 대해 법무부는 그것이 헌법이 보장한 검찰의 기소독점주의와 수사권 일원화 원칙의

---

[1] 1998년 6월 IBRD가 부패방지 연구지원비로 34만 5천 달러를 보조했으며 1998년 11월 국무총리 주재 관계장관 회의에서 부패방지 종합대책을 수립 추진키로 결정했다(김택 2000, 6). 이후 1999년 국무조정실리 세계은행의 지원을 받아 민간연구팀(한국행정학회 등 9개 연구기관)의 연구결과를 기초로 한 부패방지종합대책을 마련함으로써 부패방지정책이 활성화되는 전기를 맞이하게 되었다(김태룡 2003, 12).

근간을 흔드는 것이라는 이유로 반대했고, 이후 국민회의가 특검제가 아닌 대통령 직속 '공직자비리전담 수사기구'를 설치하는 방향으로 전화했을 때에는 검찰과 감사원이 반대했다(이영권 2002, 73).

김대중 대통령은 '부패방지법'의 제정을 약속하는 발언을 계속함으로써 부패방지법 제정운동이 계속될 수 있는 기회를 제공했지만,[2] 법무부·검찰·감사원이라고 하는 국가기구들의 강력한 반발은 대통령과 여당의 법 제정 약속을 무력화시켰다. 법무부·검찰·감사원은 법 제정 자체를 반대하는 '비토 세력'으로 움직이며 '강고한' 반입법동맹을 형성했다. 이러한 제도정치 내부의 강고한 반입법동맹이 작동하기 시작했던 것과 달리 부패방지법 제정을 적극적으로 지지하고 이끌어 갈 입법동맹은 매우 '느슨한' 수준을 벗어나지 못했다고 할 것이다.

1997년 대선 결과 여당이 된 〈새정치국민회의〉(이하 국민회의)는, 대통령의 계속된 제정 약속에도 불구하고 집권 여당이 된 이후 법무부·검찰·감사원 등 기존 사정기구들의 반발을 지나치게 의식함으로써 결과적으로 매우 소극적인 태도로 부패방지법 제정 문제를 다루었다(이영권 2002). 김대중 대통령은 이미 1996년 참여연대 부패방지법에 대해 찬성 서명을 했고, 대선 당시 김대중 후보의 10대 공약의 하나로 부패방지법 제정이 공표된 바 있다. 뿐만 아니라 국민회의는 1996년부터 참여연대에 의해 진행된 부패방지법 제정 서명운동에 있어서도 여타 정당들 가운데 가장 적극적인 정당이었음에 틀림없다.[3] 그러나 이미 대선 뒤 인수위의 100대

---

2 이러한 최고 권력자의 '관심'과 '언급'은 운동 주체로 하여금 그것을 하나의 중요한 '기회'로 받아들이게끔 하는 신호signal가 된다(Meyer and Minkoff 2004).

표 9 │ 부패방지법 관련 김대중 대통령 발언 정리(1996~1999년)[4]

날짜	발언내용
1996년 11월	참여연대 부패방지법 제정을 위한 청원에 김대중 대통령 서명
1997월 12월	대통령 선거 때 부패방지법 제정을 공약으로 내걸음
1998년 6월 25일	국민회의 당직자들의 주례보고 자리 "내부고발자보호제도를 도입하는 등 부패방지기본법 제정안을 수정 보완해 올해 안에 국회에서 처리하라"고 지시
1998년 9월 4일	기자회견(부산) "중대결심을 갖고 반드시 부정부패를 일소해 새로운 정치 풍토를 조성하겠다"
1998년 9월 7일	인천광역시 업무보고 "새정부 출범이후 권력형 비리는 없어졌으나 일선 공무원의 부정부패는 없어지지 않았다. 일선 공무원도 밑뿌리까지 정화시킬 계획"
1998년 9월 17일	정치권 사정문제와 관련 "외환위기 극복 및 경제개혁과 함께 정치개혁은 반드시 이뤄야 한다. 부정부패를 척결하지 않으면 국정 전반이 바로 설수 없다"고 강조
1998년 9월 18일	기자회견(강원도청) "부정부패가 있는 곳엔 민주주의도 경제발전도 없다. 정부는 확고한 결심을 갖고 부정부패 척결 작업을 하고 있으며 대통령도 모범을 보일 것"
1998년 10월 12일	국무회의 "부정부패가 더는 없도록 고위공직자는 모범을 보이고 중하위직에 대해서도 특별한 각오를 갖고 공격적으로 부정부패를 척결하는 등 총력 다하라"
1998년 10월 13일	국민회의 당직자 주례보고 "내각에 지시한 연장선상에서 이제는 부정부패가 없는 사회를 만들겠다. 이를 위해 여당부터 모범을 보여야 할 것" 촉구
1998년 10월 22일	서울시 업무보고 "하늘이 무너져 내리는 한이 있더라도 공직사회의 부정부패는 반드시 척결하겠다"
1999년 2월 21일	국민과의 대화 "무인도에 딱 3가지만 가지고 간다면" 이란 방청석의 질문에 "실업문제와 부정부패 그리고 지역감정"이라고 대답
1999년 8월 15일	8·15 경축사 "부패방지법의 제정도 차질 없이 추진될 것이나 법제정에 앞서 우선 대통령 직속으로 반부패특별위원회를 구성하겠다"고 밝힘

---

3 1996년 당시 참여연대 서명운동에 소속 의원 79명 가운데 67명이 참여했고 96년 11월 18일에는 '부정부패방지 입법 및 대책위원회'(위원장 : 유재건 부총재)를 구성하기도 했으며 12월에는 참여연대의 안과 거의 동일한 부패방지법을 입법발의했다(이영권 2002, 63).

4 김대중 대통령 부패방지법 제정 약속 4년, 공언空름의 역사 2001년 4월 27일.
(http://hrights.or.kr/note/read.cgi?board=pds&nnew=2&y_number=52)

개혁 과제에서부터 부패방지법이 누락되기 시작하는 등 여당은 관련 부처들에 대한 눈치를 보고 있다.[5]

그러나 1998년 6월 25일, 김대중 대통령 부패방지법 연내 제정을 다시 선언했고, 1998년 8·15의 대통령의 '제2건국 선언'과 더불어 국민회의 8·15 선언에서 조세형 국무회의 권한대행은 '내부고발자 보호를 포함한 부패방지법 제정 추진'을 다시 약속했다. 하지만 이러한 약속들이 있은 직후 박상천 법무부장관은 특별검사제의 위헌가능성을 발언하며 부패방지법 제정에 대해 부정적 입장을 피력한다. 이후 1998년 9월 초 국민회의 소속 〈푸른정치모임〉 의원들과 함께 한 간담회를 위해 참여연대를 방문한 천정배 의원은 "검찰을 비롯한 각 행정 부처의 만만치 않은 저항에 비해 당의 개혁 추진력이 부족함"을 인정하는 발언을 해 당시 관련 부처들의 반대가 얼마나 심했던가를 밝혀 보였다.[6]

이후 1999년 8월 17일 정부의 부패방지종합대책이 발표된 후 약 4개월 뒤인 1999년 12월 1일 국민회의는 반부패기본법을 다시 국회에 제출한다. 하지만 이 기본법은 그동안 참여연대가 지속적으로 요구해 왔던

---

5 그 직후 참여연대-한겨레신문 공동주최 '국가개혁과제 토론회'(1998년 2월)에서 참여연대 측이 이에 대해 강한 문제 제기를 하자, 토론회에 참석한 유재건 당시 국민회의 부총재는 "집권 초부터 부패방지법을 전면에 내세울 경우 네거티브한 인상을 줄 우려가 있어 발표에서 빠진 것일 뿐"이라고 해명했다. 그리고 1998년 4월, 맑은사회만들기본부 실행위원들이 국민회의 천정배 의원(참여연대 청원안 대표 소개 의원)을 면담했고 당시 천정재 의원은 '총리 인준이 안된 어수선한 마당이니 여유를 갖고 당의 노력을 지켜봐 달라'고 주문하는 등 집권 초기 여당은 부패방지법 제정에 대해 소극적 태도를 계속 보였다.

6 1998년 9월 21일 국민회의는 검찰 안에 '공무원 범죄 전담 특수부'를 두는 것을 뼈대로 하는 법안을 마련하기로 했는데 이 결정은 1996년 당시 참여연대나 국민회의가 제출했던 법안에서 '특별검사제 도입' 조항을 제외한 것이다(이영권 2002, 72).

부패방지 기본 제도의 통합법이 아닌 부패방지의 기본적 조항만을 나열한 기본법의 형식이며 특히 상설적 특검이 아닌 한시적 특검을 취하고 있으며, 고위공직자비리조사처 배제, 공무원행동강령 취약 등의 문제점들을 안고 있었다(임미옥 1999). 이는 정부 부처들의 반발에 밀린 완연한 후퇴였던 것이며 여전히 매우 소극적이고 느슨한 수준의 입법동맹만이 제도정치 영역에 존재했음을 알 수 있다.

한편, 1966년 참여연대가 부패방지법을 입법청원할 당시 여당이었던 〈신한국당〉의 정책위원장 이상득 의원은 "부패방지는 공직자윤리법의 보완으로도 충분하며 별도의 부패방지 종합 입법은 필요하지 않다는 것이 당론"이며 "특별검사제도 당론이 아님"을 공식발표하기도 했지만(이영권 2002, 64), 이후 1997년 이회창 한나라당 후보의 대선 공약 가운데 하나로 부패방지법 제정과 특별검사제 도입을 제시하게 된다. 1998년 당직 개편에서 정책위원장을 맡은 이상희 의원은 7월 국회의원회관을 찾은 참여연대 소속 이은영 교수와의 면담에서 "부패방지법 제정에 원칙적으로 찬성"한다는 뜻을 밝혔고, 실제로 참여연대에서 추진하는 부패방지법 제정 국회의원 서명에 한나라당 의원 참여가 늘어났으며, 특히 소속 의원 선원의 서녕으로 특별검사세에 관한 한나라당 안을 입법발의하기도 했다(이태호 1998).

이는 당시 여당이었던 국민회의에 대한 압박 차원에서 이루어졌던 것으로, 1998년 8월에는 이회창 총재가 참여연대의 박상증 공동대표와 박원순 사무처장을 만난 자리에서 특별검사제 도입을 합의하기도 했다(이영권 2001, 72). 그러나 한나라당은 오직 '여당에 대한 압박' 차원에서 특별검사제 도입을 강조했을 뿐, 실제 법률의 통과를 위한 적극적 행동은 거의 하지 않았다는 점에서 마찬가지로 '강고한' 입법동맹을 구축하는 역할을 수행하지는 않았다.

이처럼 부패방지법 제정운동 1기에 해당하는 1995년부터 1999년까지의 시기 동안은 반부패운동을 둘러싼 정치적 기회구조 자체는 이전 시기에 비해 유리한 방향으로 전환되기 시작했다. 대통령은 부패방지법 제정 의지를 지속적으로 표명했고 과거 야당 시절에는 부패방지법 제정에 대해 가장 적극적이었고 독자적인 법안발의까지 했던 정당이 새로이 여당이 되었다. 그리고 과거 여당이었을 당시에는 부패방지법 제정에 대해 부정적이거나 소극적이었던 정당이 야당이 되면서 부패방지법 제정을 정권에 대한 압박 수단으로 활용하면서 오히려 더욱 적극적으로 법 제정을 주장하는 상황이 연출된 것이다.

그러나 이해관계가 얽혀 있는 힘 있는 관련 부처들의 격렬한 반발과 이를 의식하지 않을 수 없는 '약한' 여당, 그리고 부패방지법 제정이 가져올 부담으로부터 자유롭지 못한 야당 등의 입장이 서로 얽힌 결과 각 정당이 제출한 법안들은 15대 국회에서 상임위원회에 상정조차 되지 못한 채 '임기만료 폐기'되어 버린다. 법무부·검찰·감사원과 같은 힘 있는 정부 부처들의 격렬한 반발에 대해 여당과 야당 모두 적극적으로 이를 제어할 의지와 역량 모두 없었다고 할 것이다. 강력한 반대 세력의 존재가 개혁을 어렵게 한다는 테일러(Taylor 2005)의 주장은 한국에서도 예외가 아니었으며 제도정치 차원에 존재하는 '느슨한' 입법동맹만으로 '강고한' 반입법동맹의 반대를 압도할 수는 없었던 것이다.

2) '강고한' 입법동맹의 점진적 형성 : 운동정치의 입법동맹 구도

(1) 반부패 담론 환경

김영삼 정부 후반기에 계속 터져 나온 각종 부패 사건들과 IMF 경제 위기를 겪으면서 국민들 사이에서는 부정부패와 정경유착이야말로 경제 위기를 불러온 주범이라는 인식이 팽배해 있었다. 이미 1994년 임시직 등 하급 세무공무원들이 저지른 비리액수가 100억 원이 넘었던 부천세무비리사건이 발생했고 성수대교가 붕괴했다. 1995년에는 노태우·전두환 두 전직 대통령의 천문학적 비자금이 폭로되었고 공무원과 건설업자의 부패 고리가 빚어낸 삼풍백화점 붕괴라는 참사가 잇따라 발생했다. 그리고 1996년 이후 발생한 대규모 비리사건들은 청와대를 비롯한 권력 핵심조차 철저히 부패해 있음을 증명해 주었다. 1996년 3월에는 청와대 부속실장이 알선수재 혐의로 구속되었고, 1996년에는 상무대 이전 사업과 율곡비리에 대한 국정감사 등 각종 대형 비리사건이 연이어 터지면서 보다 효과적이고 강력한 반부패 정책이 필요하다는 사회적 공감대가 그 어느 때보다 널리 형성되었던 시기였다(조창연·유기삼 2003, 165).

전두환·노태우 전직 대통령들의 비자금 사건은 부패를 막는 종합적인 입법이 필요하다는 사실을 더욱 확실히 공감케 하는 계기가 되었습니다. 특히 5·18 특별법 제정운동과 맞물리면서 '검찰'에 대한 불신이 더욱 커졌고, 결국 검찰을 비롯한 사정기구·감독기구들이 제대로 움직이지 않으면 안 되는 제도를 촘촘히 설계할 필요가 있다는 생각을 다들 강하게 갖게 되었던 것입니다. 특히 정치인들의 각종 '떡값' 수수와 관련해서도 '뇌물죄'에 대한 명확한 규정이 필요하다는 생각을 다시 한 번 하게 되었습니다. 이런 문제의식들을 다 담아낸 것이 1996년 참여연대가 제출한 부패방지법 제정청원 안이라 할 것입니다(이태호 참여연대 협동사무처장 인터뷰, 2006년 4월 27일).[7]

아래 〈그림 33〉에서 알 수 있듯이 1995년 이후 반부패 관련 보도 건수는 앞선 시기(1988~94년)에 비해 전체적으로 크게 늘어나고 있다. 무엇보다 '부패방지법' 자체에 대한 기사 건수가 1996년 참여연대가 본격적

그림 33 | 반부패 관련 기사의 보도 건수(1995~1999년)[8]

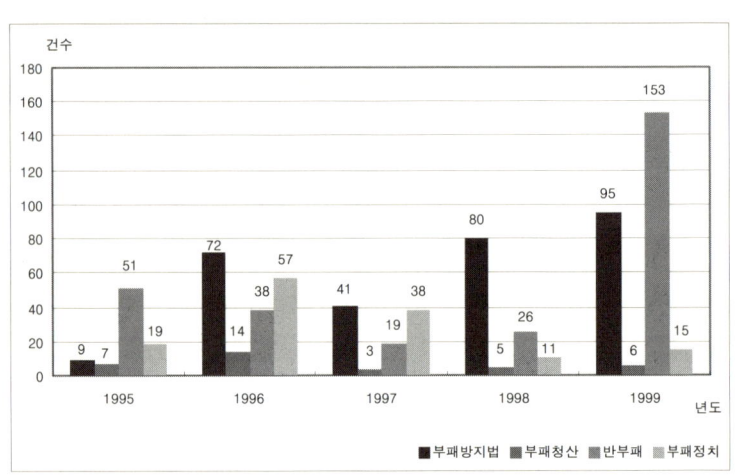

---

7 이태호 처장의 발언을 통해 앞서 제2부에서 살펴보았던 '권력감시'와 '시민입법'의 결합이라는 시기적 특징이 부패방지법 제정운동 사례에서도 고스란히 적용되고 있음을 알 수 있다. 검찰과 정치권에 대한 감시와 견제를 목적으로 부패방지법 제정운동이 시작되었고, 동시에 검찰과 정치권과 직접적인 '힘겨루기'를 거쳐서야 결국 부패방지법 제정이라는 입법적 성과를 거둘 수 있었던 것이다.

8 한국언론재단 기사 검색. 검색 언론 : 조선일보, 한겨레신문, 오마이뉴스, 시사저널, KBS. 검색 기간 : 1995년 1월 1일~1999년 12월 31일. 검색어 : '부패방지법' '부패청산' '반부패' '부패정치'.

으로 제정운동을 시작한 이후 크게 늘어나기 시작했는데, 특히 1997년 말 IMF 경제위기 이후부터, 그리고 김대중 정부가 출범한 이후부터라 할 수 있는 1998년부터 부패방지법을 다루는 기사가 더욱 많아지고 있음을 알 수 있다. 특히 참여연대는 『한겨레신문』과 공동으로 "맑은 사회를 열자" 캠페인을 1996년 3월 1일부터 12월 9일까지 약 1년 여간 49회에 걸쳐 신문 연재 형식으로 진행했다. 이를 통해 한국 사회의 부패 실태와 그것의 원인, 그리고 근본적 개선방안으로서의 부패방지법 제정에 대한 호의적 여론을 크게 형성할 수 있었다.[9] 이 시기에 이르게 되면 부패가 '권력형' 부패, '정경유착' 등 정치권력과 직결된다는 인식이 사회적으로 확산되었음을 '부패정치'에 대한 기사 건수의 증가 양상을 통해 간접적으로 확인할 수 있다. '반부패'에 대한 사회적 관심이 확연히 커져 갔으며, 특히 이러한 반부패운동의 제도적 대안이라 할 수 있는 부패방지법에 대한 보도 건수도 앞 시기와 비교할 때 확연히 늘어나는 등 부패방지법 제정운동을 둘러싼 담론 환경은 더욱 유리한 방향으로 변해 갔다. 이를 통해 '언론'과 '대중'의 동원이라는 '사회적 동원'의 규모와 강도를 더욱 키울 수 있는 구조적 조건이 되었다.

[9] 이처럼 특정한 사회운동의 주장과 활동이 1년에 걸쳐 49회 동안 정기적으로, 그리고 큰 지면으로 보도된다는 것 자체가 매우 예외적인 것으로, 당시 〈맑은 사회를 열자〉 캠페인은 참여연대 부패방지법 제정운동에 있어 결정적 중요성을 갖는 것이었다고 할 수 있다. 이외에도 중앙일보, 동아일보 등이 부패추방을 위한 지상캠페인을 전개하는 등 이 시기 언론의 부패방지법 제정에 대한 관심과 호응은 매우 높았다고 할 수 있다. 이는 당시 언론사 스스로가 국회의 입법 기능에 대해 매우 비판적 입장을 가지고 있었던 것과도 연결된다(이은영 2000, 370).

(2) 반부패운동 지형

1995년 5·18 특별법 제정운동 당시 특별검사제 도입을 촉구하는 제정청원을 여러 단체들이 공동으로 제출한 것을 계기로 입법운동에 있어서 전국적 규모의 연대·입법 운동을 매개로 한 민중운동과 시민운동의 연대가 서서히 시작되게 된다. 1996년에는 경실련, 민변, 민교협, 전국연합, 민주노총, 참여연대, 여성연합, 환경연합 등 8개 시민사회단체들이 정책협의회를 구성했고, 1996년 2월 23일 공동기자회견에서 부패방지법의 제정을 핵심적인 공동 요구사항으로 제시했다. 이는 1996년 1월 시작된 참여연대의 부패방지법 제정운동이 사회운동 전반의 공통 과제로 확산되기 시작했음을 보여 주는 것으로, 이후 부패방지법 제정은 반부패운동의 기본적 요구사항으로 제시되게 된다. 예를 들어 1996년 총선을 앞두고 민주노총, 전국연합, 경실련, 참여연대 등 8개 단체들이 공동으로 개최한 4당 정책위 의장 초청 토론회에서 부패방지법 제정이 12개 정책 요구 안 가운데 하나로 선정되기도 했다. 특히 1997년 한보 사태가 발생하면서 특별검사제 도입과 부패방지법 제정은 더욱 확고한 입법적 대안으로 제시되게 된다.

1997년 2월 26일에는 참여연대, 경실련, 민주노총 등 13개 단체로 구성된 '시민·사회·종교단체 연석회의'가 기자회견을 열고 특별검사제 도입과 부패방지법 제정을 위한 국민운동에 들어간다고 밝혔다. 이후 민주노총은 1997년 3월 27일 열린 제5차 임시대의원대회에서 '13대 사회개혁'을 요구하고 그 가운데 '돈세탁 방지, 공익제보자 보호 등을 위한 부패방지법 제정'을 포함시켰다. 이러한 부패방지법 제정에 대한 일련의 요구는 1999년 소위 '옷 로비 사건'을 계기로 결성된 '김태정 장관 해임과 총체적 국정개혁을 촉구하는 국민연대'를 통해 더욱 증폭되게 된다. 참여연대와 경실련, 환경운동연합 등 전국 113개 단체들로 구성된 '국민연대'는 "공직윤리 확립과 공정한 조사를 위해 약속한 부패방지법을 제정하고 고위직 특별수사를 위한 고위공직자비리조사처(특별검사제)를 도입할 것"을 요구했다.[10]

1999년 6월 24일에는 참여연대, 경실련, 한국노총, 민주노총 등 전국 195개 시민·사회 단체들이 '특별검사제 도입과 부패방지법 제정촉구 국민행동'을 결성했다. 이들은 '권력형 비리 근절과 검찰의 정치적 중립'을 위해서는 특검제의 전면적 도입과 부패방지법의 조속한 제정이 무엇보다 필요한 과제라고 주장하며 100만인 서명운동과 대규모 시위를 벌여나간다. 그리고 1999년 9월에는 '100시간 연속 국민행동'을 내걸고 환경운동연합에서 농성을 실시했고 농성이 끝난 이후에는 사이버 농성캠프에서의 농성을 지속했다.

그리고 1999년 11월에는 교육관계법 개정, 국가보안법 폐지, 노동시간단축특별법 제정 및 근로기준법 개정, 부패방지법 제정, 의문사진상규명과 명예회복보상법 제정, 인권법 제정, 민주적 통합방송법 제정, 통합의료보험법 제정 및 약사법 개정 등 11개 개혁과제를 내걸고 교육관계법 재개정을 위한 교육시민사회단체연대회의, 국가보안법폐지 범국민연대회의, 참여연대 등 9개 관련 단체들이 모여 〈반민주악법 철폐 및 민주개

---

10 "김태정 장관 해임 및 총체적 국정개혁 촉구 국민연대행동주간 선언", 1999년 6월 7일. "시민·사회 단체들이 '개혁 실종'을 정면으로 비판하면서 연대투쟁에 들어간 것은 김대중 정부 들어 이번이 처음이다. 단체들은 공직자 윤리 확립, 부패방지법과 특별검사제 도입, 김중권 비서실장과 박주선 법무비서관 등 참모진 해임, 옷 로비사건의 재조사 등을 요구했다"(113개 시민단체, "대정부 연대투쟁", 『한겨레신문』, 1999년 6월 8일).

혁 법안 쟁취를 위한 범국민연대행동〉을 결성하고 이후 강력한 '사회적 동원'과 '정치적 로비'를 병행한 투쟁을 선언하게 된다.

이처럼 1995년부터 1999년까지의 시기 동안 반부패운동은 한국 사회운동의 '중추적'인 영역으로 자리 잡아 나갔고 그것은 '부패방지법 제정'이라는 공동의 목표로 결집될 수 있었다. 1996년 1월부터 시작된 참여연대의 부패방지법 제정운동은 '반부패'에 대한 높은 사회적 관심과 호의적 반응이라는 사회적 기회구조하에서 동원의 규모와 강도를 키워갈 수 있었다. 그리고 부패방지법 제정이라는 공동의 목표를 공유하는 '강고한' 입법동맹이 운동정치 차원에서 형성되었다. 반면 부패방지법 제정에 반대하거나 이를 지연시키려 하는 '반대 여론'이나 '반대 세력', 즉 반입법동맹은 운동정치 차원에서 형성되지 않았다. 운동정치 차원에서 형성된 강고한 입법동맹은 시민입법운동의 주체로 하여금 강력한 사회적 동원을 이끌어 낼 수 있게 만드는 조건이 되었다. 하지만 앞서 살펴봤던 바와 같이 제도정치 영역의 느슨한 입법동맹은 부패방지법 제정운동의 주체들이 강한 정치적 로비라는 운동 레퍼토리를 구사하기 어렵게 만들었다.

2. '약한 정치적 로비'와 '강한 사회적 동원'의 운동 레퍼토리

참여연대 맑은사회만들기본부는 "부정부패를 바로잡고 신뢰할 수 있는 깨끗하고 투명한 사회를 만들자"는 취지로 1996년 1월 9일 발족했다. 맑은사회만들기본부에는 정부 및 주요 정당의 반부패 정책에 대한 평가,

부패추방 캠페인, 부패방지 제도 도입을 위한 입법운동을 지원하는 정책사업단과 공익제보자의 보호·지원을 전담하는 공익제보지원단을 두고 권력형 부정부패에 대한 검찰 수사 감시, 정부의 반부패 정책에 대한 평가, 반부패 입법운동의 진행, 공익제보자 보호와 보상을 위한 법률적 지원을 전개해 왔다(참여연대 2004, 144).[11] 참여연대가 1996년 11월 국회에 제출한 부패방지 법안은 부패방지를 위한 최초의 종합적이고 체계적인 법률이라는 점에서 기존의 논의와 운동 수준을 한 단계 뛰어넘는 것이었다.[12]

이후 참여연대는 부패방지법 제정이야말로 부패 방지에 대한 가장 '근본적'이고도 '종합적'인 대책이라는 사실을 다양한 경로를 통해 강조했고 이러한 인식은 빠른 속도로 확산되어 갔다. IMF 1년을 맞아 사회원로

---

[11] 1998년 5월 19일 발족했던 정보공개사업단은 처음 발족 당시 맑은사회만들기본부 소속이었으나, 2000년 납세자운동본부 소속으로 전환한다. 이후 2003년 납세자운동본부가 해체되면서 다시 정보공개사업단은 맑은사회만들기본부에 소속되게 되었다.

[12] 그렇다면 왜 이 당시에 이처럼 '종합적인 부패방지대책'을 입법청원하게 되었을까? 이에 대해선 참여연대의 부패방지법 제정운동을 거의 처음부터 이끌었던 이태호 처장의 증언에서 많은 정보를 얻을 수 있다. "부패 관련 법률들은 이미 여러 개 있었는데 이를 하나로 묶어 종합적인 패키지 법률로 청원하게 된 것은 대중들에게 좀 더 쉽게 다가가기 위해서였습니다. '부패방지'를 위한 법률로 분명하게 상징화시키고자 했던 것입니다. 그리고 '부패의 사회적 비용'이라는 관점에서 부패 실태를 체계적으로 폭로하는 작업을 시도했습니다. 부패를 막지 않으면 그 비용을 감당하지 못해 망한다는 주장이었는데 결국 IMF 경제위기 등으로 인해 '망해 버린' 것이죠. 그리고 이미 참여연대는 내부고발자신고센터를 운영했습니다. 당시 '부패추방연합'이라는 조직이 새롭게 생겼는데 한 달 만에 회원이 2만 명이 될 정도로 사회적 관심이 컸습니다. 그런데 이 조직은 운동을 위한 별다른 준비를 갖추지 못했기 때문에 금세 실패했습니다. 그래서 저희는 좀 더 꼼꼼하고 체계적인 준비에 더 신경을 썼던 것입니다"(이태호 참여연대 협동사무처장과의 인터뷰, 2006년 4월 27일). 실제로 당시 참여연대가 처음으로 발표한 부패방지법(안)은 모두 8장 150조로 구성된 방대한 법안이었다.

들이 시국선언을 통해 IMF 경제위기를 가져온 근본 원인인 '부정부패'와 '정경유착'을 끊기 위해 종합적인 부패방지대책의 제도화가 절실하며 그 것이 바로 '부패방지법의 제정'이라고 밝히기도 했으며,[13] 공무원들의 과 거 소액비리에 대한 대통령의 관용조치 지시에 대해 그러한 선심성 발언 에 앞서 부패방지법의 제정과 특별검사제의 도입이라는 근본적 부패방 지대책이 우선되어야 한다는 성명을 발표하기도 한다.[14] 또한 1999년에 발생했던 '씨랜드 화재 참사'와 관련해 씨랜드의 불법 인·허가를 개인적 으로 막아 보려 했으나 결국 막지 못해 자책감에 시달리고 있던 공무원 의 사례를 들어 공익제보자보호제도가 포함된 부패방지법 제정이 얼마 나 필요한 것인가를 호소했다.[15] 이처럼 특별검사제의 도입과 부패방지 법의 제정이 한국 사회의 부패방지와 근절을 위한 가장 적절하고 필요한 대책임을 지속적으로 강조해 왔고 이러한 '지속'이 가능할 수 있었던 것 은 결국 참여연대 맑은사회만들기본부와 같은 안정적인 동원구조가 있 었기 때문이라고 할 것이다.[16]

---

13 "IMF 1년, 부정부패 추방과 부패방지법 제정을 위한 사회원로 103명 시국선언", 『개혁통신』 통권 9호, 1998년 11월 19일.

14 참여연대 성명서, "소액비리 공직자 관용 앞서 부패방지법 제정·특별검사제 도입해야", 1999년 3월 30일.

15 "굶어 죽어도 뇌물은 싫다"며 6개월 동안 씨랜드 불법 인·허가를 버텼던 화성군청 여 공무원 이장덕 씨는 도리어 어린 생명을 지키지 못했다는 자책감에 시달리고 있다고 김대중 대통령 이 대선 당시 공약으로 제시했던 공익제보자보호제도를 도입하고 부패방지법을 제정했다 면 씨랜드 수련원 화재와 같은 건축비리형 재난은 미연에 방지할 수 있었을 것이다('특별검 사제 도입과 부패방지법 제정촉구 국민행동' 성명서, 『197개 단체 100시간 연속 국민행동(철야농성) 을 마치며』, 1999년 9월 9일).

16 1996년 출범 당시 맑은사회만들기본부의 본부장은 김창국(변호사), 실행위원장 박원순(변

그렇다면 과연 부패방지법 제정운동의 1기라고 할 수 있는 1995년부터 1999년 기간 동안 참여연대 맑은사회만들기본부는 어떤 운동 레퍼토리들을 구사하며 제정운동을 전개해 나갔던가? 아래 〈그림 34〉는 부패방지법 제정운동 1기의 운동 레퍼토리 구성과 특징을 보여 준다.[17] 우선 가장 확연히 드러나는 특징은 성명, 보도자료, 기자회견 등 '언론'을 대상으로 한 활동이 압도적으로 많다는 사실이다. 그리고 집회, 시위, 소송 등

그림 34 | 부패방지법 제정운동 1기의 운동 레퍼토리(1995년 1월~1999년 12월)

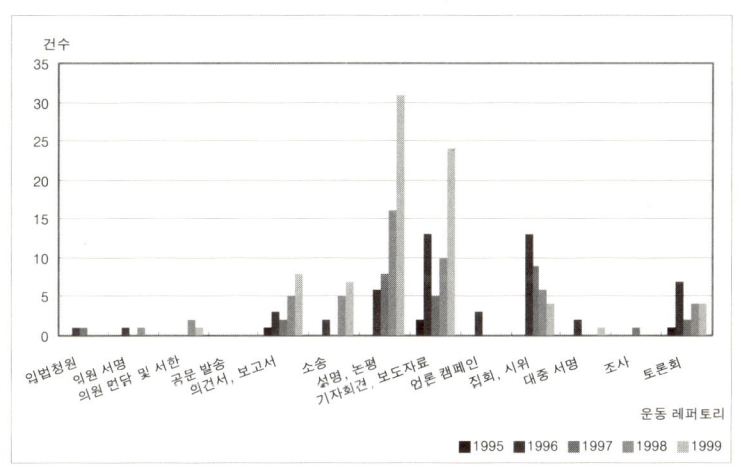

호사), 실행위 부위원장 박홍식(중앙대 교수), 윤태범(경기개발연구원), 그리고 10명의 실행위원, 정책사업단장 이은영(한국외대 교수), 14명의 정책위원, 11명의 시민위원, 그리고 이태호, 이수효, 박영선, 이은경 등 4명의 간사를 둔 대규모 사업단이었다(단 실행위원, 정책위원, 시민위원에는 약간 명씩의 중복이 있다)(참여연대 2004, 151-2).

17 참여연대 10주년 기념 자료집 『참여연대 10년의 기록 : 1994~2004』(참여연대 2004)의 자료들을 재구성한 결과다.

도 다른 운동 수단들에 비해 상대적으로 많은 건수를 나타내고 있다. 이들 운동 레퍼토리들은 모두 '사회적 동원'에 해당하는 것들이다.

이와 더불어 부패방지법 제정청원이 제출된 이후인 1996년부터는 '정치적 로비'에 해당하는 운동 레퍼토리들이 구사되기 시작한 점도 주목할 만하다. 1988년부터 1994년까지는 '약한 사회적 동원'이 주를 이루었고 '정치적 로비'는 거의 이루어지지 않았던 사실을 이미 확인한 바 있다. 그러나 1996년 참여연대의 부패방지법 제정청원이 이루어지면서 이를 매개로 의원 서명, 면담, 보고서 및 의견서 제출 등의 '정치적 로비'가 진행되기 시작한다. 그러나 이 시기는 여전히 '사회적 동원'이 '정치적 로비'에 비해 더 큰 비중을 차지하고 있고, '정치적 로비'는 그다지 활발하게 전개되지 못했다고 할 수 있다.[18]

부패방지법 제정운동이 시작되던 첫해인 1996년의 동원된 운동 레퍼토리들과 그것의 규모와 강도가 시간이 지나는 동안 매우 완만하게 조금씩 변화되는 모습을 보여 준다. 즉, 집회, 시위, 대중 서명과 같은 '대중' 동원과 소송을 이용한 '법률' 동원은 점차 줄어들고 '언론' 동원의 비중이

---

[18] 그러나 이 시기에 결성된 참여연대 '시민 로비단'은 '정치적 로비'의 기술을 한 단계 혁신시키기 위한 조직적 시도로 주목할 만하다. "참여연대는 여야 정치세력과 관료집단의 정치적 흥정에 법안을 맡겨 두지 않기 위해 1998년 7월 11일 '부패방지법 제정을 위한 시민 로비단'을 발족했다. 1996년 부패방지법 국회의원 서명에 뒤이은 2차 국회의원 서명운동 당시, 약 70명의 로비단원이 7개조로 나뉘어 미서명 국회의원들에게 전화걸기, 편지 보내기 등을 펼쳐 의원서명을 촉구했다. 그 결과 9월 10일까지 시민 로비단이 확보한 서명 국회의원 수는 196명에 이르렀고 이는 국회 재적의원 3분의 2에 해당했다. 시민 로비단은 9월 말까지 230명선까지 추가서명을 받아낼 수 있을 것으로 보고 있다. 이를 토대로 미서명 국회의원 명단을 언론에 공개해 유권자들의 압력행사를 유도하는 한편 법제사법위원회 소속 모든 의원을 상대로 한 맨투맨 로비, 여야 총재와의 면담 추진, 관계부처 방문, 언론사 논설위원 간담회, 각계인사들의 촉구서한 및 서명을 조직해 압력의 강도를 높인다는 전략이다"(이태호 1998).

늘어나고 있다. 이처럼 언론 동원의 비중이 커지는 것은 참여연대를 포함한 시민단체들의 경우 조직된 대중에 기반을 두어 전개되는 운동이 아니기 때문에 대중 동원력에는 한계가 있을 수밖에 없고, 또 민주화 이후 언론이 정치에 미치는 영향이 더욱 커지면서 '여론전'의 의미가 점점 더 중요해졌기 때문이라 할 것이다(김기식 2005, 211).

언론 캠페인을 준비하면서 우리는 실제 마케팅 그룹의 자문까지 받았습니다. 대중들에게 좀 더 쉽고 분명하게 우리들의 뜻을 전달하기 위해 표어나 슬로건을 정하는 데 있어서 전문가들과의 상의를 계속 거쳤지요. 실제로 처음 시작할 때의 캠페인 명칭은 '투명한 사회를 열자'였는데 그것보다 '맑은 사회'가 더 낫겠다는 의견이 많아 그렇게 바꾸게 되었던 것입니다. 그리고 별도의 로고도 제작했구요. 한겨레신문과 접촉을 시작하기 전에 이미 국내외에 부패관련 자료를 거의 대부분 수집했고, 그걸 토대로 50회분의 연재 아이템을 다 짜서 만났지요. 이렇게 연중 캠페인을 하게 됨으로써 1996년 한 해 동안의 주요한 다른 활동들이 모두 언론을 통해 공개되는 강점을 갖게 되었던 것입니다(이태호 참여연대 협동사무처장, 2006년 4월 27일).

부패방지법 제정운동 1기의 '정치적 로비'와 '사회적 동원'의 운동 레퍼토리 건수를 기준으로 다시 정리해 보면 〈그림 35〉와 같이 '사회적 동원'이 '정치적 로비'보다 월등히 큰 비중임을 알 수 있다. 이 가운데 성명, 논평, 기자회견, 언론 캠페인 등 언론의 동원이 가장 큰 비중을 차지했지만 집회, 시위, 대중 서명 등 대중들을 직접 동원하기 위한 노력도 비교적 활발하게 이루어졌다. 그러나 의원들을 직접적으로 압박할 수 있는 운동 레퍼토리들은 충분히 구사되지 않았고 그 가운데서도 상대적으로 더 소극적이라 할 수 있는 의견서나 보고서의 제출만이 꾸준히 계속되었고

그림 35 | 부패방지법 제정운동 1기의 '정치적 로비'와 '사회적 동원'의 구성과 변화

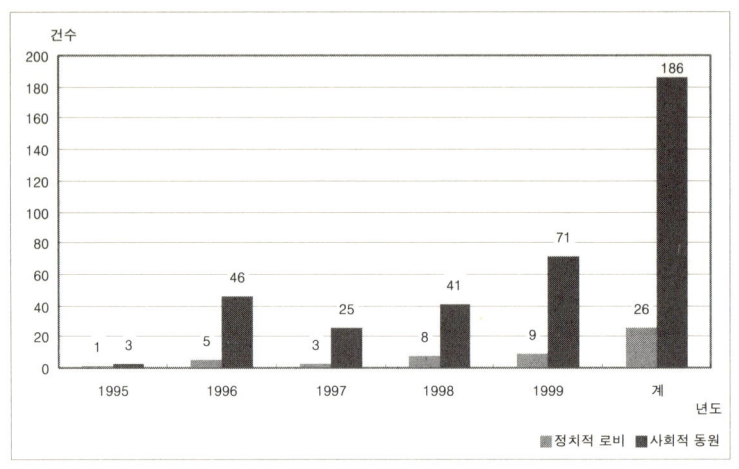

다른 로비 수단들은 집중성과 지속성이 떨어지는 양상이었다.

　시민입법운동에 있어서 '정치적 로비'는 해당 입법 의제를 적극적으로 지지하고 의원발의 등을 통해 법안을 추진할 의원을 확보하고 동조자를 만드는 한편, 법안에 소극적 의원들을 최소화시키고 적극적 반대자를 정치적으로 타격해 고립시키는 전략을 구사하는 것이 일반적이다(김기식 2005, 210). 이를 위해서는 의원들의 성향이나 해당 법안에 대한 태도를 분석하는 기초 작업이 선행되어야 한다. 부패방지법 제정운동의 경우 1996년 11월 입법청원을 제출하기 이전부터 국회의원 후보자 및 국회의원 당선자들로부터 '서명'을 받는 작업을 광범위하게 실시함으로써 '동조자'와 '반대자'를 구별할 수 있었고 여·야 정당 모두로부터 의원발의까지 이끌어 낼 수 있었으나 그것을 상임위원회에 상정시키는 데는 실패함으로써 본격적인 정치적 로비의 기회 자체를 확보할 수 없었다. 이는 감사원, 검찰과 같은 제도정치 차원의 '강고한' 반입법동맹과 달리 여당과 야당 모두 적극적이고 강한 입법동맹의 결성에 나서지 않았던 것과 관련있다.

뿐만 아니라 2000년 낙선운동 이전까지는 개별 정치인들에 대한 사회운동 차원의 압력에 대해 정치인들 스스로가 그다지 민감하게 반응하지 않았기 때문에 설령 부패방지법 제정을 지지하는 서명을 했다고 하더라도 그것을 통과시키기 위한 적극적 행동을 하지 않는 것에 대한 비판에 무감각했던 것이 사실이다. 그러나 1999년 국정감사시민연대의 활동을 필두로 국회의원 개인의 발언과 행동에 대한 '모니터링'이 본격적으로 실시되고 그것에 대해 '순위'를 매기거나 '명단'을 발표하는 권력감시운동이 본격화되면서, 그리고 무엇보다도 2000년 낙선운동을 통해 그러한 권력감시운동이 실제 선거의 당락에 영향을 미칠 수 있다는 사실이 확인되면서 부패방지법 제정에 대한 정치세력들의 긴장감 또한 높아지기 시작하면서 '정치적 로비'가 실질적 위력을 발휘하기 시작하게 된다. 이런 맥락에서 부패방지법 제정운동 1기의 운동 레퍼토리는 '약한 정치적 로비'와 '강한 사회적 동원'[19]으로 결합된 구성이었다고 요약할 수 있다.

---

19 197개 전국의 시민사회단체로 구성된 〈특검제 전면도입과 부패방지법 제정 국민행동〉은 4박 5일(1999년 7월 5~9일) 동안 환경운동연합 마당에서 농성을 벌이고 대중서명과 집회를 지속적으로 개최했다. 이처럼 이 시기의 '사회적 동원'은 비단 '건수'가 늘어났다는 의미에서 '강한 사회적 동원'이었던 것이 아니라 동원의 '강도' 차원에서도 이전 시기에 비해 훨씬 강했다고 할 것이다.

3. 임기만료 폐기, 그러나 '절반의 실패'

1996년 제정청원된 부패방지법은, 제정 운동이 시작된 후 2년이 지나지 않아 대통령 선거에 출마한 각 정당 후보들의 주요 공약 가운데 하나가 될 정도로 이미 중요한 정치적 의제로 부각되어 있었고[20] 김대중 정부 출범 이후에는 주요 국가 개혁 과제의 하나로 선정되었다. 그러나 야당 시절 부패방지법과 특검제 도입을 주장했던 김대중 대통령과 민주당은 정권교체 후 검찰의 반발에 밀려 오히려 특검제 도입에 반대하고 나섰으나, 다시 여론의 압력에 밀려 1999년 7월 2일 특검제의 전면 도입을 결정하게 된다. 그리고 1999년 12월 반부패기본법을 입법발의하게 되었다. 하지만 이 법안은 1996년 야당이었던 국민회의가 제출했던 법안과 달리 고위공직자비리조사처와 공직자윤리규정, 돈세탁금지조항은 빠진, 단순한 '기본법'의 형식에 불과한 것으로 실질적인 부패방지와 통제를 위한 법적 효력이 충분하지 않은 법안이었다.

국민회의에 이어 한나라당도 부정부패방지법을 발의했으나 대부분의 법안 내용은 국민회의와 동일했다. 다만 한나라당 안은, 국민회의가 계속 반대하고 있는 특별검사제 부분을 부패방지법 내에 추가하고 있다는 점에서 국민회의 법안과 구분되었다. 1999년 12월 24일 새정치국민회의 의 반부패기본법과 한나라당 부정부패방지법 안이 법사위에 계류되어

---

[20] 국민회의 170대 공약 가운데 정치 분야 주요 공약으로 부패방지법 제정, 특별검사제 도입이 있었으며, 한나라당의 150대 공약 가운데에도 부정부패방지법 제정 및 부정부패청산위 설치가 들어 있었다.

있으나 임시국회 회기를 불과 나흘밖에 남기지 않은 상황에서 단 한 차례 심의도 하지 못한 상태로 남겨져 있었고, 2000년 임시국회로 미뤄졌으나 결국 이때도 통과하지 못한 채 15대 국회에서는 임기만료로 자동폐기되었다(이영권 2002, 69).

결국 부패방지법 제정운동 1기의 입법적 결과는 입법청원 안이 국회에 소개되었을 뿐만 아니라 여당과 야당으로 하여금 각각 자신들의 법안을 작성·제출하게 했다는 점에서 중요한 진전이었다. 그리고 이것은 운동의 '의제화' 자체가 중요한 사회운동의 성과라는 점을 고려할 때 가시적 수준의 '성공'이라고 평가될 수 있을 것이다. 하지만 이러한 청원안과 각 정당의 법안들은 입법공간에서 제대로 토론조차 되지 못한 채 '임기만료 폐기'되어 버렸다는 점에서 분명한 '실패'에 더 가깝다고 할 것이다. 강력한 '사회적 동원'에 힘입어 각 정당이 자신들의 법안을 만들어 제출하게끔 하는 데까지는 성공했지만 그것을 두고 정부와 정당, 그리고 해당 법률의 입법을 요구해 온 운동 주체가 함께 논쟁하고 실제로 법률을 통과시키는 단계까지는 나아가지 못했던 것이다. 정부 부처들을 중심으로 형성된 강고한 반입법동맹을 압도할 만큼의 강한 입법동맹이 제도정치 내부에 형성되지 않은 상황에서 '정지적 로비'가 이루어지기란 어려울 수밖에 없었다.

부패방지법의 경우 국민적 공감대를 얻는 데는 상대적으로 쉬웠습니다. 그런데 문제는 부패방지법을 직접 제정해야 할 정치인 자신들에게는 이해관계가 얽힌 문제인 반면, 그것을 주창하는 집단 가운데는 필사적인 이해관계집단이 없었다는 것입니다. 부패방지법 제정운동 초기에 학내비리추방과 관련해 전교조와, 그리고 사무금융노련, 건설노련 등이 서명운동을 함께 하기는 했으나 이들 역시 느슨한 관계였다고 보는 것이 정확할 것입니다. 국민적 여론이라는 것이 매우 중요

표 10 | 부패방지법 제정운동 1기(1995~1999년)의 부패방지법 청원안 및 관련 법안

날짜	부패방지법 관련 청원안 및 법안 내역
1996년 11월	참여연대 부패방지법(공직자윤리규정, 돈세탁금지, 내부고발자보호, 고위공직자비리조사처 포함) 국회에 입법청원
1996년 12월	새정치국민회의 부패방지법 입법발의(참여연대 법안과 거의 동일). 당시 집권 여당이었던 신한국당이 부패방지법 제정과 특별검사제 도입등에 반대
1997년 10월 1일	자금세탁방지에관한법률안 의견청원
1998년 12월	제15대 국회의원에 대한 서명운동 결과 총 299명 중 253명 찬성
1998년 12월 3일	새로 여당이 된 새정치국민회의에서 '부패방지기본법안'이란 이름으로 국회에 제출
1999년 7월 2일	정부, 자금세탁방지에관한법률안 제출. 15대 국회 임기만료 폐기
1999년 12월	한나라당 '부정부패방지법안', 새정치국민회의 '반부패기본법안' 제안. 5개월여 만에 제15대 국회 임기만료로 자동 폐기

하지만 그것에는 입법을 구체화하는 힘이 없습니다. 따라서 실제 입법의 진행 과정에서 그것을 철저하게 모니터링 하는 그룹의 유무는 매우 중요할 수밖에 없습니다. 그래야 '조항'을 둘러싼 다툼이 가능하기 때문입니다. 그러한 이유들로 인해 부패방지법 제정운동 초기 단계에선 국회나 정부를 대상으로 한 강한 로비가 작동하기 어려울 수밖에 없었습니다(이태호 참여연대 협동사무처장, 2006년 4월 27일).

이처럼 부패방지법 제1기의 입법적 성과를 '법안의 통과 여부'만으로 따지게 된다면 그것은 운동의 '실패' 또는 '패배'라고 평가될 것이다. 청원 안은 물론 의원발의 법안들조차 상임위원회에 상정되지 못했기 때문이다. 그러나 보다 넓은 의미에서 본다면 이 시기 역시 결코 작지 않은 성과들이 있었다고 할 수 있다. '부패방지법'은 이제 더는 외국 사례로 소개되는 정도이거나, 참여연대라는 한 사회운동조직의 '주장' 수준의 의제가 아니었다. 대통령은 물론 정부 부처, 각 정당, 언론 그리고 다른 사회운동 단체들 모두 '부패방지법'을 반부패 정책의 기본으로 받아들였고 반부패를 위한 제도대안의 '프레임'으로 받아들여지게 되었던 것이다. 실제로 2000년 16대 총선에서 각 정당들은 모두 부패방지법의 제정을 공약으로 내걸었을 뿐만 아니라 16대 국회 개원과 더불어 곧바로 각 정당의 부패 방지 법안이 국회에 발의되게 된다. 이로 인해 15대 국회에서와 달리 16 대 국회에서는 일찌감치 입법공간 안에서 부패방지법 제정이라는 의제 가 다뤄질 수 있는 상황이 된 것이다. 이런 맥락에서 이 시기 부패방지법 제정운동의 결과는 그냥 '실패'가 아니라 '절반의 실패'로 보는 것이 정확 할 것이다.

9장 '절반의 성공'으로 끝난 부패방지법 제정운동 2기(2000~2001년)

1. 반입법동맹을 이겨 낸 입법동맹

1) '강화된' 입법동맹과 여전히 '강고한' 반입법동맹의 대립 : 제도정치의 입법동맹 구도

1970년대 중반부터 미국은 UN 경제사회이사회를 통해 국제무역에서의 불법적인 지불illicit payment을 척결하는 국제협정을 추진했으나 별다른 진전을 거두지 못하다가 1990년대 이후 세계무역기구WTO, 세계은행World Bank, 국제통화기금IMF 등 각종 국제기구에서 부패방지 관련 논의가 미국의 주도로 다시 부각되기 시작했다. 1995년 미국 정부 주도로 이루어진 윤리라운드가 출범하고, 그 결과 한국이 회원국으로 가입되어 있는 OECD는 1997년 뇌물방지협약을 체결하게 된다. 1998년 8월 17일 한국 정부가 부패방지종합대책을 발표한 것도 이러한 국제사회로부터의 압력이 컸기 때문인 것도 사실이며, 반부패특별위원회와 국무총리 국무조정

실은 부패방지법과 소위 돈세탁방지법의 제정에 심혈을 기울일 수밖에 없었다(김태룡 2003, 18-9).[1]

이러한 외부로부터의 압력과 더불어 김대중 후반기에 접어들면서 터져 나온 각종 게이트와 부패 사건들로 인해 김대중 정부는 상황 돌파를 위한 대책 마련이 필요한 시점이었다. 1999년 5월 '옷 로비 사건'이 터지고 이후 이 사건에 대한 특별검사의 수사가 진행되면서, 김 대통령의 직무수행에 대한 긍정평가가 취임 이후 최초로 50% 이하인 46.4%로 하락했고, 이후 2000년 6월의 남북 정상회담으로 인해 긍정적 평가가 다소 증가하긴 했지만, '한빛은행 불법대출 사건' '동방금고 사건' '이용호 게이트' '진승현 게이트' '두 아들 비리' 등 각종 비리사건이 연이어 터지면서 집권 후반기 김 대통령 직무수행에 대한 긍정평가는 30% 이하로 급감했기 때문이다("비화 국민의 정부" 동아일보 특별취재팀, 2005). 역설적으로 이러한 계속된 게이트들이 정부·여당으로 하여금 반부패 대책의 진전을 강제하도록 했고, 결과적으로 부패방지법의 제정을 앞당기는 계기가 되었다고 할 수 있다. 실제로 2000년 이후 김대중 대통령은 이전에 비해 더욱 구체적이고 적극적으로 부패방지법의 제정을 약속하고 지시한다.

그러나 부패방지법을 제정하겠다는 대통령의 계속된 약속에도 불구하고 법무부와 검찰, 감사원 등의 반발은 계속되었다. 법무부는 민간인

---

[1] 부패방지입법시민연대의 공동대표였던 김태룡에 따르면 2000년 당시 반부패특별위원회나 국무조정실 담당국장들이 부패방지입법시민연대에 법제정에 대한 협조를 요구하면서 OECD 뇌물방지협약에 따라 늦어도 2000년 중반까지 돈세탁방지법 등을 제정하지 않으면 국제무역에서 심각한 제재에 직면할 것이라는 OECD의 주문이 있었음을 강조했다고 한다(김태룡 2003, 19).

표 11 | 부패방지법 관련 김대중 대통령 발언 정리(2000~2001년)[2]

날짜	발언 내용
2000년 1월	신년사 "올해에도 인권법·반부패기본법 등 개혁입법을 계속 추진하겠다"
2000년 4월 24일	여야영수회담 "부패방지법, 인권법 등의 조속한 처리" 합의
2000년 8월 15일	8·15 경축사 "내년 2월까지 4대 개혁을 완수하고 인권법과 부패방지법을 제정·시행하며, 국회 중심의 상생적 대화정치를 실현해 나가겠다"
2000년 11월 13일	공직비리 사정(司正)과 관련해 "이번이 마지막 결전이라는 생각으로 검찰, 경찰, 감사원 등을 총동원해 비리를 척결해 나갈 것"이라고 강조
2001년 1월	연두기자회견 "인권법과 반부패기본법의 제정, 국가보안법 개정 등 개혁입법을 실현시키겠다"
2001년 1월 13일	정부 업무추진보고회 "한국은 이제 세계에서 민주인권국가로 인정받는다. 인권법, 부패방지법을 제정하고, 국가보안법을 개정해야 한다"
2001년 3월 1일	국민과의 대화 "반부패기본법과 돈세탁방지법은 반드시 통과시키겠다"
2001년 4월 9일	국무회의 "4월 임시국회에서 국가 미래와 관련된 약사법, 인권법, 반부패기본법, 돈세탁방지법, 국회법 등이 통과될 수 있도록 각 장관들이 노력해 달라"

으로 구성된 위원회가 부패방지를 위한 제도개선 등을 총괄할 경우 다른 행정기관의 자율성을 침해할 수 있고, 다른 기관과의 중복, 민간위원들의 전문성, 견제 장치의 부재 등을 들어 반대 입장을 분명히 했다. 감사원 역시 반부패특별위원회가 순수 자문기구가 아닌 집행기구적 성격을 갖는 것에 대해 반대하면서 특히 그것이 감사원의 상부기관이 되는 것이 아닌가라는 강한 우려를 나타내며 반발했다(이영권 2002, 81-2). 이러한 정부 부처들의 반발과 더불어 정당들의 입장 역시 확연한 대립을 나타냈다. 부패방지법 제정 자체에는 모두 찬성했지만 특히 특별검사제의 도입과 관련해 여당과 야당의 입장이 크게 달랐던 것이다.

---

2 김대중 대통령 부패방지법 제정 약속 4년, 공언空言의 역사 2001년 4월 27일.
(http://hrights.or.kr/note/read.cgi?board=pds&nnew=2&y_number=52)

2000년 4월 15대 총선 당시 여야 3당은 모두 부패방지법의 제정을 공약으로 내걸었으며, 총선 이후 개최된 여야영수회담에서도 부패방지법 제정에 합의하게 된다. 새천년민주당은 1999년 발의했던 법안이 15대 국회에서 임기만료 폐기된 이후, 2000년 11월 25일 반부패 기본 법안을 다시 발의했다. 2000년 발의안은 1999년도 법안과 크게 달라지지 않은 내용으로 구성되어 있었는데 반부패특별위원회에 대한 규정과 내부고발자 보호규정, 국민감사청구와 비위면직자 취업제한 등을 내용으로 하고 있었다. 새천년민주당은 지난 1996년 법안 제출 당시에는 고위공직자비리조사처와 특별검사제를 모두 담았으나 1998년부터 두 내용을 모두 삭제했고 2000년 발의 법안에서도 마찬가지였다(이영권 2002, 80). 한편 한나라당은 2000년 12월 16일 부정부패방지 법안을 국회에 제출했고 그 내용은 부정부패방지위원회 설치, 공익정보제공자 보호, 국민감사청구, 특별검사, 처벌조항 등을 포함한 것이었다.[3] 그러나 한나라당의 부패방지 법안에서는 공직자윤리규정이 제외되었다는 점이 가장 큰 문제로 지적되었고 내부고발자 보호조항 역시 미흡하다는 비판이 제기되었다.[4]

이렇게 서로 대립하던 여야 정당들은 2001년에 들어서면서 구체적인 내용의 합의를 형성해 가기 시작했다. 2001년 4월에는 "3당 원내총무 및

---

3 한나라당의 2000년 '부정부패방지 법안'은 1999년 국회에 제출했던 법안 내용과 크게 다르지 않다. 다만 흥미로운 것은 1999년 제출 법안 제6조에서 '국가와 지방자치단체는 부정부패추방을 위한 각종 시민사회단체의 운동을 적극 지원할 책무를 진다'고 규정하고 있던 이른바 부정부패추방시민운동단체운동 지원의무에 관한 조항이 2000년 법안에서는 삭제되었다는 사실이다(강성남 2002, 29).

4 부패방지입법시민연대, "공직자윤리규정이 없고, 내부고발자 보호조항 미흡한 것은 큰 문제 : 한나라당 부정부패방지법안에 대한 논평", 2000년 12월 8일.

법사위 간사 6인은 23일 부패방지 법안 관련 회의를 갖고, 공익제보자 보복행위 조사권 및 공직자윤리규정 포함 등 주요 핵심사항을 모조리 배제하기로 합의"했고,[5] 1996년 당시 참여연대가 처음 제기했던 내용과는 물론 이후 부패방지입법시민연대가 새로이 제정청원하며 요구했던 '종합적 부패방지대책'으로서의 부패방지법이 아닌 그저 '허수아비 부패방지위원회법'으로 전락해 버린 법안을 두고 여당과 야당이 논의를 진행하는 양상이 전개되었다. 여당과 야당은 '특별검사제' 문제를 놓고 힘겨루기를 계속했으나 막상 핵심적인 내부고발자보호 강화, 공직자윤리규정 강화 등의 내용에 대한 논의는 뒷전으로 밀렸고 결국 민주당이 제출한 최종안으로 법사위를 통과하게 된다.[6]

2) 더욱 '강고해진' 입법동맹의 결성 : 운동정치의 입법동맹 구도

(1) 반부패 담론 환경

2000년 16대 총선 당시 낙천·낙선운동은 '부패'에 관한 정치적·사회적 관심을 증폭시켰다. 우선 '부패·무능 정치인의 퇴출'이 16대 총선의

---

5 "부패방지법, 핵심조항 모두 빠져 : 제보자 보복(불이익) 행위 조사권 및 처벌규정 두지 않기로, 공직자윤리규정 제외해 빈껍데기 법안 우려", 2001년 4월 23일.

6 "오전 10시 30분부터 법사위 소위원회는 부패방지법에 대해 논의해 왔다 …… 지금 여야가 논의하고 있는 법안은 종합적 부패방지법이 결코 아닐 뿐 아니라 최소한의 내부고발자보호법도 아닌, 실효성이 지극히 의심되는 '허수아비 부패방지위원회법'일 뿐이다. 우리는 모든 국민과 국회의원들에게 이 생색용 빈껍데기 법안의 처리에 반대할 것을 호소한다"(부패방지입법시민연대, "부패방지법, 결국 생색내기용 법안으로 끝나나", 2001년 4월 30일).

시대적 과제로 설정되었고 각 정당들 역시 이러한 시민운동의 요구를 일부 수용하며 부패한 정치인들을 공천과정에서 탈락시켰다. 비록 '낙천·낙선' 리스트를 선정하는 기준으로 직접 적용하지는 않았지만 부패방지법에 대한 찬반 여부는 후보자에 대한 정보공개에 있어 유일하게 입법에 대한 태도를 기준으로 한 것이었다. 결과적으로 부패방지법 제정에 찬성하지 않았다는 사실 자체가 부패에 대한 강력한 척결 의지가 없음을 나타내는 표지標識가 되기도 했다.

> 2000년 총선 이후 민주당과 한나라당 모두 부패방지 법안을 곧바로 발의했습니다. 1996년에 부패방지법을 청원한 이후 의원들에 대해 찬성에 동의한다는 서명을 부탁하는 이상의 압력 수단을 갖지 못했으나 2000년 낙선운동 이후 이러한 힘관계가 역전된 것입니다. 이제 부패방지법의 제정 자체는 더는 물릴 수 없는 당연한 것이 되었습니다. 2000년 총선 과정에서 이미 각 정당들은 자기개혁의 차원에서 부패한 인물들에 대한 공천 탈락을 시작했고 총선 이후 부패방지법을 제정하는 것은 거의 생존의 문제가 되었습니다. 각 정당들의 이러한 태도 변화로 인해 부패방지법 제정운동은 국회에 대한 접근성이 더욱 높아졌고 소위원회에 대한 아주 세밀한 모니터링까지 시도할 수 있게 되었던 것입니다(이태호 참여연대 협동사무처장, 2006년 4월 27일).

〈그림 36〉에서 알 수 있듯이, 1999년부터 '반부패' '정치개혁' '부패정치' 등에 대한 언론의 보도가 급격히 늘어나기 시작해 2000년, 2001년에 정점을 이루었고, 부패방지법에 대한 보도 건수 역시 1999년, 2000년, 그리고 2001년에 가장 많아졌음을 알 수 있다. 실제로 2000년 낙선운동을 경험한 이후 고위 관료나 정치인들의 부패에 대한 사회적 감수성은 매우 발달하기 시작했다. 특히 2000년 총선 직후 당시 총리였던 박태준 총리가 재산은닉과 조세회피 등의 혐의를 받게 되자 부패방지법 제정운동을

전개해 오던 단체들은 부패방지법의 제정을 통해 이러한 사건의 반복을 막을 수 있다고 주장했으며,[7] 2000년 하반기 들면서 계속 터지기 시작한 각종 게이트 사건에 대해 부패방지법과 같은 종합적인 법률대책 부재가 그러한 게이트를 반복케 한다는 주장이 점점 더 설득력을 얻어 가게 되었다.

그림 36 | 부패청산·정치개혁·부패방지법 보도 건수[8]

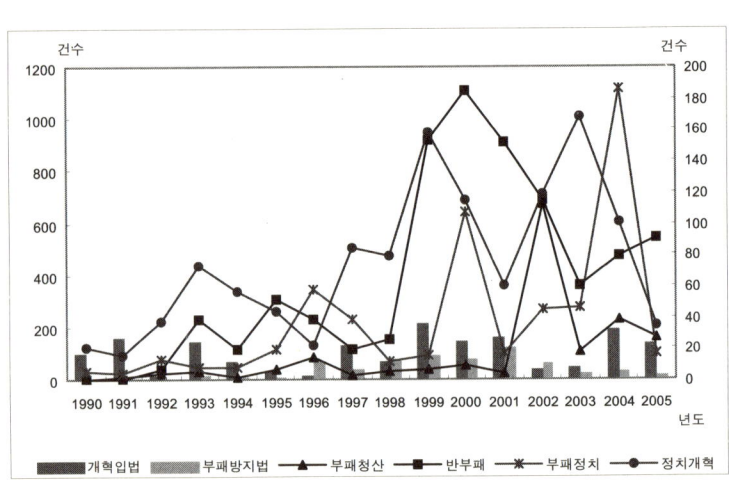

7 참여연대 성명서, "박총리의 '재산축소신고'는 국가적 수치, 부패방지법 제정 서둘러야 : 차명 계좌 허용금지 등을 포함한 금융실명제 강화 및 금융소득종합과세제도 조기 시행돼야", 2000년 5월 19일.

8 한국언론재단 기사 검색. 검색 언론 : 조선일보, 한겨레신문, 오마이뉴스, 시사저널, KBS. 검색 기간 : 1990년 1월 1일~2005년 6월 30일. 검색어 '개혁입법' '부패방지법' '부패청산' '반부패' '부패정치' '정치개혁'.

이러한 상황에서 부패방지법 제정을 반대하거나 지연시키려는 시도
는 스스로를 '부패 세력' 또는 '부패옹호 세력'으로 자임하는 것이나 마찬
가지의 처신이었다. 따라서 문제는 더는 부패방지법의 '제정' 여부가 아
니라 그것의 제정 시기와 구체적 조항을 둘러싼 다툼으로 성격이 전환되
어 갔다. 감사원이나 검찰 등 사정기관의 반발은 조직의 권한 축소를 우
려하는 '밥그릇 챙기기' 이상의 의미를 대중적 설득력을 갖지 못했으며
각 정당들 또한 정부 부처들의 반발을 우선적으로 고려하기 힘든 상황에
도달했음을 절감하게 되었던 것이다. 2000년 11월 말부터는 국가보안법
폐지, 올바른 인권법 제정과 더불어 부패방지법 제정을 '3대 개혁입법'의
차원에서 요구되기 시작했고, 연말과 연초에 걸쳐 수많은 활동가들이 목
숨을 건 명동성당 농성까지 전개하기에 이르게 되면서 부패방지법 제정
에 대한 사회적 관심은 더욱 증폭되었다.[9] 위의 〈그림 36〉에서 알 수 있
듯이 2000년은 반부패 관련 담론들의 정점을 형성했다. 이처럼 2000년
낙선운동을 시작으로 2001년까지의 기간 동안은 반부패와 부패방지법
제정에 대한 언론과 대중들의 관심이 그 어느 시기보다 높아졌고 이러한
담론 환경은 부패방지법 제정을 위한 동원의 규모와 강도를 키울 수 있
는 절대적으로 유리한 사회적 기회로 작용했다.

---

[9] "지난 11월 말, 우리 시민사회단체들은 진정한 변화와 개혁을 향한 마지막 소망의 불꽃이 꺼
져 가는 이 위기의 순간을 타개하고 참다운 국정쇄신을 추진할 최소한의 징표로서 3대 개혁
입법의 연대 처리를 촉구하는 3일간의 농성에 돌입하였다"(3대 개혁입법 처리 촉구 시민사회단
체 성명서, "개혁이 죽어 가고 있다 : 3대 개혁입법 회기 내 미처리에 대한 시민사회단체 대표자 기자회
견", 2001년 1월 8일).

(2) 반부패운동 지형

IMF 경제위기하에서 정치권은 개혁의 주체가 되지 못하고 오히려 개혁의 가장 큰 걸림돌이자 대상이라는 인식이 확산되었고, '부패정치인의 퇴출'은 국민적 염원이 되어 2000년 1월부터 약 100일간의 국민적 운동으로 낙선운동이 전개되었다. 1999년 당시 40개 단체가 결성했던 〈국정감사모니터링시민연대〉의 활동에 대한 정치권의 반발로 아예 국정감사모니터링 자체를 불허당하는 사건을 계기로 보다 강력한 정치개혁운동에 대한 공감대가 시민단체들 내부에 확산되었다. 그리고 1999년 12월 정기국회 폐회 이후 수차례의 예비모임을 거쳐 2000년 1월 12일 412개 단체가 참여한 2000년 총선시민연대가 출범했고, 최종적으로는 중앙 및 지역조직을 모두 포함해 1,056개 단체가 참여하는 초대형 연대조직이 건설되었다. 2000년 낙선운동 당시 공천대상자 및 후보자들의 '부패 행위'는 핵심적인 판단대상이었고, 부패방지법 제정에 대한 태도는 중요한 정보공개의 대상이었을 정도로 낙선운동은 '반부패운동'의 성격을 강하게 갖는 것이었다. 결과적으로 전체 낙선 대상자 86명 가운데 59명이 낙선되어 68.6%의 낙선율을 기록하는 등 2000년 낙선운동은 성공적으로 전개되었고 사회운동을 통한 '낡고 부패한 정치인'의 퇴출이 가능하다는 사실을 확인시켜 주었다(조희연 2004, 364-72).

2000년 총선 이후 개혁입법들을 통과시키기 위한 운동진영 내부의 연대는 더욱 강화되어 갔다. 2000년 낙선운동 이후 기존의 한국시민단체협의회의 틀을 넘어 보다 광범위하고도 체계적인 시민사회단체들의 상설 연대체 결성이 준비되기 시작했다. 참여연대, 환경연합, 여성연합, 녹색연합 등 32개 단체들이 참가한 '시민사회단체연대회의(가칭) 준비위원회'는 상설 연대체의 결성 이전 시기인 2000년 11월 27일부터 30일까지 이미 '3대개혁입법 제·개정 촉구 시민행동'을 조직해 전개했다.

한편 2000년 총선시민연대의 활동은 인터넷과 사회운동의 결합에 있어서도 중요한 경험이 되었고, 2000년 말 집중적으로 전개되었던 '3대 개혁입법' 실현을 위한 시민·사회 단체들의 운동에서도 본격적인 '사이버 공동 행동'이 조직되기 시작했다. 2000년 12월 13일부터 23일까지 전개된 '개혁과제 실현을 위한 사이버 공동행동'에는 시민·민중 단체들이 광범위하게 결합해[10] 새로운 연대의 틀을 마련했고 이를 계기로 반부패운동의 동원 규모와 강도 또한 더욱 커지게 된다. 특히 2001년 2월 7일에는 '3대 개혁입법'을 주도해 온 각 사안별 연대체와 시민사회단체연대회의(가칭) 준비위원회가 결합해 '3대개혁입법 쟁취 국민행동'을 결성하기에 이른다.[11]

이처럼 2000년 낙선운동 이후 한국 사회운동은 민중운동과 시민운동이 구체적 입법사안을 매개로 '연대'하는 기회들이 많아졌고 이러한 연대를 통해 입법운동이 동원할 수 있는 규모와 강도는 그 이전과 비교해 월등히 커지고 높아졌던 것이다. 반부패운동 역시 예외는 아니었으며 무엇보다 '3대 개혁입법' 가운데 하나로 설정됨으로써 더욱 강한 연대와 지지

---

10 한국여성단체연합, 여성민우회, 참여연대, 녹색연합, 환경운동연합, 민주노총, 전국연합, 전농, 민주노동당, 진보네트워크센터, 한국노동네트워크협의회, 언론개혁시민연대, 박정희기념관반대국민연대, 국가보안법폐지국민연대, 외국인노동자차별철폐와기본권보장공동대책위, 비정규노동자기본권보장과차별철폐를위한공동대책위, 투자협정WTO반대국민행동, 정보통신검열반대공동행동, 건강연대, 한국비정규노동센터, 새사회연대, 청년진보당, 한국여성노동자회협의회.

11 국가보안법폐지국민연대·부패방지입법시민연대·시민사회단체연대회의(가칭)준비위원회·올바른국가인권기구실현을위한민간단체공동대책위원회.

의 틀을 구축할 수 있게 되었다. 이미 부패방지법 제정운동 1기 기간 동안 연대의 폭과 강도를 넓히며 강력한 입법동맹을 구축하기 시작했으나, 부패방지법 제정운동 2기에 이르게 되면 이러한 입법동맹은 더욱 강고해지고 동원의 규모 또한 훨씬 커졌음을 확인할 수 있다. 부패방지입법시민연대를 중심으로 형성된 강력한 입법동맹은 부패방지법 제정운동 2기의 기간 동안 '강한 사회적 동원'은 물론 '강한 정치적 로비'를 지속하는 데 있어 중요한 영향을 미쳤다.

2. '강한 정치적 로비'와 '강한 사회적 동원'의 운동 레퍼토리

2000년 4월 16대 총선이 끝난 직후인, 5월 16일 경실련, 한국YMCA전국연맹, 참여연대 등을 포함한 시민단체들이 모여 시민단체 공동안을 마련하고 공동으로 제정운동을 추진할 것을 합의하면서 부패방지법 제정을 위한 연대운동이 본격적으로 시작되어 2000년 7월 〈부패방지입법시민연대〉가 결성되게 된다.[12] 1996년부터 1999년까지의 부패방지법 제정운동의 경우 '참여연대'의 부패방지법 제정운동에 다른 사회운동단체들이 '연대'하는 양상으로 전개되었다. 참여연대가 제시한 부패방지법의

---

12 당시 부패방지입법시민연대 공동대표단은 다음과 같다. 김태룡(경실련 부정부패추방운동본부 본부장), 이남주(한국YMCA전국연맹 사무총장), 이은영(참여연대 맑은사회만들기운동본부 본부장), 지은희(한국여성단체연합 대표), 최열(환경운동연합 사무총장), 한충길(흥사단 투명사회위원회 위원장), 효림(반부패국민연대 부회장).

내용과 틀은 정당들의 법안에도 반영되었을 뿐만 아니라 다른 사회운동 조직들로부터도 신뢰받는 종합적인 부패방지대책이 되었다. 그리고 2000년 낙선운동과 16대 국회의 구성을 계기로 더불어 부패방지법 제정 운동 또한 새롭게 전개되기 시작한다. 2000년 5월부터 주요 시민사회단체들이 모여 부패방지법 제정운동을 공동으로 벌여 나가기 위한 조직 틀의 재구성을 논의하기 시작했고, 부패방지입법시민연대라는 부패방지법 제정운동만을 목적으로 하는 38개 단체로 구성된 연대조직이 건설되게 된 것이다.

> 낙선운동은 부패방지법 제정운동을 연대해 전개하는 데 중요한 경험이 되었습니다. 또한 경실련 등이 빠진 채 참여연대만이 주도하는 운동에는 한계가 있다는 판단을 하기도 했구요. 많은 단체들이 세밀한 부분까지 공동으로 하는, 예를 들자면 법안의 조항까지 공유하는 그런 연대 사업이 필요하다고 생각을 했습니다. 그래서 경실련과 한국YMCA 등을 부패방지법 제정운동에 적극적으로 결합하도록 제안했고 실제 부패방지입법 시민연대의 사무국도 참여연대가 아닌 한국YMCA에 두게 된 것입니다(이태호 참여연대 협동사무처장, 2006년 4월 27일).

부패방지입법시민연대의 결성과 더불어 본격적으로 시작된 부패방지법 제정운동 2기의 운동 레퍼토리를 1기와 비교할 때 '연속'과 '차이'의 지점이 발견된다. 우선 38개 단체들의 연대조직을 기반으로 한 '강한 사회적 동원'은 계속되었다. 앞선 시기의 경우 1996년부터 1999년까지 4년에 걸쳐 진행된 것이었기 때문에 이후 2년간의 절대 건수는 다소 줄어들었지만 '사회적 동원'이 여전히 활발하게 전개된 것은 분명하다. 특히 이 시기의 '사회적 동원'에서 언론의 동원을 목적으로 하는 운동 레퍼토리 비중이 매우 높아진 반면 고소나 고발 등 법률을 동원하는 운동 레퍼토리는 더는 사용되지 않는다. 이는 무엇보다 2001년 당시 법안이 상임위원회와 본회의에서 심의되는 과정 동안 밀착해 그 과정을 모니터링하고 그때그때마다 긴급 성명이나 논평 등을 발표했기 때문에 그 건수가 늘어났고, 이미 상황 자체가 입법 '여부'의 차원이 아니라 '시기'와 구체적인 '내용'을 둘러싼 다툼으로 전개되었기 때문이다.[13] 그리고 '대중'을 직접적으로 동원하기 위한 집회와 시위는 여전히 많이 이루어졌고 2000년 말부터 2001년 초까지 진행된 '3대 개혁입법 실현을 위한 농성' 등 오히려 앞 시기에 비해 더욱 격렬하게 전개되어 동원의 규모와 강도 모두에 있어 앞 시기를 훨씬 상회한다고 할 수 있을 정도로 강한 사회적 동원이 계속되었다.[14]

한편 이 시기에는 특정 언론과 진행하는 언론 캠페인은 이루어지지 않았지만 인터넷을 활용한 사이버 캠페인이 본격적으로 시작되어 '사회적 동원'의 규모와 강도를 더욱 키울 수 있었다는 점에 주목할 필요가 있다. 20대 개혁과제 실현을 위한 시민사회단체 사이버 공동행동 주간이 2000년 12월 13일부터 23일까지 선언되었고, 2001년 2월부터 시작된 '3대 개혁입법 쟁취 국민행동'과 발맞춰 "3대 개혁입법 쟁취를 위한 사이버

---

13 소송은 법률 제정의 필요성을 사회적으로 환기시키는 데 중요한 수단이 된다. 예를 들어 참여연대가 삼성, 현대 등 재벌기업들을 상대로 한 고발, 주주대표소송 및 손해배상소송 등은 기업 경영의 투명성을 제고하고 기업지배구조를 개선하기 위한 상법 및 증권거래법 개정이나 집단 피해 구제를 위한 증권관련 집단소송법의 필요성을 구체적 사례를 통해 알린 경우라 할 것이다(김기식 2005, 208).

14 2000년 11월 27일~30일까지 '3대 개혁입법 제·개정 촉구 시민행동'이 조직되었고, 연말의 목숨을 건 12박 13일의 단식농성이 진행되었다. 그리고 2001년 2월 19일부터 3월 1일까지 다시 '3대 개혁입법 쟁취 국민행동'이 전개되었다.

공동행동"이 전개되었다.[15] 이미 2000년 총선시민연대 활동을 통해 시민운동진영에서도 인터넷의 위력을 절감했고 그 이후 인터넷을 활용한 운동에 많은 투자가 이루어졌으며 민중운동진영은 보다 일찍부터 PC통신 공간과 인터넷 공간에서의 활동에 주력해 오고 있었다(민경배 2002; 김종길 2004). 이들이 '3대 개혁입법'이라는 공통의 목표를 매개로 결합하면서 인터넷을 이용한 동원의 규모는 급격히 커지게 된 것이다.

그리고 더욱 분명한 변화는 앞선 시기의 '약한 정치적 로비'와 비교할 때 그것의 강도와 빈도가 더욱 많아진 '강한 정치적 로비'가 부패방지법 제정운동 2기에 이루어졌다는 사실이다. 의원들을 직접적으로 압박할 수 있는 면담 건수가 급격히 많아졌고,[16] 입법의 제도적 행위자들을 압박할 수 있는 각종 공문의 발송, 의견서와 보고서의 제출이 확연히 늘어났다. 이러한 '정치적 로비'의 활성화는 앞 시기와 달리 각 정당이 제출한 법안이 곧바로 상임위원회(법제사법위원회)에 상정되었기 때문이기도 하지만, 2000년 낙선운동을 거치면서 의원들을 대상으로 한 모니터링의 기법이 더욱 정교해지고 능숙해졌으며, 16대 국회에서부터는 비록 제한적이긴 하지만 상임위원회의 소위원회에 대한 모니터링까지 이루어지기도

15 "21일과 22일에는 온라인 집회입니다. [사회재의 제안에 따라 시위 문안을 올리거나 구호를 반복하시면 됩니다. 27일, 28일, 3월 1일에는 가상연좌시위(서비스거부공격)입니다. 여러분의 브라우저의 "새로 고침" 버튼을 반복해 누르는 시위입니다. 이와 함께 온라인 서명 운동도 진행됩니다. 그리고 여러분이 소속된 단체의 홈페이지에 "3대 개혁입법 쟁취" 배너를 달아주십시오"(http://cyberact.nodong.net/old/main_0102.php#ill).

16 이 기간까지의 면담은 주로 각 정당의 지도부나 정책책임자들을 대상으로 시도되어 당 대표, 정책위 의장, 해당 정책조정위원장 등에 집중되었다. 그러나 17대 국회에 들어 여·야 모두 당적 통제가 약화되어 해당 상임위 의원들을 개별적으로 설득하는 것이 더욱 중요해지고 있다(김기식 2005, 210).

그림 37 | 부패방지법 제정운동 2기의 운동 레퍼토리(2000년 1월~2001년 7월)[17]

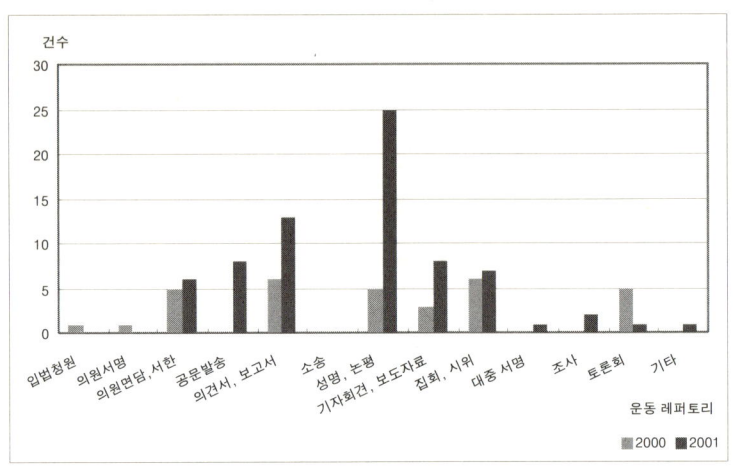

했기 때문에 법안 논의 과정과 거의 동시에 성명과 논평을 발표하는 것이 가능할 수 있었다.

바로 이러한 맥락에서 부패방지법 제정운동 2기에는 '강한 사회적 동원'과 '강한 정치적 로비'가 균형 있게 구사되었다는 점이 강조되어야 할 것이다. 부패방지법 제정운동 2기는 단순히 입법청원과 관련된 법안이 '발의' 또는 '제출'되는 것까지를 목표로 하는 시기가 아니었다. 정부, 여당, 그리고 야당은 일찌감치 자신들의 입장을 정리한 법안을 국회에 제

---

17 이 시기 부패방지법 제정운동은 기본적으로 부패방지입법시민연대의 틀로 이루어졌기 때문에 참여연대 맑은사회만들기본부의 운동 레퍼토리가 아닌, 부패방지입법시민연대의 그 것을 정리했다(부패방지입법시민연대 2001, 8-13).

출했고 1기에서와 달리 상임위원회인 법제사법위원회 상정 또한 이미 이루어졌다. 또한 '참여연대'의 부패방지법 제정운동이 아니라 시민사회단체들 '공동'의 부패방지법 제정운동으로 운동의 성격과 규모가 확대되었고 개별적 조항들까지 의견을 조정해 마련한 시민단체 공동 안이 부패방지입법시민연대의 이름으로 국회에 청원되어 있었다. 그리고 이들 법안들은 15대 국회에서와 달리 곧바로 해당 상임위원회인 법제사법위원회로 회부되어 입법공간 내부에서의 치열한 다툼이 가능하게 되었다. 따라서 제정 운동은 더욱 강력한 '정치적 로비'를 필요로 했고 이러한 필요에 대응한 적절한 활동이 이루어졌던 것이다.

각 정당의 지도부들로 하여금 타협하고 결단을 내리도록 압박해야 할 뿐만 아니라 법제사법위원회 소속 의원들에 대한 설득과 압박 작업이 필요했다. 법사위 상임위의 진행 과정을 세밀하게 모니터링하고 그 결과에 대한 입장을 빠르게 발표하는 작업해 의원과 정당 지도부를 압박하는 작업이 계속되었다. 감사원, 검찰, 법무부 등 정부 부처들에 대한 감시와 견제 또한 계속되었다. 상임위원회를 통과한 법안이 최종적으로 본회의에 상정되고 표결이 이루어지는 단계까지도 이러한 작업은 계속되었다. 여·야 지도부는 물론 개별 의원들도 이러한 강한 '정치적 로비'에 대해 부담을 갖지 않을 수 없었고 표결이 끝나 집계가 이루어지는 순간까지도 이러한 감시를 동반한 로비는 계속되었다.[18]

---

18 "지난 6월 28일 참여연대, YMCA 등 38개 시민단체로 구성된 부패방지입법시민연대(이하 부방연대)는 25명의 '시민기록관'을 모아 부패방지법 국회 본회의 표결결과를 기록했다"(전홍기혜, "국회, 부패방지법 본회의 표결 집계 오류 인정 : 전근대적 기립표결방식이 빚어낸 국가적 망신", 2001년 7월 11일, http://www.peoplepower21.org/article/article_view.php?article_id=1881).

그림 38 | 부패방지법 제정운동 2기의 '정치적 로비'와 '사회적 동원'

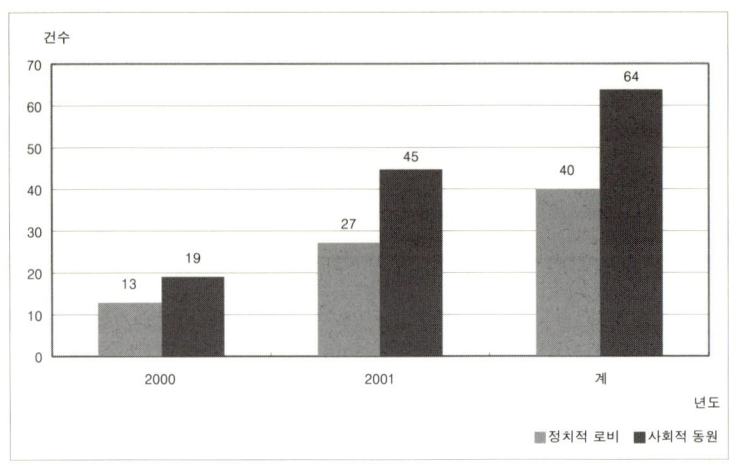

그리고 민중운동과 시민운동의 경계를 넘는 연대가 구체적 입법을 매개로 이루어짐으로써 부패방지법 제정운동을 이끄는 시민단체들의 낮은 대중 동원 역량을 배가시킬 수 있었다. 이처럼 입법공간에 진입해 이루어지는 강한 '정치적 로비'와 더불어 강한 '사회적 동원'을 결합시켜 낼 때 입법운동의 효과는 극대화될 수 있는 것이다(김기식 2005, 208). 위의 〈그림 38〉을 통해 알 수 있듯이 부패방지법 제정운동 2기의 경우 '정치적 로비'와 '사회적 동원'이 탄탄한 균형을 이루며 입법공간의 내·외곽에서의 압력 행사가 동시에 이루어졌다.

1995년부터 참여연대 내부에서 준비되기 시작되어 1996년 1월 운동의 시작을 공표하고, 1996년 11월 입법청원을 국회에 제출함으로써 본격적으로 시작되었던 부패방지법 제정운동은 2001년 6월 말 '부패방지법'이 제정됨으로써 일단 끝이 나게 되었다. 이 과정에서 시민입법운동이 시작되고 그것이 입법 의제화되는 단계까지는 강한 사회적 동원의 위력이 중요하지만, 일단 입법 의제화되고 입법공간에서의 본격적 다툼이 시작된 후에는 사회적 동원만이 아니라 정치적 로비가 함께 이루어져야 함을 확인할 수 있었다.

3. 부패방지법의 제정, 그러나 '절반의 성공'

2000년 4월 총선이 끝난 직후인 2000년 5월부터 부패방지법 제정을 위한 시민사회단체들의 모임이 시작되고 몇 차례의 모임을 거쳐 2000년 7월 20일 세종문화회관에서 '부패방지 제도입법, 어떻게 할 것인가'라는 제목의 공청회를 개최하게 된다(부패방지입법시민연대 2000). 이날 발표된 시민단체 공동의 부패방지 법안에서는 첫째, 내부고발자 보호, 인센티브 제공 등 공익정보제공자 보호 강화, 둘째 부패방지특별위원회의 독립적 국가기구화 등의 내용을 담고 있었다. 아울러 공직자재산등록제도 등의 공직자윤리법 내용과 공직자윤리 및 행동규범에 관한 내용을 대폭 구체화하고 강화해 부패방지법에 통합할 것을 내용으로 하고 있었다. 그리고 8월 21일부터 9월 5일까지 약 보름 기간 동안 현역 국회의원의 77%에 가까운 208명의 서명을 받아 2000년 9월 6일 특검제의 도입과 2천만 원 이상 현금거래에 대한 국세청 자동보고를 골자로 하는 부패방지법과 자금세탁방지법 제정청원을 다시 했다.

이후 2000년 11월 새천년민주당의 이종걸 의원 외 107인이 반부패기본 법안을 발의했고, 같은 해 12월 초 한나라당 최연희 의원 외 132인이 부정부패방지 법안을 발의했다. 이 두 법안은 국회 심의 과정에서 본회의에 부의하지 않는 것으로 결정되었고 대신 법제사법위원회 대안이 제안되었다. 그리고 법사위 대안이 제안된 같은 날인 2001년 4월 30일 한나라당 정인봉 의원 외 132인으로부터 수정안이 제출되었고 2001년 6월 28일 새천년민주당 소속 천정배 의원 등 32인의 수정안이 제출되게 된다. 그리고 2001년 6월 28일 본회의 표결에서 정인봉 의원 수정안과 천정배 의원 수정안은 부결되고 법제사법위원회 대안이 가결되게 된다.

표 12 | 부패방지법 제정운동 제2기(2000~2001년)의 부패방지법 청원안 및 법안

날짜	부패방지법 관련 청원안 및 법안 내역
2000년 9월 6일	최연희 의원 외 2인 소개로 부패방지법제정에관한청원이 9월 8일에 법제사법위원회에 회부됨.
2000년 12월 4일	이창복, 김원웅 의원 소개로 제출된 부패방지법제정에관한청원이 12월 5일 법제사법위원회에 회부됨.
2000년 11월 25일	새천년민주당 '반부패기본법안' 발의, 11월 27일 국회 법제사법위원회로 회부.
2000년 12월 6일	한나라당 최연희 의원발의한 '부정부패방지법안'이 12월 7일 법사위 회부.
2001년 4월 30일	두 법안과 청원안은 국회 심의과정에서 폐기되고, 법제사법위원회 대안이 제안됨.
2001년 4월 30일	한나라당 소속 정인봉 의원 외 132인으로부터 수정안이 제출되었고, 이어서 6월 28일에 여당인 새천년민주당 소속 천정배 의원 등 32인으로부터 수정안이 제출.
2001년 6월 28일	본회의 표결결과 정인봉 의원 수정안(수정요지 : 특별검사제 도입, 재적 268, 찬성 132, 반대 134, 기권 3)과 천정배 의원 수정안(수정요지 : 공익제보자 보호·보상 강화, 공직자윤리 규정 법제화 근거 마련, 재적 261, 찬성 33, 반대 167, 기권 61)이 부결되고, 법제사법위원회 대안(재적 268, 찬성 135, 반대 126, 기권 7)이 가결. 따라서 2001년 7월 24일 공포된 '부패방지법'은 국회 법제사법위원회의 대안이 국회 본회의에서 가결되 나온 법률임.[19]

이렇게 해서 1995년부터 준비되기 시작했던 부패방지법 제정운동이 약 6년 만인 2001년에 드디어 '통과'되게 되었다. 그동안 존재하지조차 않았던 완전히 새로운 법안에 대해 사회운동조직이 법조문을 성안하고, 청원해 6년에 걸쳐 동원을 지속시켜 낸 결과로 처음 청원되었을 당시의 '이름' 그대로의 법률이 통과되었다는 사실은 분명 사회운동의 '성공'으로 평가되기에 부족함이 없을 것이다. 더욱이 부패방지법의 경우 법률의 제정을 둘러싸고 대통령, 정부 부처, 정당들, 그리고 시민사회단체들의 치열한 힘겨루기가 '입법공간' 내부에서 전개되었고 그 과정에서 '정치적 로비'와 '사회적 동원'이라는 운동 레퍼토리의 구성과 변화가 확연한 차이를 드러냈다는 점에서 시민입법운동 연구에 있어 중요한 사례라 할 것이다. 그러나 부패방지법이 통과된 직후 부패방지법 제정운동을 주도해 왔던 참여연대 및 부패방지입법시민연대의 반응은 오히려 '실패'에 가깝다는 엄격한 평가였고 곧바로 개정운동으로 전환될 것임을 선언했다.[20]

우리는 이러한 함량미달 법안의 통과를 그대로 인정할 수 없다. 부패방지입법시민연대는 이 법안이 발효되는 즉시 곧바로 개정운동에 돌입할 것이다. 우선, 민주당 이상수 원내총무가 약속한 공직자윤리법 개정 약속을 이행하도록 촉구하는 한편, 당초 부패방지입법시민연대가 부패방지법안에 포함시키고자 했던 공직자윤리규정을 조문화한 공직자윤리법안을 국회에 즉각 입법청원하고, 공익제보자

---

[19] 한편, 자금세탁방지법은 2001년 9월 3일, 고액현금거래 보고제도와 국내 금융거래에 대한 계좌추적권이 빠진 채, "특정금융거래정보의보고및이용등에관한법률"이라는 명칭으로 국회를 통과하였다.

[20] 앞서 제3부의 기준에 따르면 부패방지법 제정운동은 전형적인 '제한적 성공'의 사례에 속한다. 제정운동의 주체가 법이 제정된 직후 곧바로 '개정'운동을 선언하고 나섰고 실제로 참여연대의 경우 이후 지속적인 부패방지법 및 공직자윤리법 개정운동을 전개해 나간다.

보호 관련 제외된 핵심사항과 특별검사제를 포함한 부패방지법 개정안을 동시에 입법청원할 것이다. 아울러 협소한 정치적 이해관계 속에서 좌초된 돈세탁방지법의 온전한 제정을 위해서도 우리의 모든 노력을 경주할 것이다. 제대로 된 부패방지대책을 위한 시민운동은 중단 없이 계속된다(부패방지입법시민연대, "국민 염원에 턱없이 부족한 함량미달 부패방지법 : 종합적 부패방지 입법을 위한 시민운동은 계속된다", 2001년 6월 29일).

이와 같이 강하게 반발하게 된 이유는 2001년 6월 말 국회 본회의를 통과한 부패방지법은 그동안 참여연대 및 부패방지입법시민연대가 주창해 왔던 '종합적 부패방지법'과는 거리가 멀었기 때문이다. 공직자 윤리 규정이 제외되었고, 특별검사제 역시 제외되었으며 공익제보자에 대한 보호 조치는 미흡한 채로 법안이 통과된 것이다. 통과 직후 이 법안은 부패방지법 안이라기보다 '약화된 공익제보자보호법'이며 '기형적이고 실효성이 의심 가는 시도'라고 비난받았다(이태호 2001). 특히 부패방지법의 통과로 만들어진 부패방지위원회 자체에 대한 평가는 더욱 냉혹했다. 부패방지위원회에 대한 매우 비관적이고 비판적 시각은 부패방지법 제정 이후 참여연대 반부패운동의 실무를 책임져 온 담당자의 인터뷰 내용에서도 확인된다.

부방위, 이제 청렴위죠. 부방위는 관료들이 중심이 되어 버렸다는 인적 구성의 한계, 검찰과 경찰, 감사원, 그리고 행자부와의 권한의 중첩, 본질적인 것이라 보기는 어렵고 의지의 문제라고 생각되지만 어쨌든 조사권 부재라는 권한의 미비 등 여러 가지 이유로 별다른 기능을 못하고 있다고 봅니다. 내부고발자보호의 역할도 제대로 못하고 제도개선 권고기능을 가지고는 있으나 껍데기일 뿐이죠. 부패방지법 제정운동의 결과로 태어났지만 별로 탐탁지 않은, '계륵'과 같은 존재라고 봅니다(이재명 참여연대 협동사무처장, 2006년 4월 10일).

부패방지법 제정운동 2기에서는, 정치적 기회구조와 사회적 기회구조의 변화에 대응해 동원구조가 확대된 동시에 운동 레퍼토리들이 더욱 풍부하고 다채롭게 구사되고 조합됨으로써 동원의 규모와 강도를 극대화할 수 있었다. 앞 시기와 비교해 볼 때 제도정치 영역에 비교적 강고한 입법동맹이 결성되면서 운동정치가 구사할 수 있는 운동 레퍼토리 또한 '강한 사회적 동원'뿐만 아니라 '강한 정치적 로비'로 확대될 수 있었던 것이고, 이는 시민입법운동의 동원역량을 극대화시키는 효과를 가져왔다. 이렇게 함으로써 부패방지법 제정이라는 운동의 성과를 달성할 수 있었다. 그러나 제도정치 영역에 존재하는 반입법동맹의 반발과 제도정치 입법동맹 내부의 갈등과 균열을 압도할 수 있을 만큼의 운동정치의 입법동맹이 강력하지 못한 결과 '절반의 성공'으로 마감될 수밖에 없었다. 더욱이 제도정치의 입법동맹과 운동정치의 입법동맹은 '부패방지법 제정'이라는 목표 자체에는 일치했지만 그것의 구체적 항목을 다루는 부분에서는 적지 않은 차이를 나타냈던 것이 사실이다. 이러한 다양한 차이와 균열들은 부패방지법 제정 과정과 그것의 결과에 영향을 미쳤을 뿐만 아니라 새로운 법률이 제정된 이후 그것에 대응하는 양상에서 적지 않은 차이와 분화를 나타내게 되었다.

10장 부패방지법 제정 이후의 반부패운동
(2002~2007년)

1. 반부패운동의 제도화와 분화

부패방지법이 제정된 이후 부패방지입법시민연대를 중심으로 한 운동정치 영역의 입법동맹은 자연스레 해소되고 주요 단체들의 이후 행보는 갈라지게 된다. 부패방지입법시민연대의 공동대표 단체였던 경실련의 경우, 1993년부터 경실련 반부패운동의 주축으로 활동했던 부정부패추방운동본부가 사라지고 시민감시국 내 공직자투기 및 건설부패신고센터가 개설되고 2007년 현재 경실련의 반부패운동은 부동산 및 건설 부패추방에 집중되어 있다. 한편 반부패국민연대는 가장 전형적인 '제도화'의 길을 걷고 있다. 이미 출범 당시부터 정부 정책에 대한 감시나 이의제기를 목적으로 하기보다 정부와의 협력적 파트너십을 통해 '의식개혁'을 추구하는 것을 운동의 주축으로 삼았던 반부패국민연대였지만 부패방지법제정운동에는 적극적으로 결합했다. 그러나 부패방지법이 제정된 이후 반부패국민연대는 국제투명성기구Transparency International의 한국 지부 역할에 더욱 초점을 맞추어 나갔고, 2005년에는 한국투명성기구로 조직 명칭까지 전환했다. 2005년 부패방지위원회는 국가청렴위원회로 조직을 변경했고 핵심 사업으로 투명사회협약을 실시하고 있다. 그리고 민관협력기구로 투명사회협약실천협의회가 조직되었으며 한국투명성기구는 이 투명사회협약운동의 중심적 역할을 수행하고 있으며 또한 반부패와 관련된 홍보와 교육 등의 의식 개혁 활동에 주력하고 있다.

반면 참여연대의 경우 이러한 '민관협력'적 반부패운동과는 궤를 달리하는 반부패운동을 계속 추구하고 있다. 부패방지법 제정 이후 참여연대의 반부패운동은 부패방지법 제정 당시 부분적으로만 수용되었던 여타 제도들을 더욱 보완하기 위한 '법개정 운동'과, 만들어진 법률의 집행 실태를 모니터링하고 이를 통해 다시 제도 보완을 주창하는 운동의 두 방향으로 진행되고 있다. 결국 여전히 '의식 개혁'이라는 차원보다는 '제도 개혁'이라는 차원에 집중하고 있으며 '협력적' 운동보다는 '이의제기적' 운동에 주력하고 있다고 할 것이다. 경실련의 경우와 달리 맑은사회만들기본부라는 조직 체계는 그대로 유지되고 있으며 반부패운동의 전문성과 인프라 강화를 위해 정보공개사업단과의 협업을 더욱 강화하고 있는 추세다.[1] 그리고 한국투명성기구나 투명사회협약실천협의회 소속 다른

---

[1] 그러나 2007년 3월 참여연대 정기총회를 거치면서 맑은사회만들기본부는 행정감시센터로 변경되었다. 행정감시센터는 그동안의 행정감시운동과 새로이 시작되는 관료감시운동을 보다 강화하기 위한 조직개편이라고 그 이유를 밝히고 있다. 산하에 정보공개사업단과 공익 제보지원단을 두는 것으로 했다(http://www.peoplepower21.org/contents/transparency/transparency _intro.html).

단체들과 달리 정부 차원에서 진행되는 '투명사회협약'에 대해서는 비판적인 입장을 취하고 있다.

> 투명사회협약과 투명사회실천협의회는 잘못된 모델이라고 생각합니다. 투명사회협약을 통해 이루어지는 가장 구체적인 실천형태가 청렴계약제인데 이것은 참여연대가 가장 먼저 도입을 주장했고 실제 결합했던 사안이기도 합니다. 현재 청렴계약제는 계속 확산되고 있는 데 반해 참여연대는 청렴계약제 관련 업무에서 완전히 빠졌습니다. 그것은 청렴계약제가 제대로 작동하기 위해선 그것을 둘러싼 환경 자체의 변화가 동반되어야 하는데 그것은 없이 그저 '참여'에 대한 독려만 이루어지고, 결과적으로 아무런 효과도 없는 제도로 전락하고 있는 데 대한 비판적 입장 때문입니다. 참여정부가 반부패정책에 있어 '성과'를 거두려는 욕심에서 전개되고 있으나 이에 대해선 부정적입니다(이재명 참여연대 협동사무처장, 2006년 4월 10일).

부패방지법 제정 이후 제도개혁운동은 부패방지법 개정운동과 공직자윤리법 개정운동의 두 축으로 진행되었다. 부패방지법 제정 과정에서 계속 쟁점이 되어 왔던 부패방지위원회의 조사권 문제와 관련해 2002년 11월 한나라당은 부패방지위원회에 '특별검사요청권'을 부여하고 '대통령 친족 감찰기구'를 설치하는 내용의 부방법 개정안을 한나라당 단독으로 법사위에서 통과시켜 버렸다. 물론 이 개정 법률안은 이후 임기만료 폐기되기는 했으나 여·야당이 부패방지법을 여전히 정략적인 관점에서만 주로 접근할 뿐 내부고발자 보호장치 강화와 같은 핵심적인 보완장치 마련에는 무감각함을 보여 준 사례라 할 것이다. 부패방지위원회의 조사권 부여나 내부고발자 보호제도 강화에 대해선 당사자라 할 수 있는 부패방지위원회조차 적극적이지 못한 모습을 거듭 보여 주었다. 이에 참여연대는 정부의 입법예고안에 대한 의견서 제출은 물론 다시 부패방지법 개정청원안을 국회에 제출해 부패방지법 개정을 둘러싼 다툼에 직접 개입을 시도하고 있다. 무엇보다 공익제보자 보호제도의 강화를 강조해 왔던 참여연대의 요구는 결국 2005년 6월 29일 국회 법사위를 통과한 개정 법률안에 일부 반영되었지만 여전히 '핵심은 빠진 미흡한 개정안'으로 평가되고 있다.[2]

한편 부패방지법 제정 이후 법 개정 운동의 또 다른 한 축은 공직자윤리법 개정운동으로 나타났다. 본래 참여연대가 제기했던 부패방지법은 엄격하고 세밀한 공직자윤리규범을 담고 있는 것이었고, 이는 기존 공직자윤리법을 대폭 강화하는 방향으로의 개정을 의미하는 것이기도 했다. 참여연대는 부패방지법이 제정된 이후의 새로운 반부패 의제로 '공직자의 이해충돌 문제'를 제출했고 이를 의제화하고 입법화하기 위한 다양한 활동들을 집중적으로 전개했다.[3] 17대 국회 개원 이후인 2004년 6월부터 한나라당 권영세 의원이 의원발의를 한 이후 한나라당 박재완 의원, 정부, 그리고 참여연대의 입법청원과 민주노동당 이영순 의원의 의원발의가 계속 이루어졌고 결국 2005년 4월 26일 주식 백지신탁을 골자로 하는 공직자윤리법이 개정되게 되었다.[4]

---

2 "이번에 법사위를 통과한 법률안은 공익제보자 보호에 있어서는 기존 법안보다 진일보한 것이지만 핵심은 빠지고 주변부만 건드린 미흡한 개정안으로 평가할 수밖에 없다"(참여연대 보도자료, "공익제보자 보호법안, 여전히 부족하다 : 부패 신고 범위 확대하고 보호 제도 정교하게 손질해야" 2005년 6월 29일). 이 개정으로 '부패방지위원회'가 '국가청렴위원회'로 바뀌었다.

3 가장 대표적인 예로는 진대제(전) 정통부 장관 취임 당시 그가 가진 삼성전자 주식이 공직자의 이해충돌에 해당하는 것이라는 점을 문제 삼아 '주식 매각' 또는 '정통부 장관 사퇴'를 요구하며 31일간의 1인 시위를 전개하고 검찰에 배임혐의로 고발하기도 했다. 결국 진대제(전) 장관은 자신이 보유하고 있던 삼성전자 주식을 매각했으나 여전히 그가 보유한 삼성전자 스톡옵션이 문제가 되었다.

이처럼 부패방지법 제정을 목적으로 부패방지입법시민연대로 결집했던 각 사회운동조직들은 법률이 제정된 이후 분화되었고 부패방지법 제정을 목적으로 형성되었던 운동정치 영역의 입법동맹 또한 해산했다. 그렇지만 '입법'이라는 동일한 목표를 위해 함께 움직였던 단체들이라 하더라도 '입법'의 결과에 대한 반응은 커다란 차이를 보였다. 본래 반부패운동을 목적으로 창립된 단체가 아닌 경우에는 단기적으로 설정되었던 목표가 달성된 이후에는 본래 자기 조직의 운동 과제에 집중했다. 그리고 반부패운동을 자신의 주된 운동 목표로 삼는 조직의 경우에도 변화된 제도적 조건을 대체로 수용하면서 보다 협력적 운동으로 전환하는 경우와, 새로운 제도가 갖는 한계와 문제점을 다시 제도적 차원에서 고치기 위한 운동을 지속하는 경우로 나뉘었다. 부패방지법 '제정'이라는 목표가 달성된 이상 부패방지입법시민연대라는 틀의 분화는 당연한 것이었고 운동이 처하게 된 새로운 구조적 조건에 어떻게 대응할 것인가는 각 단체의 조직적 특성이나 조건에 따라 달라졌던 것이다.

2002년 대선 직후 '차떼기' 사건 등 큰 규모의 정치부패사건이 계속되고 있음에도 불구하고 '부패청산'이라는 과제에 대한 사회적 관심이 지속되지 않고 있으며, 2004년 탄핵반대운동과 17대 총선을 거치며 '정치부패'가 다시 주목을 받았지만 이미 입법동맹의 구도는 해소되었고 분화된 이후였다. 부패방지법 개정이나 공직자윤리법 개정에 대한 언론과 대중

---

4 "그동안 공직자들의 이해충돌 문제를 지속적으로 제기하고, 이를 방지하기 위한 관련 제도 도입을 주장해온 참여연대로서는 우선 반쪽짜리 법안이, 그것도 졸속으로 통과된 것에 대해 유감을 표하지 않을 수 없다"(참여연대 보도자료, "백지신탁제도 도입, 공직윤리 확립을 위한 첫걸음에 불과 : 직무관련성에 대한 해석과 법적용 엄격히 해야", 2005년 4월 26일).

들의 관심은 낮아졌고 그것을 증폭시킬 수 있는 운동 레퍼토리의 혁신에
도 성공적이지 못했다. 물론 공직자윤리법 개정 과정에서 '공직자 이해충
돌'이라는 문제를 부각시키는 데 성공하고 백지신탁제도의 도입 등 적지
않은 입법적 성과를 거두게 되지만 부패방지법 제정운동 당시와 같은
'결집'과 '동원'의 효과는 발휘되지 않았다. 부패방지법 제정이 아니라 개
정을 공동의 목표로 삼는 입법동맹의 재결집은 이루어지지 않고 있다.
이처럼 부패방지법 제정 이후에는, '약한 정치적 로비'와 '약한 사회적 동
원'의 결합을 통해 부패방지법과 공직자윤리법의 부분적 개정을 이끌어
내는 데 성공하고 있지만 그것은 더는 "대중운동의 기폭제로서의 시민입
법운동"(김기식 2005, 214)의 위력을 발휘하지는 못하고 있는 것이다. 이러
한 반부패운동의 분화 양상은 '사회운동의 제도화'라는 이론적 쟁점과도
연결된다.

　사회운동의 제도적 조건의 변화는 사회운동으로 하여금 더욱 '일상화'
되고 '흡수'되는 방향으로 영향을 미치기도 하고 변화된 제도 자체에 대
한 '이의제기'가 운동의 핵심 목표로 지속되기도 한다. 그러나 일부 서구
사회운동 연구자들에 의해 지적된 것처럼 사회운동에 대한 포섭이 강화
되는 것에 대한 반발로 '급진화'radicalization된 사회운동이 새로이 등장하
게 된다는 주장(Meyer and Tarrow, 1998)에 상응하는 흐름은 부패방지법
제정 이후 반부패운동에서 발견되고 있지는 않다. 부패방지법 제정운동
을 주도적으로 이끌어 왔거나 그 과정에 참여했던 운동조직들 가운데 일
부가 이러한 '급진화'로의 방향 전환을 시도할 가능성은 매우 낮아 보인
다고 할 것이다. 따라서 이러한 반부패운동의 '급진화'의 시도는 기존 반
부패운동의 '내부'로부터 이루어지기보다 그것의 '외곽'에 존재해 온 다른
주체로부터 이루어질 가능성이 크다고 할 것이며 이러한 급진적 변화는

운동 레퍼토리의 구성과 혁신을 동반할 것이다.[5]

반부패운동의 의제가 이미 상당 부분 제도권 내로 흡수되었기 때문에 '제도권'과 '운동권'의 의제적 차별성을 갖기란 더욱 어려워지고 있습니다. 여전히 미흡한 제도적 개선과제들을 보완하기 위한 운동, 그리고 이미 제도화된 과제들에 대한 모니터링을 중심으로 운동을 진행하는 것이 주축이 될 수밖에 없을 것 같습니다. 아무리 미흡하지만 부패방지위원회(지금의 국가청렴위원회)와 같은 정부기구와 비교할 때 확보할 수 있는 정보량이 절대적으로 부족할 뿐만 아니라 반부패운동 분야의 '새로운 의제의 개발과 제시' 자체가 힘든 상황이라고 판단하고 있는 것입니다. 그래서 참여연대에서는 반부패운동의 유지·강화와 더불어 '행정개혁 또는 행정감시운동으로의 전환'을 적극적으로 검토하고 있습니다. 이를 통해 현재 반부패운동이 겪고 있는 정체와 한계를 넘어설 수 있을 것으로 기대해 봅니다(이재명 참여연대 협동사무처장, 2006년 2월 8일).[6]

이와 같이 1995년~99년까지의 제정운동 1기와 2000~01년의 2기 사이에는 정치적·사회적 기회구조의 변화, 동원구조의 변화 그리고 운동 레퍼토리의 변화가 모두 발견된다. 이러한 구조적 조건과 주체적 대응의 상호 작용의 동학은 1기에서의 부패방지법 제정의 '절반의 실패'와 2기에

5 예컨대 언론이나 법률의 동원과 같은 방식의 사회적 동원이나 정치적 로비에 대한 활용뿐만 아니라 격렬한 직접 행동 방식들이 운동 레퍼토리들이 더욱 활발하게 구사될 가능성도 배재할 수 없는 것이다. 하지만 최소한 반부패운동 영역에서 그와 같은 직접행동적 운동 레퍼토리가 이후 구사될 가능성은 매우 낮아 보인다.

6 실제로 참여연대는 2006년 7월 19일 발표한 "이슈 리포트 : 퇴직 후 취업제한제도 운영실태 보고서"를 통해 관료 및 행정부문에 대한 감시활동의 시작을 알렸고(http://watch.peoplepower21.org/article/article_view.php?article_id=17322), 이후 6개월에 걸쳐 2,000페이지가 넘는 방대한 자료 검토를 마친 후 '경제관료 및 건설관료들의 퇴직 후 재취업 실태에 관한 보고서'를 발표하며 관료감시운동이 본격화되었음을 선언했다(http://watch.peoplepower21.org/article/article_view.php?article_id=18501).

서의 '절반의 성공'이라는 결과의 차이가 나타난 이유를 설명해 준다고 할 수 있다. '강한 정치적 로비'와 '강한 사회적 동원'이 결합된 운동 레퍼토리들이 구사되었기 때문에 부패방지법이 제정될 수 있었다는 평면적 이해가 아니라, 그러한 결합이 제정운동 2기에서야 가능할 수 있었던 구조적 조건과 그것에 대응할 수 있었던 주체적 조건의 변화까지 종합적으로 고려해 운동 레퍼토리의 구성과 그것의 변화를 이해하는 것이 중요하다고 할 것이다. 민주화 이후 한국 시민입법운동이 보여 준 '정치적 로비'와 '사회적 동원'의 잘 조직화된 결합은 단지 운동 주체들의 '의지'의 결과만은 아니기 때문이다. 이러한 결합은 시민입법운동이 처한 정치·사회적인 구조와 그에 대한 운동 주체들의 능동적 대응이 함께 맞물려 얻어진 독특한 역사적 결과물임을 부패방지법 제정운동의 사례는 잘 보여 주고 있다고 할 것이다.

그림 39 | 부패방지법 제정운동 전개 과정에서 운동 레퍼토리의 구성과 변화

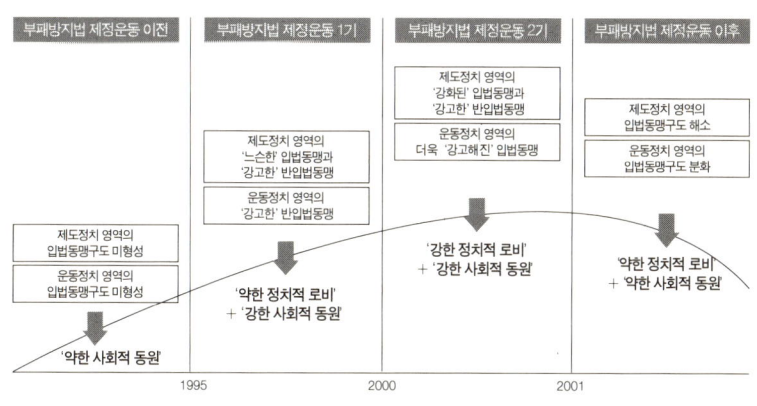

제5부 결론

11장 기로에 선 시민입법

1. 시민입법의 메커니즘과 정치적 함의

1) '정치적 기회구조'와 '사회적 기회구조'의 복합적 영향

　　민주화 이후에서조차 냉전반공체제는 쉽게 변하지 않았고 이러한 이념 지형은 진보정당의 출현과 원내 진입을 오랜 기간 동안 불가능하게 만들었다. 결국 정당들은 이념, 정책, 계급에 의해 구분되는 것이 아니라 그들이 기반하고 있는 '지역'과 '보스'에 따라 구분되는 퇴행적 정치질서가 계속되었다(최장집 2002). 보수정당 독점의 정당체제는 결국 입법공간 내부의 정치적 구성을 지극히 편협한 구도로 제약했고 시민사회로부터 분출되는 입법적 요구들은 충분히 다뤄질 수 없었다. 2004년 17대 총선에서 민주노동당이 10석(이후 9석)을 얻어 진보정당의 의회 진출에 성공한 이후에도 국회교섭단체조차 구성할 수 없는 소수정당이라는 한계는 정당체제 자체의 변화를 이끌지 못하고 있는 실정이다. 이처럼 편향된 보수정당 독점의 정치구도로 인해 민주화 이후 한국 사회운동조직들은 특정 정당과의 '지지-동맹' 관계에 기반을 둔 입법 전략보다 제도정치 전체, 여당과 야당 모두를 대상으로 한 입법 전략을 택하게 되었던 것이다.[1] 그리고 많은 경우 대통령에게, 그리고 각 정당의 지도자들에게 '결단'을 호소했고 가끔은 그들의 '결단'에 의해 운동의 빠른 진전이 가능하기도 했다. 하지만 이러한 상황은 입법운동의 차원에서 볼 때 '기회'이기보다 '제약'으로 작동할 가능성이 더 높은 정치적 구조라 할 것이다. 이와 같은 정치적 '제약' 조건하에서 전개될 수밖에 없었던 한국의 시민입법운동이 적지 않은 입법적 성과들을 거둘 수 있었던 것을 과연 어떻게 설명할 수 있을 것인가? 이것이 바로 이 책이 던진 첫 번째 질문이었다.

일반적으로 사회운동의 외적 환경을 설명하는 '정치적 기회구조' 이론에서는 제도정치의 정치지형에 주목한다. 정치사회 내부에 존재하는 동맹이나 반대 세력, 정치사회의 불안정성 등의 변수를 통해 사회운동이 '등장'하게 되는 구조적 조건을 설명하는 것이다. 민주화 이후 시민입법운동이 등장하게 되는 맥락 역시 이러한 정치적 조건의 변화를 통해 설명할 수 있다. 그러나 앞서 언급했던 것처럼 민주화 이후 한국 정치의 구조는 시민입법운동의 전개 과정과 결과에 '기회'보다는 '제약'으로 작용할 가능성이 높았고 제도정치의 '개방성' 여부로 시민입법운동의 동원 구조

---

1 특히 민주화 이후 등장한 시민운동의 경우가 더욱 그러하였다. 소위 '정치적 중립성'이라는 정치적 언술은 진보정당 부재의 정치구도 하에서 시민운동이 정치적·정책적 영향력을 획득하기 위한 전략적 포지션으로 보아야 할 것이다. 필자는 이러한 한국 시민운동의 전략적 포지션을 '의도된 모호함의 전략the strategy of intentional ambiguity'이라고 표현한 바 있다(홍일표 2003).

와 전략을 설명하는 것엔 무리가 따른다. 왜냐하면 운동정치란 시민사회 내부에서 등장한 사회운동조직들에 주도되는 것으로 제도정치와 밀접한 연관을 갖는 것은 분명하지만 제도정치와 구분되는 독자적인 동원 메커니즘을 가지기 때문이다. 시민사회의 '담론 환경'과 '운동 지형'은 정치사회의 제도정치 지형과 관련되지만 그것과는 구분되는 독자적인 구조적 조건으로 사회운동에 영향을 미칠 것이라는 점에 주목하면서 이 책에서는 '정치적 기회구조'와 구분되는 '사회적 기회구조'라는 새로운 개념을 제시했던 것이다. 그리고 1988년부터 2005년 6월 말까지 국회에 제출된 240건의 제정청원에 대한 통계 분석을 통해, 정치적 기회구조와 사회적 기회구조가 시민입법운동의 '발생'뿐만 아니라 운동의 '결과'와 '지속'에 대해 각각 상이한 영향을 미친다는 사실을 실증적으로 규명해 내는 데 성공했다. 즉, 시민입법운동이 발생하는 데 있어서는 해당 시기의 일반적 차원의 정치적 기회구조가 영향을 미쳤고, 시민입법운동의 성공과 제한적 성공, 실패라고 하는 결과에 대해서는 이슈 특정의 사회적 기회구조만이 통계적으로 유의미한 영향을 미쳤음을 확인했다. 마지막으로 시민입법운동의 발생에서 결과까지의 지속 기간에는 일반적 차원의 정치적 기회구조와 사회적 기회구조가 동시에 영향을 미쳤다는 사실 또한 밝혀낼 수 있었던 것이다.

이러한 연구결과의 의미는 몇 가지 점에서 중요하다. 우선, 그 동안 사회운동 연구에 있어서 충분히 규명되지 않았던, 사회운동의 '결과'에 영향을 미치는 구조적 조건을 실증적으로 분석해 내는 데 성공했다. 다시 말해 해당 사안에 대한 언론의 관심이 크고 그것에 연대하는 운동조직이 많을 때 시민입법운동의 성공 가능성이 높아진다는 그동안의 통념이 통계적 방법을 이용한 연구를 통해 실제로 증명된 것이다. 여기서 더욱 흥미로운 발견은 정치적 기회구조가 시민입법운동의 '결과'에 대해서는 통계적으로 유의미한 영향을 미치지 못했다는 사실이다. 사회운동이 '발생'하기 위해서는 일정한 수준의 정치적 개방이 필요하지만 일단 시작된 사회운동이 성공을 거두기 위해서는 그러한 '정치적'인 차원의 '기회의 창'open windows(Kingdon 1984)이 중요한 것이 아니라 그것과 구분되는 '사회적'인 차원의 '기회의 창'이 열려야 한다는 사실이 확인된 것이다. 이는 비단 '학술'적 의미뿐만 아니라 시민입법운동이 성공을 거두기 위해서는 그것에 대한 충분한 여론의 지지를 이끌어 낼 수 있는 '사회적 동원'의 중요성을 다시 강조하도록 하는 '실천'적 함의를 갖는다고 할 것이다.

이와 더불어 사회운동의 각 단계('발생' '결과' '지속')에 따라 그것에 영향을 미치는 구조적 조건이 다르며 '일반적 차원'의 조건과 '이슈 특정'의 조건이 미치는 영향 또한 다르다는 사실이 확인된 것 또한 중요한 의미를 지닌다. 이러한 연구결과는 사회운동과 외부 환경과의 관계에 대한 이해가 훨씬 더 복합적이고 역동적인 과정으로 파악되어야 하며, 또 그렇게 될 수 있음을 의미한다. 즉, 사회운동이 발생한 후 일정한 지속의 기간을 거쳐 최종적인 결과에 도달하게 되는 과정 동안 그것에 영향을 미치는 외부 환경이 '단일'하거나 '동일'할 수는 없는 것이다. 또한 이렇게 사회운동이 처한 구조적 조건 자체가 변화하게 됨에 따라 이에 대응하는 사회운동의 동원 구조와 전략도 달라질 수밖에 없게 된다. 사회운동이 발생하는 데 유리한 기회 구조라고 해서 그것이 운동의 지속과 결과에까지 계속적으로 유리한 영향을 미치는 것은 아니며, 아예 더는 영향을 못 미칠 수도 있음이 이 책의 분석을 통해 확인된 것이다. 이런 연구결과는 사회운동의 구조적 조건에 대한 연구가 지금까지 보다 훨씬 더 풍부하고 복합적으로 이루어질 수 있음을 보여 주었다.

2) '정치적 로비'와 '사회적 동원'의 조직화된 결합

그러나 이러한 통계적 분석만으로는 운동 주체들이 보여 주는 대응의 역동성을 충분히 드러내기 어렵다. 사회운동은 자신이 처한 구조적 조건을 변화시키기 위한 집단적 행위라는 점에서 구조적 조건과 그것에 대한 주체적 대응은 항상 '상호적'인 관계에서 파악되어야 하기 때문이다. 이 책 제3부의 통계적 분석의 경우 시민입법운동에 영향을 미치는 구조적 조건을 '정치적인 기회'와 '사회적인 기회'로 구분했다는 점에서 한 걸음 진전한 것이라 할 수 있겠지만, 영향을 미치는 방향은 여전히 '구조/환경'으로부터 '주체/행위자'로만 향하고 있다는 한계를 안고 있다. 따라서 이러한 한계를 극복하기 위해 제4부에서는 구조적 조건과 운동 주체의 상호 작용의 동학을 사례 연구를 통해 추가적으로 분석했다. 시민입법운동의 발생과 지속, 그리고 그것의 결과가 도출되는 일련의 전개 과정에서 입법동맹 구도의 형성과 변화, 그리고 그에 대한 운동 주체의 능동적 대응을 주로 운동 레퍼토리의 변화를 부패방지법 제정과정을 중심으로 살펴보았던 것이다.

부패방지법 제정운동의 경우 제도정치 영역 내에서는 감사원과 검찰, 법무부와 같은 정부 부처 내 사정기구들이 강력한 '반입법동맹'을 결성한 반면 운동정치 영역에는 반입법동맹이 존재하지 않았다. 반면 제도정치 영역 내부의 '입법동맹'의 경우 처음에는 매우 느슨한 형태로 존재하다가 2000년 낙선운동을 거치고 난 후 동맹의 결속이 강화되는 양상을 보여 주었다. 이처럼 제도정치 영역 내부의 입법동맹이 서서히 강화되면서 시민입법운동이 '정치적 로비'라는 운동 레퍼토리를 적극적으로 구사할 수 있는 조건이 만들어지게 되었던 것이다. 또한 운동정치 영역에 강고한 입법동맹이 형성된 반면 부패방지법 제정을 반대하는 입장으로 결집된 반입법동맹은 형성되지 않음으로 인해 '사회적 동원'의 규모와 강도는 훨씬 더 커질 수 있었다. 이와 같이 정치적·사회적 기회구조의 변화와 맞물려 제도정치 영역과 운동정치 영역의 입법동맹 구도가 형성되고 그것은 시민입법운동의 운동 레퍼토리 구성과 결과에 중요한 영향을 미쳤음을 부패방지법 제정과정에 대한 시계열적 단일사례 분석을 통해 확인할 수 있었다. 그리고 이러한 분석을 통해 민주화 이후 한국 시민입법운동이 보여 주었던 역동성은 '정치적 로비'와 '사회적 동원'이라는 운동 레퍼토리들이 하나의 앙상블을 이뤄 냄으로써 가능했다는 것 또한 알 수 있었다. '정치적 로비'와 '사회적 동원'을 적절히 결합해 낸 운동 레퍼토리의 구사를 통해, 민주화 이후 한국 시민입법운동은, 개별 입법적 성과를 넘어 입법 유형 자체를 변화시키는 성과를 거둘 수 있었던 것이다.

특히 시민입법운동의 경우에는 국회에서의 토론과 표결이라는 법률로 정해진 절차를 거쳐야 하기 때문에 의원, 정부 부처, 정당이라고 하는 제도정치 영역에 대한 '정치적 로비'가 중요할 수밖에 없었고, 한국의 시민입법운동 역시 '정치적 로비'를 중요한 운동 레퍼토리로 구사했다. 그러나 사회운동의 '정치적 로비'는 풍부한 자금이나 이미 이뤄 놓은 정치적 영향력과 같은 자원을 갖지 못한 채 이루어지기 때문에 그것은 강력한 '사회적 동원'과 결합되어야 비로소 위력을 발휘하게 되는 경우가 많다. 특히 특정 정당에 대한 공식적 지지나 연계를 통해 정치적 영향력을 행사하는 것이 아니라 의원과 정당 전체를 대상으로 한 '정치적 로비'를 구사해야 하는 한국의 상황에서 '사회적 동원'과의 결합은 더욱 중요할 수밖에 없었다. 한편 부패방지법 제정운동 2기의 활동에서 잘 드러나듯 '정치적 로비'의 차원에서 구사된 다양한 운동 레퍼토리들이 언론에 보도

됨으로써 '사회적 동원'도 이끌어 낼 수 있는 '이중의 효과'가 발휘되기도
했다.

결국 민주화 이후 한국 시민입법운동의 운동 레퍼토리 구성과 변화에
있어서 가장 큰 특징은, 사회적 기회구조가 제공하는 동원의 기회를 최
대한 활용하는 한편 '정치적 로비'와 '사회적 동원'을 결합시키기 위한 노
력이 계속되었다는 데 있다. 이러한 '정치적 로비'와 '사회적 동원'의 잘
조직화된 앙상블은 민주화 이전 시기의 한국 사회운동에서는 물론 미국
이나 일본 등의 입법운동에서 쉽게 발견되지 않는 민주화 이후 한국 시
민입법운동의 중요한 특징이라 할 것이다.[2]

---

2 일본의 경우 입법운동의 전통 자체가 매우 취약하다. 1999년 제정된 특정비영리민간단체지
원법(소위 NPO법)의 제정과정에서야 비로소 정당(민주당)과 사회운동 사이의 정책공조가 이
루어졌고 자민당과 정부를 대상으로 한 '정치적 로비'도 시도되었다. 일본 언론들이 특정 사
회운동의 주장과 활동을 보도하는 경우는 매우 적으며, 분야를 달리하는 단체들(예를 들어 환
경운동 분야와 소비자운동 분야) 간의 연대활동은 거의 없을 뿐만 아니라 같은 분야의 단체들끼
리의 연대활동 또한 매우 드물다. 이는 입법운동의 경우에도 예외는 아니다. 따라서 '정치적
로비'와 '사회적 동원' 모두 약할 뿐만 아니라 둘 간의 결합 역시 취약하다(시민입법기구 편,
2001) 미국의 경우 '정치적 로비'는 매우 활발하다. 주지하다시피 워싱턴 D.C.에는 전국의 사
회운동조직들의 연락사무소가 있고 공식적인 로비스트들을 두고 있는 경우가 많다. 이들은
지역 유권자들과 지역 단체들을 대신해 의원들을 상대로 활발한 로비활동을 벌이고 있다. 또
한 각 지역 유권자들 스스로가 전화나 우편 등의 방법으로 지역 출신 의원들에 대한 로비를
벌이는 것이 매우 일반화되어 있다. 물론 그것이 여론의 형성을 위한 '사회적 동원'이 미국 사
회운동에서 부재하다는 뜻은 결코 아니지만(Kollman 1998), '정치적 로비'와 '사회적 동원'의
조직화된 결합은 상대적으로 약하다고 할 것이다.

3) '대의'와 '참여'의 모호한 경계

한 사회가 필요로 하는 법과 제도의 변화가 어떤 원리에 의해 이루어지는가를 통해 민주주의의 질qualities of democracy을 평가해 볼 수 있을 것이며 이는 형식적 민주주의를 넘어 실질적 민주화, 민주주의의 심화의 문제와 관련된다(Larry Diamond and Leonardo Morlino 2004). 이 책에서 살펴본 것처럼 입법과정에 개입하고 그것의 결과에 영향을 미치고자 하는 사회운동은 비단 개별 법률의 변화뿐만 아니라 입법의 유형 자체를 변화시키는 요인으로 작용했다. 한국의 시민입법운동은, 한편으로는 정당과 의회의 위상과 역할을 강화함으로서 대의제 민주주의를 실질적으로 정착시키는 역할을 수행했을 뿐만 아니라 동시에 그것의 한계를 뛰어넘기 위한 정치적 실험의 의미가 있었다고 할 것이다.

우선 시민입법운동은 '선거'를 통해 선발된 의원들로 구성된 의회가 시민들의 다양한 목소리를 충분히 반영하고 토론하도록 만드는 역할을 수행했다. 민주화 이후 의회의 입법기능이 강화되면서 의원들의 입법 활동 또한 신장되기 시작했다. 청원 소개 의원의 숫자도 많아졌고 의원발의 건수도 크게 늘어났다. 여·야 의원들의 공동의안제출, 위원회 제출 법안의 증가 또한 두드러졌음을 앞서 제2부를 통해 확인할 수 있었다. 뿐만 아니라 정치적·사회적 쟁점이 되는 법안의 경우 여당과 야당이 서로 갈등하거나 협의해 법률의 변화(제정·개정·폐지)를 이끌어 냄으로써 정당의 입법과정에서의 위상과 역할 또한 강화되었다. 이러한 일련의 과정은 비단 의원, 정당, 정부와 같은 '제도적 입법 주체'들에 의해 독점되었던 것은 아니었다. 수많은 사회운동조직, 언론, 조직되지 않은 시민들이 입법과정에 개입하고 그것의 결과에 영향을 미치기 위해 다양한 노력을 기울

였음 또한 이 책 전체를 걸쳐 소개했다. 왜 이들은 스스로 뽑은 의원들에 의해 입법이 이루어지는 것을 기다리지 못하고 스스로 입법과정에 개입하려 했던 것인가?

선거를 통해 선발된 의원들은 자신을 뽑은 시민들을 '대표'하는 이들이다. 그러나 이들이 대표할 수 있는 범위는 매우 제한적이다. 예를 들어 어느 지역구에서 50% 투표율의 선거를 통해 투표자 30%의 지지로 1위 당선된 후보를 상정해 보자. 그렇다면 그에게 '지지'를 표시한 사람의 비율은 해당 지역구 투표자 숫자의 15%밖에 되지 않는다. 나머지 85%는 그를 지지하지 않거나 그에게 관심이 없는 이들이다. 그럼에도 불구하고 그는 그 지역구 '전체'를 대표하는 것으로 상정된다. 이런 정도의 투표율과 득표율로 당선된 의원들이 대부분인 정당이 원내 과반수 이상을 차지하는 다수당인 경우까지 생각해 보자. 소위 '민주주의' 국가에서 '다수결의 원칙'은 가장 기본의 원칙으로 상정되고 있다. 그렇다면 위와 같은 의원과 정당(다수당)이 주도해 특정 법안을 통과시키거나 부결시켰을 경우 이에 대해 '대의제 민주주의'의 원칙이 충실히 지켜지고 있으며 문제가 있다고 느낀다면 "다음 선거일까지 기다릴 수밖에 없다"고 생각하는 것이 민주시민의 덕목이라고 할 수 있을까?

이러한 상황에 대해 구딘Robert E. Goodin은 "민주적 집산의 오만함" Arrogance of Democratic Aggregation이라고 비판하면서 산출 중심 민주주의 output-oriented democracy가 아니라 투입 중심 민주주의input-oriented democracy의 중요함을 역설했다(Goodin 2003, 153-4). 그는 "모든 이들의 투입에 열려진 (정책 형성)과정이 그 과정 자체를 민주적인 것으로 만들"며, 이는 단순히 '정당'이나 '이익집단'과 같은 잘 조직된 이들과의 민주적 협의가 아니라 "협의consultation의 범위가 넓어지면 넓어질수록, 대표의 대표성 또한 더욱 커진다"라고 강조한 바 있다(Goodin 2003, 161).

자신들의 대표가 자신을 충분히 대표하거나 대변하지 못한다고 여길 때 그들에게 그것을 요구하는 것은 너무나 정당한 민주적 권리라 할 것이다. 문제는 그것을 '어떻게' 요구할 것인가라는 것이 중요하다. 입법청원을 의회에 제출하고 그것이 통과되도록 '정치적 로비'와 '사회적 동원'의 레퍼토리를 구사하는 것은 가장 '공식적'이고 '정제된' 형태의 요구라할 것이다. 청원이 소개되고 상임위원회에 상정되어 논의되어 국회 본회의에서 통과되도록 하는 일련의 과정을 거치는 동안 개별 의원은 물론 각 정당들은 자신들이 누구를 대표하고 어떤 가치를 대변하는가에 대해 분명히 드러내게 된다. 어떤 입법 의제는 쉽게 수용되는 데 반해 어떤 입법 의제에 대해선 아예 무관심하거나 격렬한 반발이 이루어지기도 하기 때문이다. 이를 통해 시민입법운동은 대의제 민주주의하의 '대표의 대표성' 문제를 실질적으로 제고하는 계기를 제공할 뿐만 아니라 대의제 민주주의 그 자체가 갖는 '대표의 한계'를 넘어설 수 있는 가능성을 보여 준다고 할 수 있다.

참여민주주의를 "대의 정부하에서 시민들이 직접 공적인 직무를 담당하지는 않더라도 정치과정에 적극적인 관심을 갖고 참여함으로써 민주주의를 활성화시키는 것을 목표로 하는 체제"(이동수 2005, 24-5)로 정의할 수 있다면 시민입법운동은 가장 전형적인 참여민주주의적 실험의 하나라고 볼 수 있을 것이다. 그것은 단지 선거를 통한 대표의 선출로 끝나는 민주주의가 아니라 대의정부를 견제·감시하고 정치과정의 여러 층위에서 대표자들과 함께 토의하면서 정책결정에 영향을 미치는 역할을 하는 것까지를 포함한 민주주의로 확대하려는 시도이기 때문이다. 따라서 시민입법의 문제는 단지 입법청원 과정에 대한 제도적 개선이나 청원의 실효성을 제고시키는 차원으로 국한되어서는 곤란하며 민주주의의 심화라고 하는 보다 근본적인 물음과 함께 다뤄질 필요가 있다.

상대적으로 효과적인 의원입법이나 정부입법이 아닌, 여전히 힘들고 효과적이지도 못한 시민입법 자체가 독자적 가치를 갖는 것은, 그것이 바로 입법과정에 대한 시민들의 직접적 참여를 목표로 한다는 점에서다. 시민입법은 의회나 정부가 시민들의 다양한 입법적 요구를 충분히 반영하지 못할 때 직접적으로 그것을 입법공간으로 끌어들이기 위한 운동 레퍼토리의 하나다. 이 과정에서 개인 수준에서의 청원이 갖는 한계를 보완할 수 있는 것이 조직적 차원의 입법청원이며, 민주화 이후 한국 시민 입법운동들 역시 주로 조직들에 의해 주도되어 왔음을 이 책의 제2부에서 확인한 바 있다. 이런 맥락에서 입법청원의 실효성을 높인다는 것은 청원제도 자체를 보완하는 작업과 더불어 사회운동조직과 시민들 사이의 적극적인 소통이 또한 중요한 관건이 된다.

이미 OECD 등에서는 미래의 민주주의는 시민을 정책형성의 파트너로 해 나아갈 수밖에 없으며 이를 위해서는 단순한 정보의 제공이나 자문의 요청 수준이 아니라 시민들의 능동적 참여가 절대적으로 필요하다는 제언을 계속하고 있다(OECD 2001a; OECD 2001b). 그리고 의원의 소개를 거치지 않고서도 시민들의 청원이 직접적으로 의회에서 표결로 다뤄질 수 있도록 하는 주민발안제도initiative가 스위스나 미국 등 일부 지역에서는 오래전부터 사용되고 있으면서 주민소환recall, 주민투표refrendum와 더불어 직접민주주의를 위한 제도적 수단의 하나로 다양한 실험이 거듭되고 있다(Thomas E. Cronin 1989; Shaun Bower, Todd Donovan, Caroline J. Tolbert eds. 1998).

그러나 시민입법을 단지 그것을 가능케 하는 제도 차원의 문제로 국한해서 살피는 것은 적절하지 않다. 설령 그러한 제도들이 잘 갖춰져 있다고 하더라도 '누가' '어떻게' 실천할 것인가의 문제는 여전히 남기 때문이다. 또한 입법운동조직과 시민들 사이의 충분한 의사소통과 동의가 어떻게 확보될 수 있을 것인가의 문제 역시 '시민입법'의 핵심적 쟁점이라 할 것이기 때문이다. '그들만의 게임'으로 전락해 버린 정부와 정당을 중심으로 한 제도정치 독점의 민주주의를 변화시키고 발전시키기 위한 '시민 정치(Dalton 1996(1988))'나 엘리트 민주주의에 대립하는 참여민주주의적 실천(Nylen 2003)이 주목받는 것은 바로 현대의 정당민주주의, 대의제 민주주의 수준에서 제대로 실현하지 못하고 있는 실질적 민주주의에 대한 희구를 반영하는 것이다. 따라서 시민입법운동이 개별 입법적 성과를 넘어, 대의제 민주주의의 한계를 보완하는 참여민주주의적 '시민정치'의 실험으로 전개되기 위해서는 그것이 얼마나 활발한 시민 참여의 메커니즘을 갖는가가 관건이 되지 않을 수 없다.

　그러나 이 책의 제2부에서 살펴본 바와 같이 최근 한국의 시민입법운동에서는 시민참여의 활성화라는 운동(의 전개 과정) 자체가 갖는 의미보다 개별 입법적 성과를 더욱 중시하는 방향으로 변화하는 양상이다. 17대 국회에 들어 입법청원 건수가 급격히 감소하는 반면 의원발의 건수가 급증한 것은 이러한 상황을 반증하는 하나의 사례라고 할 것이다. 어렵게 의원소개를 얻고 대중들의 서명을 받아 의원과 정당을 압박해 동의를 이끌어 내는 방법을 선택하기보다 법안 제출 건수 경쟁으로부터 자유로울 수 없는 의원들로 하여금 의원발의케 하는 경우가 많아졌기 때문이다. 여기서 문제가 되는 것은 단순히 독자적 입법청원을 제출하지 않았다는 것 자체가 아니라 의원발의로 이루어진 법안들을 통과시키기 위한 입법운동의 병행이 제대로 이루어지지 않는다는 점이다. '의원발의'가 운동의 시작이 아니라 끝이 되는 경우가 적지 않게 발견되는 것이다. 이는 시민입법운동을 통해 제도정치에 의한 입법과정의 독점을 막고 시민의 능동적 정치참여를 활성화해 민주주의의 질을 격상시킬 수 있다는 기대와 어긋난다.

민주화 이후 한국의 시민입법운동은 입법의 유형 자체를 변화시키는데 중요한 역할을 수행해 왔다. '갈등적'이고 '흡수적'이었던 입법 유형이 '이의제기적'인 유형으로 전환될 수 있었던 것은 '권력감시'와 결합된 '시민입법'운동의 위력에 기인하는 바가 컸다. 뿐만 아니라 한국에서의 시민입법운동은 다양한 차원의 대중운동들과 긴밀하게 연계되어 전개됨으로써 이를 통해 사회운동조직들 사이의 연대를 강화하는 매개가 되기도 했다. 이러한 특징들은 다른 나라의 입법운동에서 쉽게 발견할 수 없는 한국 시민입법운동의 독특한 성과였던 것이다. 물론 효과적인 '정치적 로비'는 입법운동이 성과를 거두는 데 매우 중요한 요인이 된다는 사실은 민주화 이후 한국 시민입법운동의 역사를 통해 확인할 수 있었다. 그러나 그러한 '정치적 로비'가 위력을 발휘할 수 있었던 것은 '사회적 동원'과의 조직화된 결합이 있었기 때문이라는 사실이 간과되어서는 안 될 것이다. 더욱이 한미 FTA 협상 과정에서 확인되듯이, 한국 정부의 억압적이고 무모한 대응, 여야 정당의 무기력과 무능력은 여전히 '정치적 로비'라는 운동 레퍼토리 위주의 시민입법운동은 지극히 취약하고 불안정할 수밖에 없음을 여실히 보여 준다.

능동적인 시민참여가 뒷받침되지 않는 상태에서 제대로 된 대의가 이루어지기를 바랄 수 없고, 안정적인 대의의 실현 없이 활발한 참여가 지속될 것으로 기대하기 어렵다. 민주화 이후 한국 시민입법운동의 위상과 역할 또한 이러한 '대의'와 '참여' 사이를 불안정하게 움직여 왔던 것이다.

그러나 소위 '참여정부'라고 자칭한 노무현 정부 출범 이후 '협력적' 입법 유형으로 변화할 것이라는 많은 이들의 기대가 거의 '헛된 꿈'으로 끝나는 양상을 보이면서 '대의'와 '참여'의 관계에 대한 보다 엄밀하면서도 엄격한 분석이 새로이 요구되고 있다. 과연 이러한 과거 '회귀'의 상황이 대의의 부실, 대의의 독점, 참여의 부족, 참여의 과잉 가운데 어떤 것에 기인하는 것인지, 이들 사이에는 어떠한 상호 연계가 있는지 등을 밝혀야하는 과제가 다시 주어진 것이다.

2. 시민입법 '연구'와 '실천'의 다음 단계

1) 더욱 엄밀하면서도 풍부해져야 할 '사회적 기회구조' 개념

사회운동의 발생, 지속, 결과에 영향을 미치는 구조적 조건은 무엇이며, 사회운동의 주체는 그러한 조건(의 변화)에 어떻게 대응함으로써 목표한 결과 이끌어 낼 수 있었는가? 이런 질문들에 대해 대답하기 위해 이 책에서는 '사회적 기회구조'라는 개념이 새로이 제시되었다. 그리고 새롭게 제시된 이론적 개념을 자료를 통해 실증적으로 규명하기 위해, 민주화 이후 약 20여 년 동안 국회에 제출된 240건의 제정청원 사례들에 대한 '통계적' 분석이 이루어졌고 그 결과 '정치적 기회구조'와 구분되는 '사회적 기회구조'가 시민입법운동의 발생, 지속, 결과에 각각 상이한 영향을 미친다는 사실을 통계적으로 규명해 내는 데 성공한 것이야말로 이 책의 가장 중요한 성과라 할 것이다.

　그러나 역설적으로 바로 이러한 '사회적 기회구조'에 대한 이론적 작업은 이후 반드시 보완해야 할 중요한 한계들을 안고 있으며 그것은 비단 제3부의 통계적 작업에서뿐만 아니라 이 책 전체를 관통하는 한계로 작용하고 있는 것 또한 사실이다. '사회적 기회구조'라는 새로운 이론적 주장을 과연 '어떻게' 분석하고 증명할 수 있을 것인가가 가장 중요한 고민의 출발이었으며 이를 해결하기 위해 이 책에서는 구미 사회운동 연구자들의 최신 연구방법을 분석을 위한 도구로 사용했다. 문제는 '정치적 기회구조'의 경우 이미 수많은 연구자들에 의해 논의·검증된, 그래서 비교적 체계적인 분석 변수들이 존재하는 반면 '사회적 기회구조'의 경우 '정치적 기회구조'만큼의, 이미 검증되고 활용된 충분한 변수들을 갖지 못한다는 사실로 집약된다.

　따라서 이 책에서는 기존의 연구 성과들을 최대한 활용해 변수들을 재구성하는 방식을 취했고 '담론 환경'과 '운동 지형'을 '사회적 기회구조'를 구성하는 핵심 요소로 제시했다. 그리고 이에 대한 통계작업이 가능하도록 언론보도 건수와 청원 당시 연대청원 여부를 각각 '담론 환경'과 '운동 지형'을 보여 주는 변수로 '조작적 정의'를 했던 것이다. 또한 제2부의 '시민입법운동'에 대한 역사적 분석결과에 근거해, 마치 정권이나 국회 임기가 정치적 기회의 일반적 구조가 되듯, 사회적 변화가 확연히 나타나는 시기를 구분하고 해당 시기의 사회적 조건이 시민입법운동에 영향을 미친다는 논리를 구성해 분석했다.

　결과적으로 이렇게 선정된 변수들로 '정치적 기회구조'와 구분되는 '사회적 기회구조'의 시민입법운동에 대한 영향을 설명하는 데 성공했지만 '사회적 기회구조'에 대한 풍부한 이론적 서술과 실증적 분석을 뒷받침할 수 있는 자료 및 변수가 풍부하지 않다는 지적은 여전히 제기될 수 있다. 그러한 한계를 이 책에서 모두 수용하기란 현실적으로 어려운 실정이기에 향후 연구를 통해 '사회적 기회구조'를 보다 풍부하고 명확하게 설명할 수 있는 자료와 변수들을 추가해 내는 것이 시급한 과제라는 제안을 한다. 그러한 추가 작업이 이루어지기 위해서는 몇 가지 작업들이 선행 또는 병행되어야 할 것이며 무엇보다 '저항 사건'protest event 자체에 대한 풍부한 자료의 집적과 그것의 공유가 체계적이고 지속적으로 진행될 필요가 있다.

　예를 들어 구미의 사회운동 연구들에서는 '사회운동과 언론'의 관계에 주목하면서 언론에 보도된 저항 사건의 빈도나 내용을 분석하거나 경찰 기록과 같은 공식적 자료들을 재구성하는 방식으로 사회운동의 다양한 측면들, 예를 들어 빈도, 발생 시점과 지속, 위치, 주장, 규모, 형식, 저항의 매개, 대상, 그것의 결과와 그것에 대한 대응(경찰의 개입이나 대응사회운동의 발생) 등을 오랜 기간 집단적으로 분석해 왔다(Koopmans and Rucht 2002, 231). 이러한 작업이 가능할 수 있었던 것은 광범위하고 체계적인 자료의 집적과 공유가 가능했기 때문이다.[3] 한국의 상황은 이에 비할 때 지극히 열악한 조건이다. 이 책에서 사용한 자료들인 『한국시민사회연

---

3 1950년부터 현재까지 독일에서 벌어졌던 모든 저항들을 정리하고 있는 프로닷 프로젝트the Prodat project, 1988년에서 1997년까지 EU 소속 각 나라의 한 가지 신문들로부터 환경관련 기사들을 뽑아 비교하는 티이에이 프로젝트the TEA Project : "Transformation of Environmental Activism", 특정 분야에 해당하는 모든 저항 사건뿐만 아니라 그들의 주장 내용까지 포괄하여 작성되는 메르치 프로젝트the Merci project : "Mobilization on Ethnic Relations, Citizenship and Immigration" project 등이 대표적 사례들이다. 또한 최근에는 인터넷 기술을 활용한 자료의 집적과 공유도 늘어나고 있다. 또한 비록 영어라는 언어적 제약이 있지만 '국가 간 비교연구'가 이러한 언론보도를 활용한 자료들로도 가능한 상황이다(Koopmans and Rucht 2002, 234).

감』(시민의신문)이나 『한국NGO리포트』(한양대학교 출판부) 등은 일관된 기준으로 '전수 조사'를 목적으로 이루어진 작업들이 아니며 데이터의 형식 또한 문서로만 제공되어 결국 개별 연구자에 의한 코딩 작업이 별도로 진행되어야 한다.[4] 다만 한국의 경우 인터넷을 활용해 기사나 자료를 검색하고 그것을 통계화할 수 있는 기반은 상대적으로 발달되어 있다. 이 책 역시 인터넷을 활용해 한국언론재단의 기사 검색을 활용할 수 있었기 때문에 가능한 작업이었다.

문제는 한국의 경우 이러한 작업들이 모두 '개인'에 의해 이루어지고 있기 때문에 자료에 대한 지속적 관리나 집적이 제대로 되지 않는다는 데 있다. 또한 인터넷 검색 기능을 활용할 경우 '검색어'를 사용해 기사들을 분류하지만 보다 정확한 기사 '내용'에 대한 검토와 그에 기반을 둔 분류 작업까지를 한 명의 개인이 수행하기란 거의 불가능하다고 할 것이다. 따라서 향후 사회운동 연구가 보다 양적·질적으로 성장하기 위해서는 체계적이고 지속적인 자료의 집적과 공유시스템의 개발이 이루어지고 이를 활용해 사회운동을 둘러싼 담론 환경의 '내용적' 특징에 대한 풍부한 분석이 가능해지도록 해야 할 것이다.

이와 더불어 '반대 여론'에 대한 불충분한 고려(또는 반영)라는 문제

---

4 필자의 이전 연구에서 시민운동을 둘러싼 담론 환경의 변화를 읽어낼 수 있는 또 다른 자료들이 분석된 바 있다. 국회 전자도서관 검색을 통해 학위논문, 단행본, 학술지 등에서 '시민사회론' '시민사회' '시민운동' 등의 개념들이 얼마나 발견되며 시기와 매체에 따라 어떠한 차이와 변화를 나타내는가를 분석한 것이다(홍일표 2004, 63-6). 이 작업을 통해 '시민사회' '시민운동' 등에 대한 학술적 관심이 시기에 따라 변하고 있음을 밝힌 바 있는데 그 결과는 언론보도의 검색 결과와 유사하지만 전혀 다른 매체를 통해 다시 확인되었다는 점에서 독자적 의미를 부여할 수 있을 것이다. 한편 은수미는 주요 단체들이 발표한 성명서나 논평 등에 대한 담론 분석을 통해 운동조직들 상호 간의 연계망을 분석한 바 있다(은수미 2005).

도 해결되어야 할 것이다. 보도 내용을 포함하지 않은 보도 빈도만으로 담론 환경의 '호의성'favor을 분석할 때는 '반대 여론'의 존재가 문제가 될 수밖에 없다. 라틴아메리카의 연금 개혁을 연구한 테일러Taylor는 "반대 세력이 많으면 많을수록 개혁이 이루어질 가능성은 낮아진다"the more veto players, the less likely reform라고 하며 정책 결정에 있어서 '거부권 행사자 veto player, 즉 반대 세력'의 존재의 중요성을 강조한 바 있다(Taylor 2005, 2). 이러한 반대 세력들은 정치사회의 구성원으로 존재할 수도 있고 시민 사회 내부의 세력으로 존재할 수도 있다. 그리고 반대의 이유도 경제적 이해관계나 정치적 이념에 따라 매우 다양하며 이들의 집단적 행위가 언론의 큰 주목을 받기도 한다. 또한 특정 사안에 대한 반대 세력들이 서로 연대해 강력한 동원을 이끌어 내기도 하며 반대의 내용을 담은 입법청원을 국회에 제출하기도 하는 것이다. 이런 경우 동원의 '방향은 해당 시민 입법운동과 완전히 반대가 된다. 따라서 '반대 여론'과 '반대 세력'의 존재는 곧바로 입법동맹과 반입법동맹의 구도와 직결된다고 할 것이다. 이러한 입법동맹과 반입법동맹 사이에 이루어지는 연대·협력·경쟁·갈등의 상호 관계는 시민입법운동이 가용할 수 있는 전략과 전술에 영향을 미칠 뿐만 아니라 운동의 결과 자체에 중요한 영향을 미치게 됨으로 이를 충분히 반영하지 못한 것은 이 연구의 중요한 한계이자 향후 과제로 지적되어야 할 것이다.[5]

무엇보다 언론은 단순히 '여론을 반영'하는 것만이 아니라 스스로 '여

---

[5] 특히 2002년 대선과 2004년 총선을 거치며 한국 시민사회의 이념적 분화 현상은 더욱 뚜렷이 나타나고 있고(김영태 2005, 48-65), '뉴라이트 운동'으로 대표되는 보수세력의 결집과 활성화는 시민사회의 운동 지형 자체에 영향을 미치고 있다(하태경 2005; 이윤희 2005).

론을 형성'하는 주요 행위자라는 사실 또한 명확히 고려되어야 할 것이다. 민주화 이후 한국 사회 담론지형은 소위 '조·중·동'이라 불리는 보수적 거대 언론의 막강한 영향력하에 있었음은 주지의 사실이다. 예컨대 최장집은 한국의 언론이 "우리 사회에서 구질서와 냉전 반공 헤게모니의 수호자이자 대변자"로 기능하고 있으며 "민주화 이후 한국 사회 최상층 기득 세력의 요구를 대변하고 이들을 결집시키는 역할"을 하고 있다고 지적한 바 있다(최장집 2002, 192-3). 이러한 우려와 비판은 조희연에 의해서도 제기된다. 그에 따르면 "그동안 독재정권과의 유착 속에서 성장해 온 신문 언론이 독재가 물러간 이후 그 공간을 독점화하게 되고, 정치사회나 여론시장에서의 독점적 지위를 유지"하고 있으며 "87년 이후 민주개혁을 통해서 전개된 국가와 제도정치의 '정상화'에도 불구하고, 언론은 '정상화'에도 못 미치는 불구화된 모습으로 존재"하고 있다는 것이다(조희연 2004, 408-9).

따라서 이와 같은 특정 의제의 '형성자'로서의 언론의 역할을 감안할 경우, 언론보도 빈도 자체가 그 사회의 여론을 정확히 '반영'하고 있다고 말하는 데 더욱 신중해지지 않을 수 없다. 언론사의 '선별'에 의해 특정한 의제가 더욱 부각되거나 아예 배제되는 경우가 얼마든지 발생할 수 있기 때문이다. 실제로 민주화 이후 한국 언론은 "지식인, 관료, 정치인, 국회의원, 대통령 모두를 대상으로 한국 사회가 나아가야 할 방향과 아젠다를 설정하고, 잘잘못을 평가하고, 사회와 정치를 평가할 수 있는 가치판단의 기준을 제시하면서 정치교육과 사회화의 중심적 역할을 담당"해 왔고, 이들은 '통합이데올로기' '도덕주의' '전문가주의' '신자유주의'와 같은 특정의 담론들을 유포하고 확산시켜 왔던 것이다(최장집 2006, 84-91). 이러한 담론들이 보수적 거대언론들의 지면과 논조를 가득 메운 상태에서 이에 대한 '빈도'로 계산해 여론을 분석하게 된다면 결과는 너무나 분명하다. 그러므로 언론 보도를 이용한 연구가 반드시 갖춰야 할 덕목으로, 역사적이고 구조적인 독해의 중요성은 아무리 강조해도 지나치지 않을 것이다.

2) '중앙정치' '지역정치'와 '시민입법운동' '주민발의운동'

이 책에서 다루는 입법운동의 대상은 '법률'의 변화에 국한한 것이다. 이는 연구의 범위를 명확히 하기 위한 현실적 이유에서뿐만 아니라 민주화 이후 한국 사회운동이 추구했던 제도 변화의 대부분이 법률의 변화를 중심에 두고 전개되어 왔다는 사실을 반영한 것이기도 하다. 하지만 앞으로는 지방자치단체 차원에서 전개되는 '주민발의'를 통한 조례 제·개정 운동으로까지 연구·실천의 대상을 확대할 필요가 있다. 실제로 지방자치단체 차원의 조례 제·개정 또는 폐지 운동은 2000년 이후부터 이미 활발해지고 있다. 2000년 3월 주민발의제도가 지방자치법에 도입된 이후 지역주민들의 삶과 밀접한 문제 중에 사장되어 있는 이슈를 발굴해 관심을 환기하고 정책의 변화를 가져오기 위한 수단으로 활용되기 시작했다. 그동안 학교급식조례, 보육조례 등에 대한 주민발의운동이 활발하게 전개되었고, 예를 들어 2004년 1월 전남 목포시에서는 4,700명의 서명을 받아 주민발의가 된 "건축물의허가등에있어장애인시설설치사전점검에관한조례"가 시의회를 통과하기도 했다(하승수 2005, 65-6).[6] 이러한 주민발의는 최근 도입된 주민투표(2004년 도입)와 주민소환(2006년 도입) 제도와 더불어 대표적인 직접민주주의 제도 가운데 하나다. 시민입법운동의 경우 국회의원의 소개를 얻어야만 국회에 제출될 수 있는 데 반해 주민발의는 주민들의 서명만으로 지방의회에 제출될 수 있고 지방의회는 이를 반드시 다루도록 되어 있다는 점에서 '제도적' 조건만으로 본다면 시민입법운동보다 오히려 더 나은 상황이라 볼 수도 있다.

하지만 국회를 상대로 한 입법운동에 비해 지방자치단체를 대상으로 한 조례 제·개정 및 폐지 운동의 역사는 그리 길지 않을 뿐만 아니라 사례 또한 많지 않다. 더욱이 '성공' 사례로 평가될 수 있는 경우는 더욱 적다. 이는 지역사회운동의 동원 역량 자체가 전국적 차원의 사회운동조직들에 비해 크지 않을 뿐만 아니라 훨씬 더 보수적이고 폐쇄적인 지역정치 구조, 소위 '토호土豪 세력'이라 불리는 강고한 지역 기득권 집단, 그리고 그들과 결탁된 지역 언론, 불안정하고 미약한 지역운동 등 이중삼중의 구조적 제약 때문이기도 하다(홍성태 2006; 허미옥 2006; 장수찬 2006).[7] 뿐만 아니라 '법률 우위의 원칙'에 의해 법률이 정하는 바를 넘어서는 조례의 제정은 불가능하며 시·도 의회의 결정에 대해서는 주무 부처의 장이, 기초의회에 대해서는 시·도 지사가 재의를 요구할 수 있으며, 재의결된 내용이 법령에 위배된다고 판단될 경우에는 대법원 판결을 통해 해당 조

---

6 입법운동에 있어서도 입법청원을 제출하지 않고 전개되는 '간접적 입법운동'이 있는 것처럼 주민발의의 방식을 취하지 않고 지역사회운동의 제안이 받아들여지는 경우도 있다. 충북 청주시에서 2004년 9월 제정된 시민참여기본조례나 광주광역시 북구에서 2004년 제정된 주민참여예산조례가 그런 예다(하승수 2005, 65).

7 더욱이 2006년 5월에 치러진 제4기 지방자치단체 선거에서 한나라당이 압승을 거두게 되면서 지방자치단체장은 물론 지방의회 의원 전체가 한나라당인 지역들이 속출했다. 지방의회의 지방자치단체에 대한 감사나 견제 기능을 기대하기 더욱 어려운 상황이라 하지 않을 수 없다. 다만 2006년 5월 '주민소환법'이 국회를 통과함으로써 기형적인 지역 정치 구도를 제어할 수 있는 '최소한'의 제도적 기제가 마련되었다고 할 것이다.

례는 무효가 되게 된다는 점 또한 조례 제·개정 운동의 중요한 제도적 제약 조건이 되고 있다.[8]

바로 이런 맥락에서 지난 20여 년간 축적된 시민입법운동의 경험은, 우선 실천적인 차원에서 주민발의운동에 실질적 도움이 될 수 있다. 의원, 정당, 정부 부처 들을 상대로 한 '정치적 로비'와 언론, 대중, 법률을 활용해 전개되는 '사회적 동원'의 기법들이 상당 수준 개발되어 있고, 이들을 어떻게 결합시켜 낼 것인가에 대한 경험 또한 축적되어 있다. 지방의원들과 지방의회, 지방자치단체를 대상으로 하는 조례 제·개정 운동을 전개함에 있어서 시민입법운동의 사례들을 참고할 뿐만 아니라 전국적 차원의 법률 제·개정 운동과 동시에 전개하는 전략을 구사함으로써 운동의 효과를 배가시킬 수 있는 가능성 또한 충분히 크다고 할 것이다. 뿐만 아니라 최근 시민입법운동이 정체되는 양상을 보이는 것과 달리 지방자치단체 차원에서의 주민발의운동은 더욱 활발해지고 있고(하승수

---

8 가장 대표적인 사례로 학교급식조례 제정에 대한 정부의 대응과 대법원의 판결을 들 수 있다. "정부는 개방화 시장화 경쟁논리로 일관하며 신자유주의정책을 고수하면서 국민 다수의 의식이 된 법개정과 조례제정의 힘을 가로막았다. 특히 WTO위배라는 이유로 학교급식에 우리농산물 또는 국내산 농산물, 지역산 농산물을 사용하도록 명시한 조례를 대법원에 제소해 전북을 시작으로 경남, 경기, 서울, 충북조례가 시행되지 못하게 했다. 그런 중에 WTO문제와는 관계없는 기초자치 단체마저 조례를 제정함에 있어 특히 주민발의로 청구된 조례의 문구를 수정하거나 청구조례를 기각하고 기초의회 또한 심의과정에서 문구수정을 하거나 의회심의 보류, 심지어는 부결해 주민대의기구라는 의미조차 퇴색시킨 지역이 또한 다수다. 급기야 지난 9월 9일 대법원은 전북조례무효판정을 내렸으며 학교급식에 사용되는 식재료를 국내산농산물로만 사용하면 안 된다는 식의 어이없는 반교육, 반농업적 결론을 내렸다"('경과보고', "2002년부터 현재까지 전국의 조례제정과 법개정운동 과정에서 드러난 일련의 문제점들", 작성 : 이빈파(학교급식법 개정과 조례제정을 위한 전국국민운동본부 운영위원), 2006년 2월 15일. http://www.geubsik.org).

2005, 66) 이처럼 주민발의운동 또는 조례 제·개정 운동의 활성화가 오히려 관련 법률의 변화를 이끌어 내기 위한 시민입법운동의 기폭제가 될 수 있다.[9]

이러한 실천적 차원의 상호 상승효과뿐만 아니라 시민입법운동과 주민발의운동의 비교를 통해 '사회운동을 통한 제도 변화'의 메커니즘 — 정치적·사회적 기회구조, 동원 구조와 전략, 입법동맹 구도의 형성과 변화, 운동 레퍼토리 등의 상호 작용, 사회운동의 결과와 영향 — 을 밝히는 이론적 작업 또한 더욱 역동적인 방향으로 이루어질 수 있을 것이다. 여기에 지역 사례 간 비교 연구까지 함께 이루어질 경우 정치적 기회구조와 사회적 기회구조와 같은 구조적 조건에 대한 공간적 비교 또한 가능해지고 동일한 이슈에 대한 지역별 대응의 상이함이 발생하게 되는 요인 및 그것이 운동의 결과에 미치는 영향에 대한 종합적인 연구로 확대될 수 있다. 이처럼 향후 연구에서는 중앙 정치를 넘어 지역 정치로, 시민입법운동을 넘어 주민발의운동으로 연구의 대상과 범위를 확대시키는 작업이 이루어져야 할 것이다.[10]

---

9 '학교급식법 개정운동과 조례제정 운동'은 입법운동과 주민발의운동의 상호 작용의 가능성과 한계를 잘 보여 준다. 이러한 '결합'의 양상은 일본의 사례와 비교할 때 더욱 흥미롭다. 활발한 조례 제·개정 운동과 그것으로부터의 적지 않은 성과를 거둔 일본의 경우, 국회와 정부를 대상으로 하는 입법운동을 통한 '운동의 전국화'에는 매우 취약한 양상이다. 이는 한국과 일본의 사회운동의 역사, 조직과 제도 등의 차이로부터 기인하는 것이다(홍일표·하승수 2003).

10 연구와 실천 대상의 확대와 관련해서는 비단 '지역'으로의 확대뿐만 아니라 '세계화'의 문제가 큰 쟁점이 될 것이다. 특히 (신자유주의적) 세계화가 국내의 법·제도에 미치는 영향, 사회운동의 대응(예를 들어 한미 FTA 협상, 스크린쿼터축소반대투쟁, 투기자본에 대한 통제와 과세 등), 이를 둘러싼 입법동맹과 반입법동맹의 복잡한 재구성 등은 향후 가장 중요한 연구와 실천의 대상이 될 것이다.

참고 문헌

강성남. 2002. "반부패정책의 제도화 과정 분석."『한국부패학회보』제7권. 한국부패학회.

경제정의실천시민연합. 2000.『경실련 창립 11주년 기념자료집』. 경제정의실천시민연합.

국정홍보처. 1997.『개혁백서』. 국정홍보처.

국회사무처. 2004.『의정자료집』. 국회사무처.

국회사무처 법제실. 2000.『국회법률안입안기준』. 국회사무처 법제실.

_____. 2002. "제16대국회 전반기(2000년 5월 30일~2002년 5월 29일) 의원입법현황".『법제현안』제2002-4호. 국회사무처 법제실.

국회사무처 법제예산실. 1998.『'97 통계로 보는 국회민원 : 분석 및 동향』. 국회사무처.

국회사무처 의안과. 2002.『청원처리의 실태와 그 내실화 방안 : 제15대 국회를 중심으로』. 국회사무처.

권영설. 2005. "입법과정의 헌법적 조명."『입법과정의 현황과 개선방안』. 국회 법제실·한국 공법학회.

김거성. 1999. "NGO 반부패활동의 성과와 발전방향."『한국행정학회 학술대회 발표문』. 한국행정학회.

김구현. 1999. "한국에서 시민운동단체의 성장과 쇠퇴 : 경제정의실천시민엽합의 사례." 서울대학교 정치학과 박사학위논문.

김기식. 2005. "입법운동의 조건 및 성과와 한계."『NGOs와 법의 지배』. 서울대학교 법학연구소 법의지배센터 2005 연구프로젝트 심포지움 자료집.

김동춘·김태룡. 2002.『경험을 통해 본 한국 NGO 활동의 과제와 전망』. 한국행정연구원.

김민엽·박은미. 2004. "제16대국회 의원발의법률안 현황분석."『법제현안』제 2004-6호(통권 160호). 국회사무처 법제실.

김병진·권해수. 2002.『한국NGO 반부패운동의 실태와 과제』. 한국행정연구원.

김상곤. 2004. "시민운동, 민중운동, 진보정당 그리고 참여연대." 홍성태 엮음. 참여연대 10주년 기념『참여와 연대로 연 민주주의의 새 지평』. 아르케.

_____. 2006. "87항쟁 이후 사회운동의 평가와 전망."『6월 민주항쟁과 한국 민주
주의의 현주소』. 민주화운동기념사업회.

김선미. 2002. "한국 NGO의 정책형성과정에서의 협상적 거버넌스 분석." 이화여자
대학교 사회생활학과 박사학위논문.

김영순. 2005. "민주화와 복지정치의 변화 : 국민기초생활보장법 제정과정을 중심
으로."『한국과 국제정치』제21권 제3호. 경남대학교 극동문제연구소.

김영태. 2005. "한국 사회 이념 지형의 변화와 전망."『2005 오피니언 트렌드』. 한국
사회여론연구소.

김은미. 2000. "한국 지역정치의 변화와 지역운동의 제도화." 이화여자대학교 사회
학과 박사학위논문.

김의영 외. 2003.『대의제 민주주의 공고화를 위한 시민사회의 바람직한 정치참여
방안』. 2003년도 국회연구용역과제 연구보고서. 한국정치학회.

김종길. 2004.『인터넷 시민운동의 특성과 전망』. 정보통신정책연구원.

김종렬. 1993. "한국의 부패대응정책의 변천과정에 관한 연구." 계명대학교 석사학
위논문.

김창국. 1997. "반부패정책의 실패와 교훈."『부정부패를 진단한다』. 제15회 정신문
화 포럼.

김태룡. 2003. "역대정부의 부패방지정책의 평가와 과제 : 거버넌스적 관점에서."
『부패방지와 신뢰정부구축』. 2003년도 세미나 발표논문집. 한국행정학회.

김 택. 2000.『국민의 정부 반부패정책 : 평가와 개선방안』SIT Issue Paper 2000-
4. 서울시립대학교 반부패행정시스템연구소.

김현우. 2001.『한국국회론』. 을유문화사.

김현정. 2000. "여성운동과 국가의 관계에 관한 연구 : 성폭력특별법과 가정폭력방
지법 제정운동을 중심으로." 이화여자대학교 여성학과 석사학위논문.

남궁근. 2000. "반부패를 위한 국내NGO 활동 분석."『한국행정학회 세미나 발표문』.
한국행정학회.

남인순. 2002. "여성단체가 가정폭력방지법 제정과정에 미친 영향에 관한 연구." 성
공회대 사회복지대학원 석사학위논문.

민경배. 2002. "정보사회에서의 온라인 사회운동에 대한 연구 : 한국의 사례를 중심
으로." 고려대학교 사회학과 박사학위논문.

민경자. 1999. "성폭력 여성운동사." 한국여성의전화연합 엮음. 『한국 여성인권운 동사』. 한울아카데미.

민주사회를 위한 변호사 모임. 1989. 『반민주악법 개폐에 관한 의견서』. 역사비평사.

_____. 2003. 『한국사회의 개혁과 입법과제』. 민주사회를 위한 변호사모임.

민주주의법학연구회. 1994. 『한국 사회의 법과 민주주의 : 김영삼 정부에 대한 규범 적 평가』. 관악사.

박민규 외. 2004. "국민참여를 통한 입법 및 법제개선방안 연구" 최종보고서. 법제처.

박영호. 1999. "한국의 부패통제에 관한 연구 : 역대정부의 접근방법을 중심으로." 서울대학 행정대학원 박사학위논문.

박원순. 1998. "부정부패의 현대사." 『한국사시민강좌』 1998년 2월. 일조각.

_____. 2004. 『역사가 이들을 무죄로 하리라』. 두레.

박찬욱. 1992. "한국 의회내 정당간 갈등과 교착상태 : 그 요인, 경과 및 결말." 한배 호· 박찬욱 『한국의 정치갈등 : 그 유형과 해소방식』. 법문사.

법제처. 1989. 『6.29선언과 법제개혁 : 어디까지 왔나』. 법제처.

_____. 1993. 『법제개선백서 : 제6공화국 5년의 발자취』. 법제처.

_____. 1994. 『문민정부와 법제개혁 : 그 1년의 발자취』. 법제처.

_____. 2002. 『국민의 정부 법제백서』. 법제처.

부패방지입법시민연대. 2001. 『부패방지입법시민연대 백서(2000.5-2001.7)』 부패 방지입법시민연대.

부패방지제도입법시민연대. 2000. 『부패방지 제도입법, 어떻게 할 것인가』. 시민단 체 공동안 공청회 자료집. 2000년 7월 20일 세종문화회관 컨퍼런스 홀. 경 제정의실천시민연합· 공동체의식개혁국민운동협의회· 기독교윤리실천운 동· 녹색연합· 반부패국민연합· 정치개혁시민연대· 참여연대· 한국YMCA전 국연맹· 한국여성단체연합· 행정개혁시민연합· 환경운동연합· 흥사단.

〈비화 국민의 정부〉 동아일보 특별취재팀. 2005. 『김대중 정권의 흥망』. 나남출판.

서미라. 2002. "정치적 기회구조의 변화와 '진보적' 여성운동의 제도화 : 〈한국여성 단체연합〉을 중심으로." 성공회대학교 시민사회단체학과 석사학위논문.

서복경. 2005. "입법과정 관련 제도 변천과 제도개선의 방향." 『국회도서관보』 9월 호. 국회도서관.

손혁재 외. 2005. 『시민단체의 의정감시와 의정평가』. 2005년도 국회연구용역과제

연구보고서. 한국정치학회.

신광영. 2005. "누구를 위한 민주화였나?"『대한민국을 위한 3대 논쟁』민주화운동 기념사업회.

안병영. 2000. "국민기초생활보장법의 제정과정에 관한 연구."『行政論叢』제38권 제1호. 서울대학교행정대학원.

안보섭. 2000. "한국 로비 활동에 대한 탐색적 연구."『홍보학 연구』. 2000년 12월 제4권 제2호. 한국홍보학회.

오승용. 2003. "한국 분점정부의 대통령-의회 관계 연구 : 입법과정을 중심으로." 전남대학교 정치학과 박사학위논문.

오준근. 1996.『한국의 법제와 개혁 : 1995년까지의 법제개혁 경과를 중심으로』. Konrad -Adenauer-Stiftung. .

유기삼. 2003. "정책참여자로서 NGO의 역할에 관한 연구 : 부패방지법 제정과정을 중심으로." 성균관대 행정대학원 석사학위논문.

유현진. 2004. "NGO의 정책참여유형에 관한 연구." 서울대학교 행정대학원 석사학위논문.

윤영근. 2001. "시민단체의 반부패활동에 관한 연구." 경남대 대학원 석사학위논문.

은수미. 2001. "한국 노동운동과 시민운동의 경쟁, 그리고 헤게모니 : 이념과 쟁점형성을 통해서 본 사회운동의 동시성장과 정치세력화." 서울대학교 사회학과 석사학위논문.

_____. 2005. "한국 노동운동의 정치세력화 유형연구 : 노동운동과 시민운동의 관계구조 분석." 서울대학교 사회학과 박사학위논문.

이기호. 1996. "한국의 민주화 과정과 사회운동네트워크 : 1987-1996." 연세대학교 정치학과 박사학위논문.

이남석. 2003. "입법과정에서 NGO의 역할 : 관련 법안과 NGO의 입법." 주성수 편.『정치과정에서의 NGO의 역할』. 한양대학교 출판부.

이동수. 2005. "대의제 민주주의의 위기 : 마넹의 논의를 중심으로." 제3섹터연구소.『시민사회와 NGO』제3권 제1호. 한양대학교 출판부.

이민아. 2000. "국민기초생활보장법 제정과정에 있어서 시민운동이 미친 영향에 관한 연구." 중앙대 석사학위논문.

이영권. 2002. "정책결정과정에서 시민단체의 역할과 한계 : 부패방지법 제정과정을 중심으로." 고려대 대학원 석사학위논문.

이영모. 2000. "한국에 있어서 부패통제를 위한 NGO의 활동 분석 : 참여연대와 경실련의 활동을 중심으로." 안동대학교 석사학위논문.

이윤희. 2005. "대응사회운동(countermovement)의 사회적 역할 : 한국의 '뉴 라이트 운동' 사례를 중심으로."『담론201』제8권 제1호. 한국사회역사학회.

이은영. 2000. "부패방지법과 시민운동." 경상대학교 사회과학연구소 엮음.『한국의 부패와 반부패 정책』. 한울아카데미.

이태호. 1998. "참여연대 맑은사회만들기 시민입법운동."『아름다운사람들』10월호.

_____. 2001. "함량미달 부패방지법안 통과를 그대로 인정할 수 없습니다."『개혁통신』통권 112호.

_____. 2004. "2004년 정기국회의 의원활동 평가."『의정연구』제10권 제2호. 의회발전연구회.

이한규. 2001. "입법과정 개선에 관한 헌법적 고찰" 고려대학교 법학과 박사학위논문.

이한길. 2006. "제17대 국회 의원발의 법안의 특성."『국회보』3월호. 국회사무처.

임미옥. 1999. "미완의 부패방지법 : 반부패기본법으로는 부패척결도, 국정개혁도 불가능합니다."『개혁통신』통권 36호.

임정현. 1992. "반민주악법과 법률관계투쟁." 민주주의법학연구회 편.『민주법학』통권 4호. 관악사.

임종훈 외. 1998.『입법과정론』. 박영사.

임희섭. 1999.『집합행동과 사회운동의 이론』. 고려대학교 출판부.

장성훈. 2005. "17대 국회 의원입법 활동의 변화와 특징."『국회도서관보』9월호. 국회도서관.

장수찬. 2006. "지역정치와 중앙정치의 유착과 재생산." 참여사회연구소.『시민과 세계』제9호. 도서출판 참여사회.

전영평. 2003. "시민단체에 의한 부패통제 : 논리, 유형, 분석."『한국행정학보』제37권 제3호. 한국행정학회.

정재황. 1992. "국회의 날치기통과 등 졸속입법에 대한 통제." '법과사회' 이론연구회 편.『법과사회』제6호. 창작과비평사.

_____. 2003. "법안심사."『의정연구』제9권 제2호. 한국의회발전연구회.

정종섭. 1992. "우리나라 입법과정의 문제상황과 그 대책." '법과사회' 이론연구회 편.『법과사회』제6호 1992년 하반기. 창작과비평사.

조 국. 1993. "변화하는 한반도와 '법률투쟁'의 고리." 민주주의법학연구회 편.『민주법학』 통권 5호. 관악사.

조대엽. 1999. 『한국의 시민운동 : 저항과 참여의 동학』. 나남출판.

_____. 2006. "시민사회와 권위 : 시민(운동)단체의 정당성 위기와 새로운 권위의 전망." 조대엽·박길성 외 지음. 『한국 사회 어디로 가나? : 권위주의 이후의 권위구조, 그 대안의 모색』. 굿인포메이션.

조윤철. 2001. "국민기초생활보장법 결정과정에 관한 연구." 서울시립대 대학원 박사학위논문.

조창연·유기삼. 2003. "정책결정과정에서 NGO의 역할에 관한 연구 : 부패방지법 제정과정을 중심으로." 『사회과학논총』 제15권. 강남대학교 사회과학연구소.

조항제. 2003. 『한국의 민주화와 미디어 권력』. 한울아카데미.

조희연. 2001. "종합적 시민운동의 구조적 성격과 변화전망에 대한 연구." 유팔무, 김정훈 엮음. 『시민사회와 시민운동 2』. 한울.

_____. 2003. "한국의 민주주의 운동, 87년 이전과 이후 : 87년 이전의 민주화운동과 87년 이후의 민주화 운동." 『학술단체협의회·민주화운동기념사업회 주최 심포지움 발표문』. 학술단체협의회·민주화운동기념사업회.

_____. 2004. 『비정상성에 대한 저항에서 정상성에 대한 저항으로』. 아르케.

_____. 2006. "'민주화 이후 민주주의'의 복합적 갈등과 위기에 대한 비교연구 : '민주주의와 사회운동 관계론'의 아시아적 재구성 및 민주주의지표 개발을 중심으로." 『'민주화 이후 민주주의'의 복합적 갈등과 위기 : 한국/아시아의 '정치적 독점', 변형인가 해체인가?』. 성공회대 민주주의와사회운동 연구소.

조희연·조현연. 2001. "한국 민주주의 이행의 성격." 『한국 민주주의와 사회운동의 동학』. 나눔의 집.

차병직. 2002. 『NGO와 법』. 이화여자대학교 출판부.

참여연대. 2004. 『참여연대 10년의 기록 : 세상을 바꾸는 시민의 힘』. 참여연대.

최장집. 2002. 『민주화 이후의 민주주의 : 한국 민주주의의 보수적 기원과 위기』. 후마니타스.

_____. 2004. "민주주의와 헌정주의 : 미국과 한국." 로버트 달 지음. 박상훈·박수형 옮김. 『미국 헌법과 민주주의』. 후마니타스.

_____. 2005. "한국 민주주의의 취약한 사회경제적 기반." 최장집 편. 『위기의 노동 : 한국 민주주의의 취약한 사회경제적 기반』. 후마니타스.

_____. 2006a. "한국 민주주의의 변형과 헤게모니." 『민주주의, 여전히 희망의 언

어인가?: 한국사회 위기 진단과 희망 찾기』. 성공회대 사문연 〈민주주의와 사회운동 연구소〉 2006년 1월 〈민/운/연 포럼〉.

_____. 2006b. 『민주주의의 민주화: 한국 민주주의의 변형과 헤게모니』. 후마니타스.

_____. 2006c. "한국 민주주의와 제도적 실천으로서의 민주주의." 『6월 민주항쟁과 한국 민주주의의 현주소』. 민주화운동기념사업회.

최정원. 2004. "법안발의 제도와 국회 입법과정의 정치역학." 한국정치학회 엮음. 『한국 의회정치와 제도개혁』. 한울아카데미.

최한수·우필호. 2004. "부패방집법 제정/공익제보자 지원 운동." 차병직 외. 『짜고 치나 봅시다: 참여연대 권력감시운동 10년』. 시금치.

하승수. 2001. "시민운동과 법." 조희연 외. 『NGO 가이드』. 한겨레신문사

_____. 2005. "지역시민사회운동의 전략과 실천사례, 과제." 『대구시민사회포럼 2005: 지역·민주주의·시민운동』 자료집. 2005 대구시민사회포럼 준비위원회.

하승창. 2006. "90년대 중앙집중형 시민운동의 한계와 변화에 관한 연구: 경실련, 참여연대의 활동을 중심으로." 연세대학교 사회학과 석사학위논문.

하태경. 2005. "한국 보수이념의 현재와 미래: 뉴라이트 운동을 중심으로." 『2005 오피니언 트렌드』. 한국사회여론연구소.

한 준. 2004. "시장간 연결망과 조직의 생태학: 한국 제조업체의 역동성, 1981~1999." 『한국사회학』 제38집 4호.

_____. 2005. "사건사 분석." 이재열 외. 『사회과학의 고급계량분석: 원리와 실제』. 서울대학교 출판부.

허미옥. 2006. "지역 언론, 지역 민주화의 걸림돌." 참여사회연구소. 『시민과세계』 제9호. 도서출판 참여사회.

홍성태. 2006. "지역과 민주주의." 참여사회연구소. 『시민과세계』 제9호. 도서출판 참여사회.

홍세희. 2005. 『이항 및 다항 로지스틱 회귀분석』. 교육과학사.

홍완식. 2004. "법령의 현황과 입법의 원칙." 『입법정보』 제132호. 국회사무처.

홍일표. 2003. "전략적 용량의 한계에 도달한 한국 시민운동의 '정치적 중립'." 참여사회연구소. 『시민과세계』 제3호. 당대.

_____. 2004. "'시민사회론의 한국적 변용'에 대한 연구사적 고찰: 쟁점주제별 문헌 검토를 중심으로." 『NGO 연구』 제2권 제2호. 한국NGO학회.

_____. 2005. "인터넷과 시민운동." 이종구 외. 『정보사회의 이해』. 미래 M&B.

홍일표·하승수. 2003. "시민참여의 한일비교 : 제도와 운동의 동학." 한양대학교 제3
섹터연구소. 『시민사회와NGO』 제1권 제2호. 한양대학교 출판부.

Aminzade, Ronald R., Jack A. Goldstone, Doug McAdam, Elizabeth J. Perry,
William H. Jr Sewell, Sidney Tarrow(Series ed.). Douglas McAdam,
Charles Tilly. 2001. *Silence and Voice in the Study of Contentious
Politics*. Cambridge University Press.

Anderson, James E. 1984. *Public Policy-Making*(3rd ed.). New York : CBS
College Publishing.

Barkan, Steven E. 1980. "Political Trials & Resource Mobilization : Towards an
Understanding of Social Movement Litigation." *Social Forces*, vol. 58,
no. 3.

Berry, Jeffrey M. 1997. *The Interest Group Society*(3rd ed.). Longman.

Borda, F. 1990. "Social Movements and Political Power : Evolution in Latin
America." *International Sociology* 5.

Bowler, Shaun, Todd Donovan, Caroline J. Tolbert(eds.). 1998. *Citizens as
Legislators : Direct Deomocracy in the United States*. Ohio State
University Press.

Burstein, Paul. 1991. "Legal Mobilization as a Social Movement Tactic : The
Struggle for Equal Employment Opportunity." *The American Journal of
Sociology*, vol. 96, no. 6.

_____. 2003. "Congress really for Sale?" *Contexts*, vol. 2. Issue 3.

Clemens, Elizabeth S. 1997. *The People's Lobby : Organizational Innovation
and the Rise of Interest Group Politics in the United States, 1890-1925.*
The University of Chicago Press.

_____. 1998. "To Move Mountains : Collective Action and the
Possibility of Institutional Change." Giugni, Marco G., Doug McAdam
and Charles Tilly(eds.). *From Contention to Democracy*. Rowman &
Littlefield Publishers, INC.

Clemens, Elizabeth and James M. Cook. 1999. "Politics and Institutionalism: Explaining Durability and Change." *Annual Review of Sociology*, vol. 25.

Cooper, Alice Holmes. 1996. *Paradoxes of Peace: German Peace Movements since 1945*. University of Michigan.

Costain, Anne N. 1992. *Inviting Women's Rebellion: A Political Process Interpretation of the Women's Movement*. Johns Hopkins University Press.

Cronin, Thomas E. 1989. *Direct Democracy: The Politics of Initiative, Referendum, and Recall*. A Twentieth Country Fund Book.

Dalton, Russel J. 1996(1988). *Citizen Politics: Public Opinion and Political Parties in Advanced Industrial Democracies*(Second ed.). Chatham House Publisher, INC.

Della Porta, Donatellar and Herbert Reiter(eds.). 1998. *Policing Protest: The Control of Mass Demonstrations in Western Democracies*. Minneapolis. University of Minnesota Press.

Diamond, Larry and Leonardo Morlino. 2004. "An Overview: The Quality of Democracy." *Journal of Democracy*, vol. 15, no. 4.

Donovan, Todd and Shaun Bowler. 1998. "An Overview of Direct Democracy in the American States." Shaun Bowler, Todd Donovan and Caroline J. Tolbert(eds.). *Citizens as Legislators: Direct Democracy in the United States*. The Ohio State University Press.

Eisinger P. 1973. "The condition of protest behavior in American cities." *American Political Science Review* 81.

Evans, Sara. 1980. *Personal Politics*. New York: Knopf.

Gamson, W. A. 1975. *The Strategy of Social Protest*. Homewood, Il: Dorsey.

Gamson, W. A. and A. Modigliani. 1989. "Media Discourse and Public Opinion on Nuclear Power." *American Journal of Sociology* 95.

Gamson, W. A. and D. S. Meyer. 1996. "Framing Political Opportunity." in Doug McAdam, J. D. McCarthy and M.N. Zald(eds.). *Comparative Perspectives on Social Movements: Political Opportunities, Mobilization Structure, and Cultural Frame*. Cambridge: Cambridge University Press.

Giugni, Marco G. 1998. "Introduction : Social Movements and Change" in Giugni, Marco G., Doug McAdam and Charles Tilly(eds.). *From Contention to Democracy.* Rowman & Littlefield Publishers, INC.

_____. 1999. "How Social Movements Matter : Past Research, Present Problems, Future Developments." Giugni, Marco G., Doug McAdam and Charles Tilly(eds.). *How Social Movements Matter.* University of Minnesota Press.

Giugni, Marco G. and Florence Passy. 1998. "Contentious Politics in Complex Societies : New Social Movements between Conflict and Cooperation." in Giugni, Marco G., Doug McAdam and Charles Tilly(eds.). *From Contention to Democracy.* Rowman & Littlefield Publishers, INC.

Giugni, Marco G., Doug McAdam and Charles Tilly(eds.). 1998. *From Contention to Democracy.* Rowman & Littlefield Publishers, INC.

_____. 1999. *How Social Movements Matter.* University of Minnesota Press.

Goodin, Robert E. 2003. *Reflective Democracy.* Oxford University Press.

Goodwin, Jeff and James M. Jasper(eds.). 2004. *Rethinking Social Movements : Structure, Meaning, and Emotion.* Rowman & Littlefield Publishers, INC.

Gould, Roger. 1991. "Multiful Network and Mobilization in the Paris Commune, 1871." *American Sociological Review* 56.

Hansen, John Mark. 1991. *Gaining Access : Congress and the Farm Lobby, 1919-1981.* The University of Chicago Press.

Hrebenar, Ronald J. 1997(1982, 1999). *Interest Group Politics in America*(3rd ed.). M. E. Sharpe.

Ibarra, Pedro.(eds.). 2003. *Social Movements and Democracy.* New York: Cambridge University Press, Oxford University Press.

Kingdon, John W. 1984. *Agendas, Alternatives, and Public Policies.* Boston: Little, Brown.

Klandermans, Bert. 1992. "The Social Construcution of Protest and Multiorganizational Fields." in A.D. Morris and C. M. Muller(eds.). *Frontiers in Social Movement Theory.* New Haver: Yale University Press.

Klandermans, Bert and Suzanne Staggenborg(eds.). 2002. *Methods of Social Movement Research.* University of Minnesota Press.

Kollman, Ken. 1998. *Outside Lobbying : Public Opinion and Interest Group Strategies.* Princeton University Press.

Koopmans, Ruud. 2004. "Political. Opportunity. Structure. : Some Splitting to Balance the Lumping," in Jeff Goodwin and James M. Jasper(eds.). *Rethinking Social Movements : Structure, Meaning, and Emotion.* Rowman & Littlefield Publisher.

Koopmans, Ruud and Dieter Rucht. 2002. "Protest Event Analysis." Bert Klandermans and Suzanne Staggenborg(eds.) *Methods of Social Movement Research.* Minneapolis and London: University of Minnesota Press.

Koopmans, Ruud and Paul Statham. 1999. "Ethnic and Civic Conceptions of Nationhood and the Differential Success of the Extreme Right in Germany and Italy." Marco Giugni, Doug McAdam, and Chales Tilly (eds.). *How Social Movements Matter.* University of Minnesota Press.

Koopmans, Ruud and Susan Olzak. 2004. "Discursive Opportunities and the Evolution of Right-Wing Violence in Germany." *American Journal of Sociology*, vol. 110, no. 1.

Kriesi, Hanspeter. 1988. "Local Mobilization for the People's Social Petition of the Dutch Peace Movement." *International Social Movement Research* 1.

_____. 1989. "The Political Opportunity Structure of the Dutch Peace Movement." *West European Politics* 12.

Kurzman, Chales. 1996. "Structural Opportunity and Perceived Opportunity in Social-Movement Theory : The Iranian Revolution of 1979." *American Sociological Review*, vol. 61, no. 1.

Mann, Michael. 1987. "Ruling Class Strategies and Citizenship." *Sociology*, vol. 21.

_____. 2005. *The Darkside of Democracy : Explaining Ethnic Cleansing.* Cambridge University Press.

McAdam, Doug. 1982. *Political Process and the Development of Black*

Insurgency, 1930-1970. Chicago: Chicago University Press.

_____. 1986. "Recruitment to High-Risk Activism : The Case of Freedom Summer." *American Journal of Sociology* 92.

_____. 1988. "Micromobilization Contexts and Recruitment to Activism." *International Social Movement Research* 1.

McAdam, D. 1994. "Culture and Social Movements." in E. Larana, H. Johnston and J. R. Gusfield(eds.). *New Social Movements : From Ideology to Identity*. Philadelphia: Temple University Press.

McAdam, D. 1996. "Conceptual Origins, Current Problems, Future Directions." in Doug McAdam, J. D. McCarthy and M. N. Zald(eds.). *Comparative Perspectives on Social Movements : Political Opportunities, Mobilization Structure, and Cultural Frame*. Cambridge: Cambridge University Press.

McAdam, D., Sidney Tarrow and Chalres Tilly. 2001. *Dynamics of Contention*. Cambridge University Press.

McAdam, D. and R. Paulsen. 1993. "Specifying the Relationship between Social Ties and Activism." *American Journal of Sociology* 98.

McAdam, J. D. McCarthy and M. N. Zald(eds.). 1996. *Comparative Perspectives on Social Movements : Political Opportunities, Mobilization Structure, and Cultural Frame*. Cambridge: Cambridge University Press.

McCarthy, J. D. and Meyer N. Zald. 1988. "Resource Mobilization and Social Movement : A Practical Theroy." *American Journal of Sociology* 82(6).

McFarland, Andrew S. 1984. *Common Cause : Lobbying in the Public Interest*. Chatham House Publisher, INC.

Meyer, David S. 1990. *A Winter of Discontent : The Nuclear Freeze and American Politics*. Praeger.

_____. 1993. "Protest Cycles and Political Process : American Peace Movements in the Nuclear Age." *Political Research Quarterly* 46.

_____. 2004. "Protest and Political Opportunities." *Annual Review of Sociology* 30.

_____. 2005. "Social Movements and Public Policy : Eggs, Chicken, and Theory." Meyer, David S. Valerie Jenness, and Helen Ingram(eds.).

Routing the Opposition : Social Movements, Public Policy, and Democracy. Minneapolis and London: University of Minnesota Press.

Meyer, David S. and Debra C. Minkoff. 2004. "Concetpulizing Political Opportunity." *Social Forces* 82(4).

Meyer, David S. and N. Whittier. 1994. "Social Movements Spillover." *Social Problems* 41.

Meyer, David S. and S. Tarrow. 1998. *The Social Movement Society : Contentious Politics for a New Century : People, Passions and Power.* Maryland and Oxford, England: Rowman and Littlefield.

Morris, Aldon D. 1981. "Black Southern Student Sit-In Movement : An Analysis of Internal Organization." *American Sociological Review* 46.

Nylen, William R. 2003. *Participatory Democracy versus Elitist Democracy : Lessons from Brazil.* Palgrave macmillan

OECD. 2001a. "Engaging Citizens in Policy-making : Information, Consultation and Public Participation." *PUMA Policy Brief,* no. 10.

_____. 2001b. *Citizens and Partners : OECD handbook on information, consultation and public participation in policy-making.* OECD

Pettit, Philip. 1997. *Republicanism : A Theory of Freedom and Government.* Clarendon Press·Oxford.

Piven, F. and R. Cloward. 1977. *Poor People's Movements.* N.Y. : Pantheon.

Polleta, Francesca. 1997. "Culture and Its Contents : Recent Theorizing on the Cultural Dimensions of Protest." *Sociological Inquiry* 67(4).

Ragin, Charles C. 1989. *The Comparative Method : Moving Beyond Qualitative and Quantitative Strategies.* University of Carlifornia Press(이재은· 신현중 ·윤경준· 이우권 옮김. 2002. 『비교방법론』. 대영문화사).

Richan, William C. 1996(1991). Lobbying for Social Change(2nd ed.). *The Haworth Press.*

Rucht, Dieter. 1992. "Studying the Effects of Social Movements : Conceptualization and Problems." *paper presented at the European Consorcium for Political Research.* Limerick, Ireland.

Savatier, Paul A. 1991. "Toward Better Theories of the Policy Process." *Political*

Science and Politics, vol. 24, no. 2.

Savatier, Paul A. and Hank C. Jenkins-Smith. 1999. "The Advocacy Coalition Framework : An Assessment." Paul A. Savatier(eds.). *Theories of the Policy Process*. Westview Press

Snow, D. A., Burke Rochford, Jr., Steven K. Worden, and Robert D. Benford. 1986. "Frame Alignment Process, Micromobilization, and Movement Participation." *American Sociological Review* 51.

Tarrow, Sidney. 1989. *Democracy and disorder : Protes and Politics in Italy, 1965-1975*. Oxford: Clarendon Press.

_____. 1994. *Power in Movement*. Cambridge et al. l Cambridge University Press.

_____. 1995. "Cycles of Collective Action." in M. Traugott(eds.). *Repertoires and Cycles of collective Action*. Durham and London: Duke University Press.

Taylor, Matthew M. 2005. "Latin American Pension Reforms : policymaking and the influence of courts in four differing institutional environments." *X Congreso Internacional del CLAD sobre la Reforma del Estado y de la Administración Pública*. Antiago, Chile.

Tilly, Charles. 1977. "Getting it together in Burgundy, 1675-1975." *Theory and Society* 4.

_____. 1978. *From Mobilization to Revolution*. *Reading, Mass : Addison-Wesley*.

_____. 1995. "Contentious Repertoires in Great Britan, 1758-1834." in M. Traugott(eds.). *Repertoires and Cycles of collective Action*. Durham and London: Duke University Press.

_____. 1999. "Conclusion : From Interactions to Outcomes in Social Movements." in M. Giugni, D. McAdam, and C. Tilly(eds.). *How Social Movements Matter*. University of Minnesota Press.

Tinker, Irene(eds.). 1983. *Women in Washington : Advocates for Public Policy*. Beverly Hills: Sage publications.

Traugott. 1995a. "Recurrent Patterns of Collective Action." in M. Traugott(eds.). *Repertoires and Cycles of collective Action.* Durham and London: Duke University Press.

_____. 1995b. "Barricades as Repertoires." in M. Traugott(eds.). *Repertoires and Cycles of collective Action.* Durham and London: Duke University Press.

Turner, Bryan S. 1990. "Outline of a Theory of Citizenship." *Sociology,* vol. 24.

Wrong, D. 1979. *Power.* N.Y.: Harper and Row.

Zald, Mayer. 1996. "Culture, Ideology and Strategic Framing." In Doug McAdam, J.D. McCarthy and M.N. Zald(eds.). *Comparative Perspectives on Social Movements : Political Opportunities, Mobilization Structure, and Cultural Frame.* Cambridge. Cambridge University Press.

Zald, Mayer N. and Bert Useem. 1987. "Movement and Coutermovement Interaction : Mobilization, Tactics and State Involvement." in Mayer N. Zald and J.D. McCarthy(eds.). *Social Movements in an Organizational Society.* New Brunswick.

須田春海. 2001."市民立法の考え方." 市民立法機構 編.『市民立法入門：市民・議員のための立法講座』. きょうせい.

부록 1 | 노태우 정부~김영삼 정부 전반기(1988~1994년)의 제정청원

	일제하 및 한국전쟁 당시 사건 진실규명과 피해보상	군사정권 당시 민주화운동 등에 대한 진실규명 명예회복, 보상	5·17/5·18	독립운동 참전, 건국사건 등에 대한 예우와 피해보상
노태우 정부		• 1980년해직공직자의복직및상이에관한특별조치법(국보위) • 해직교원복직및보상에관한조조 결성 관련)		• 6·25참전용사보상을위한관계개정 • 순국선열및애국지사에우에관한특별법
김영삼 정부 전반기 (1993-94)	• 금융실명거래실상조사및관련특별법 • 산청·함양사건피해자의명예회복및배상을위한특별법	• 언론광고탄압과언론인해직진상규명및복지등을위한특별법(5·6 유신) • 해고노동자원상회복을위한특별법(5·6공 당시 노동조합활동) • 해직철도공무원복직을위한특별법(88년 철도기관사파업)	• 5·17군사쿠데타피해배상법률 • 5·18민주항쟁진상규명을위한특별법	• 독립유공자및그유족에관한특례법

	권력에 대한 감사 및 통제	사회적 약자 보호	국가정책에 의한 손실보상 및 특별지원	국가기구의 설치, 운영 및 제도관리
노태우 정부	• 국가이온감사성수조 • 국회의원선서행위규제 • 해무가금지법	• 성폭력특별법 • 탁아소설치및운영에관한법률	• 항공기소음피해방지등관계개정	• 교육관계개정및개정에대한행정사무법법제정 • 기업태시작정관리운용법 • 의료보험급여심사기구독립을위한관련법 • 침구사법 • 한국진료비심사위법
김영삼 정부 전반기 (1993-94)	• 국민의알권리보장을위한정보공개법 • 내부비리제보자보호등에관한법률 • 주민투표법	• 상가임대차보호법	• 개발제한구역해조정및손실보상관련법 • 개발제한구역지정에따른손실보상관련법제조정및동구역조정 • 인삼사업법폐지및인삼사업진흥법	• 한국교육방송공사법 • 한글전자문호용에관한법률

	노동		농업
노태우 정부	• 노동조합법 • 사내근로복지기금법		
김영삼 정부 전반기 (1993~94)	• 고용관계법 • 합리적인고용보험법제정및근로자파견법입법반대		• 농어업재해대책보상법 • 농어업재해보상법 • 농지개량조합법 • 농지법제정

	일제하 및 한국전쟁 당시 사건 진실규명과 피해보상	군사정권 당시 민주화운동 등에 대한 진실규명, 명예회복, 보상	5·17/5·18	독립운동·참전·간첩사건 등에 대한 예우와 피해보상
김영삼 정부 후반기 (1995~97)		• 1981년 법원에서공무원의보상에관한특별조치법 • 반유신민주화운동권피해자의명예복구과배상에관한법률	• 특별검사의임명등에관한법률 • 광주민주화운동의진상규명등에관한법률 • 헌법파괴범죄등의공소시효에관한법률 • 5·18사건관련특별검사제도도입과특별법제정 • 5·18관련자처벌에관한특별법 • 5·18관련특별법 • 5·18광주민주화운동진상규명등을위한특별법 • 5·18관련특별법제정및특별검사제도도입촉구 • 5·17군사쿠데타피해배상법	

	일제하 및 한국전쟁 당시 사건 진실규명과 피해보상	군사정권 당시 민주화운동 등에 대한 진실규명, 명예회복, 보상	5·17/5·18	독립운동, 참전, 간첩사건 등에 대한 예우와 피해보상
김대중 정부	• 고양금정굴양민학살사건관련자명예회복및보상특별법 • 고양금정굴양민학살사건등진상규명및피해자명예회복에관한특별법 • 노근리민군양민학살사건피해상등에관한특별법 • 반민족행위처벌특별법 • 여수·순천10·19사건진상조사및피해자의명예회복에관한특별법 • 여순반민사건피해자명예회복을위한특별법 • 일제강점하강제동원피해진상규명등에관한특별법 • 태평양전쟁희생자유족등록및생존자생활안정지원법 • 태평양전쟁피포함남중숭금제국무미함국무사직회생자신규명및명예회복을위한특별법 • 한국전쟁전후민간인학살진상조사를위한통합특별법 • 한국전쟁전후민간인학살사건진상규명및명예회복에관한특별법 • 한국전쟁전후민간인학살진상규명특별법 • 한국전쟁전후민간인학살사건진상규명특별법제정 • 한국전쟁전후민간인학살진상조사및명예회복에관한특별법	• 민주민주주공자명예회복특별법및우에관한법률 • 삼청교육피해자명예회복및배상에관한특별법 • 의문의죽음진상규명에관한특별법 • 해직교사와임용제외교사의명예회복및보상에관한특별법		• 국토방위유공회생자예우및복지지원에관한법률 • 독도의용수비대등보상에관한특별법 • 무장간첩에의한피해자배상특별법 • 민간순국반공청년유공자보상법 • 북한비대회생자유가족국가보상특별법 • 전상무공훈장특별법 • 참전및6·25참전장기복무군인퇴직군인예우지급특별법

부록 2 | 김영삼 정부 후반기~김대중 정부 시기(1995~2002년)의 제정정원

	권력에 대한 감시 및 통제	사회적 약자 보호	국가정책에 의한 손실보상 및 특별지원	국가기구의 설치, 운영 및 제도권리
김영삼 정부 후반기 (1995~97)	• 국민의알권리보장과행정거래의정상화를위한정보공개법 • 부동산투기억제와토지거래의정상화를위한한부동산실명법 • 부패방지법 • 정보공개법 • 주민투표법 • 행정민주화를위한행정절차법 • 행정정보법	• 가정폭력방지법 • 무구출노령연금법 • 사회복지공동모금법 • 영업용건물임대차보호법 • 점포임대차보호법 • 정신보건법 • 하교주변교육환경조성및보호에관한법 • 효도법	• 1997동계유니버시아드대회지원법 • 정보통신산업특별법 • 조선철도(주)의재산수용에따른보상금지급및보상법 • 특정다목적댐주변지역지원에관한법률	• 시설물의조성및관리권리에관한특별법 • 통합방송법
김대중 정부	• 고위공직자비리조사처설치에관한특례법 • 고위공직자인사위원회법 • 남체자소송에관한특별법 • 대통령기록보존법 • 대통령직인수위원회법 • 반인도범죄등의시효도에관한특례법 • 부패방지법 • 인사청문회법 • 자금세탁방지법 • 자금세탁방지에관한법률 • 주민투표법 • 주민투표제도에관한법률 • 주식회사외감사등에관한특례법 • 증권관련집단소송법 • 지방의회의원의유급, 직급등에관한법률 • 집단소송법 • 특별검사의임용등에관한법률	• 개인정보보호법 • 교통사고예방기금특별법 • 구강보건법 • 국민기초생활보장법 • 노동자단체해결을위한특별법 • 민주시민교육진흥법 • 보증채임제한법 • 상가임대차보호법 • 생명과학의인간존엄성, 윤리법 • 생명윤리및안전에관한법률 • 성매매방지및피해자보호및방지지에관한법률 • 어린이헌장법 • 인간존엄보호법 • 장기기증으로인한등의법적지위에관한법 • 장애인증등법 • 장애인차별금지법 • 폭리제한법	• 강제부당퇴출은행으로인해피해자보상에관한특별법 • 근로공공기초음방지대책수립을위한특별법 • 다목적댐주변지역지원에관한특별법 • 미군기지주변지역지원특별법 • 사할린한인귀환법 • 서비스업종맞춤소사지서지보조관련법 • 식품가부활성화법 • 원자력발전소주변지역지원에관한특별법 • 임용취소맞당연퇴직자대상공무원연구제를위한법 • 재래시장활성화를위한특별법 • 재래시장활성화특별조치법 • 제42회도쿄아시안경기대회유치및교보지원법 • 폐지조례소유부담금관련급특별법	• 간행물등가주가지에관한법률 • 교육현장에서의행사사건처리권리에관한특별법 • 국가제무소소의세계정신건조화를위한한특별조치법 • 부동산중개법 • 사행장안전보진관리기본법 • 수복지역내토지등소기등에관한특별법 • 임대주택관리법 • 세설제방관리법 • 통신인문진흥법 • 통합방송법 • 한국건설관리공사법 • 한국교육방송공사법 • 주일및방관자의공주주임에관한법 • 소방정법

	노동	농업
김영삼 정부 후반기 (1995-1997)	• 건설노동자의근로조건개선과고용개선에관한특별법 • 외국인노동자보호법 • 자동차운수근로기준에관한특별법	• 환경보전형농업육성비지원에관한법률
김대중 정부	• 고용안정특별법 • 근로자생활향상지원및임금채권보장에관한특별법 • 노조전임자에관한특별법 • 임금채권보장에관한법률 • 교원노조법 • 노동시간단축특별법 • 외국인근로자고용및보호에관한법률 • 외국인근로자의노동허가및인권보장에관한법률 • 외국인노동자고용및기본권보장에관한법률 • 종업원경영참가법	• 간척지친환경농업특별법 • 개발보전에관한법률 • 농가부채경감특별조치법 • 농어촌복지에관한특별법 • 노축산업협동조합법 • 축산업자조금법

부록 3 | 노무현 정부 전반기(2003~2005년 6월 30일)의 제정청원

	일제하 및 한국전쟁 당시 사건 진실규명과 피해보상	군사권권 당시 민주화운동 등에 대한 진실규명 명예회복 보상	권력에 대한 감시 및 통제	사회적 약자 보호	국가정책에 의한 손실보상 및 특별지원
노무현 정부	• 군경식닫동중민간인집단희생사건피해자배상에관한특별법 • 태평양전쟁희생자에대한생활안정지원법 • 포항환여등승공제국내함대참포사격사건진상규명및피해보상에관한특별법 • 한국전쟁포탄피해자와원자폭탄피폭후유증2세진상규명에관한특별법 • 한국전쟁전후민간인희생사건진상규명및피해자명예회복에관한특별법	• 군의문사진상규명을위한특별법	• 고위공직자비리조사처설치 • 고위공직자비리조사처설치에관한법률 • 증권관련집단소송법제정의견	• 개인채무자신용회복에관한법률 • 개인회생법 • 신용소비자보호법 • 언론피해구제법 • 인간배아보호법 • 장애인이동권보장에관한법률 • 재외국민보호법 • 채권추심업무등에관한법률 • 폭리제한법	• 여수세계박람회지원특별법

	국가기구의 설치·운영 및 제도관리	노동
노무현 정부	• 공공시설의명명기준에관한법률 • 국립한국예술학교설치법 • 국민연금기금운용위원회의설치및운영에관한법률 • 보험범죄방지를위한특별법 • 북권의발행및관리에관한법률 • 신문등의기능보장에관한법률 • 유엔평화유지활동등참여군구성법 • 인강위조방지및조제에관한법률 • 통합금융감독기구법	• 고용및직업생활상의차별금지에관한법률 • 세계노동절기념에관한법률

부록 4 | '정치적 기회구조'와 '사회적 기회구조'의 변수와 코딩 내용

변수	코드	내용
청원소개 의원 수	0	1
	1	2-5
	2	6-10
	3	11-50
	4	51-100
	5	101명 이상
청원소개 대표의원 소속	0	무소속
	1	여당
	2	야당
	3	여야공동
청원당시 정권	0	노태우
	1	김영삼
	2	김대중
	3	노무현
청원당시 여야 구도	0	여대야소
	1	여대여소
청원당시 선거 여부	0	선거 없음
	1	국회의원 선거
	2	대통령 선거
	3	국회의원과 대통령 선거
법률과당시 여야구도	0	여대야소
	1	여소야대

변수	범주	값
통과시점과 총선과의 관계	선거 없음	0
	국회의원 선거	1
	국회의원 선거 1년 전	2
	국회의원 선거 1년 후	3
통과시점과 대선과의 관계	선거 없음	0
	대통령 선거	1
	대통령 선거 1년 전	2
	대통령 선거 1년 후	3
법률통과당시 정권	노태우	0
	김영삼	1
	김대중	2
	노무현	3
관련보도 건수 전체		0
		1
		...
		2399
		3989
연대의 형성	연대 미형성	0
	연대 형성	1
청원당시 담론 환경과 운동 지형	1988-1994년	0
	1995-2002년	1
	2003-2005년	2
통과당시 담론 환경과 운동 지형	1988-1994년	0
	1995-2002년	1
	2003-2005년	2

찾아보기